文化营销系列

中国

文化

营销

Chinese
Culture
Marketing

罗纪宁 ● 著

暨南大学出版社
JINAN UNIVERSITY PRESS

中国·广州

图书在版编目（CIP）数据

中国文化营销/罗纪宁著．—广州：暨南大学出版社，2023.1
（文化营销系列）
ISBN 978－7－5668－3608－3

Ⅰ．①中…　Ⅱ．①罗…　Ⅲ．①文化产业—市场营销学—研究—中国　Ⅳ．①G124

中国国家版本馆 CIP 数据核字（2023）第 000516 号

中国文化营销
ZHONGGUO WENHUA YINGXIAO
著　者：罗纪宁

出 版 人：张晋升
丛书策划：阳　翼　曾鑫华
责任编辑：曾鑫华　彭琳惠
责任校对：孙劭贤
责任印制：周一丹　郑玉婷

出版发行：暨南大学出版社（511443）
电　　话：总编室（8620）37332601
　　　　　营销部（8620）37332680　37332681　37332682　37332683
传　　真：（8620）37332660（办公室）　37332684（营销部）
网　　址：http://www.jnupress.com
排　　版：广州市天河星辰文化发展部照排中心
印　　刷：广州市友盛彩印有限公司
开　　本：787mm×960mm　1/16
印　　张：17.25
字　　数：246 千
版　　次：2023 年 1 月第 1 版
印　　次：2023 年 1 月第 1 次
定　　价：69.80 元

自序

　　中国文化与营销有何联系？谈及中国文化，大家普遍的感觉是博大精深，用于修身养性、治国平天下。谈及营销，大众的认知往往是商业牟利技巧和经营方法工具。因此，中国文化与营销两者相距甚远，很难关联起来，这是一般人的普遍认知。

　　企业界人士对营销的理解较多也只停留在销量提高、品牌塑造层次，这是比较狭义的。为什么今天中国的产品在国际上很多处于低端位置，能进入高附加值领域竞争的中国品牌很少？为什么"中国制造""中国品牌"在全球，特别是在欧美市场，是低廉的代名词？为什么中国缺少世界品牌？其中一个很重要的原因是中国企业缺乏文化营销意识。除了老祖宗留给我们的，中国产品普遍缺乏内涵和文化的支撑。纵观那些能够屹立于世界品牌之林的产品，无不是具有该国文化的特征，或是创造了新的民族特色。丰田汽车的精工细造反映了日本民族精神；而可口可乐、好莱坞、麦当劳则是美国文化精神的代表；新加坡航空公司的优质服务一直为业内人士效仿，它成为新加坡元素的一部分。为什么星巴克不容易被超越，因为它吸引顾客的不是咖啡，而是它的咖啡文化。如何把中国文化内涵有效融入中国企业营销之中，提升中国品牌的市场竞争力，这是一个亟待解决的实践问题。

中国文化营销这个领域在 20 年前的营销界绝对是一个冷门，因为那个时候的中国，无论是消费者还是营销者都处于大力学习西方、模仿西方的"崇洋"阶段。但是到了今天，这个领域话题却伴随着国潮消费热以及国潮品牌普及而备受营销界关注。

我在中国文化营销领域的学术耕耘始于 1998 年的博士阶段，2001 年我以论文《消费者气质—行为模式研究》完成博士学业，2002 年我开始给大学生讲授专业课"中国文化营销"，2004 年我的学术专著《消费心理藏象论初探》出版，这些奠定了我用《易经》《黄帝内经》等中国文化思维方法论建构中国市场营销理论的基础。从那时到今天不知不觉已走过了 20 个春秋，中国文化营销也从当初的冷门偏门变成时下的热门时尚。《中国文化营销》一书是我 20 年教学科研心得总结，也是广东外语外贸大学市场营销专业国家一流专业建设成果之一，该书的出版得到学校教材建设项目的资助。回望过去 20 载教学科研努力，我与学生们都无限感慨——伴随着我们祖国的日益强盛，我们见证了中国文化在营销领域的作用由隐到显、由弱到强的全过程，根植于中国文化的中国文化营销理论体系也呼之欲出。

中华优秀传统文化是当代中国哲学社会科学发展的深厚基础和不竭资源。2016 年 5 月 17 日习近平总书记在哲学社会科学工作座谈会上明确提出：要按照立足中国、借鉴国外，挖掘历史、把握当代，关怀人类、面向未来的思路，着力构建中国特色哲学社会科学，在指导思想、学科体系、学术体系、话语体系等方面充分体现中国特色、中国风格、中国气派。要围绕我国和世界发展面临的重大问题，着力提出能够体现中国立场、中国智慧、中国价值的理念、主张、方案。[①] 作为世界发展最快的市场，中国不仅有 14 亿多庞大的消费群以

---

① 新华社. 习近平：在哲学社会科学工作座谈会上的讲话（全文）[EB/OL]. （2016 - 05 - 18）. http://www.xinhuanet.com//politics/2016 - 05/18/c_1118891128.htm。

及充满活力的企业群，而且还有日新月异的营销模式，我们不仅要让世界知道"中国制造"，还要让世界知道"中国品牌""中国营销"，让世界知道"消费市场中的中国""文化营销中的中国""为人类文明作贡献的中国"。

绵延几千年的中华文化，是中国特色营销管理学科成长发展的深厚基础。中华民族有着深厚文化传统，形成了富有特色的思想体系，体现了中国人几千年来积累的知识智慧和理性思辨。中国文化营销可以从"道""体""用"三个不同层面去诠释、去理解，具体而言，包括中国文化下的营销、文化营销中的中国、营销中国文化等三个层面。

第一，从"道"的层面看，中国文化营销可以理解为中国文化下的营销，解答中国文化视角下的营销管理是怎样的问题。具体包括探讨中国文化和营销哲学之间的关系；中国文化和营销层次之间的关联，从中国文化的价值立场和思维方法出发构建中国营销管理理论体系，创建营销管理的中国学派。中国营销学界要有自己的哲学思维和方法论，要有自己的理论建构，要有自己的概念体系和方法工具。

第二，从"体"的层面看，中国文化营销可以理解为文化营销中的中国，解答文化营销视角下的中国国家民族、中国区域城市、中国企业品牌是怎样的问题。具体包括文化营销基础理论建构，文化营销理论在国家层、区域（城市）层、企业（品牌）层、产业层等四大领域的应用理论域方法体系建构，从文化营销理论与应用角度评估中国的国家文化营销、区域与城市营销、企业品牌营销以及文化产业营销现状与问题。

第三，从"用"的层面看，中国文化营销可以理解为营销中国文化，解答如何运用中国文化营销理论提升营销传播中国文化的水平和层次的问题。具体包括营销中国文化的不同层次与不同水平，如何正确理解中国文化源流并在营销中体现应用出来？如何从中国文化智慧中汲取营养提升中国营销实战水平？如何把中国文化融入中国品牌塑造中去提升中国品牌文化竞争力？如何透过中国文化和品牌营销之间的关联，让中华老字号品牌复活？中国几千年文化积淀中形成了很多物质产品和精神产品，在当代市场经济背景之下，这些产品应怎样抢占市场重获生机？我们如何从中国文化之根汲取营养，运用文化营销战略战术方法在传统文化产品与当代消费者心理需求之间搭建一种新的用户关联和情感共鸣？

本书将聚焦在"体"与"用"两个层面讨论中国文化营销。文化营销从通俗的概念上来讲，离不开两个关键词："文化"和"营销"。因此，本书围绕"文化营销"和"营销文化"两个主题展开论述。文化营销是一种理念、一种哲学，有其独特的战略思想和战术方法体系。营销文化是把文化内涵营销传播出来。通过营销传播文化，达到营销产品、营销品牌的目的。文化、产品、品牌这三者是相互关联、互动的，浑然一体。

本书分上下两编，上编"文化营销理论与方法"，共九章，主要从理念、流程、消费者行为基础、战略、战术等五大层面建构文化营销基础理论体系，并探讨了文化营销在国家层、区域城市层、文化产业层等不同领域的具体应用理论与方法。下编"营销中国文化"，共六章，主要内容包括：营销中国文化的层次内涵及方法论；《易经》文化智慧如何指导营销实战；道家文化智慧如何应用于营销实战；兵家文化智慧如何应用于市场营销竞争谋略提升；还有其他一系列传统文化产业（产品、服务）如何运用文化营销理论与方法以提升自身在当代市场的竞争力，例如中医药文化营销、中国园林建筑文化营销等。

关于"道"层面的中国文化营销，我将另外出书专门介绍。在此书里，我将给大家介绍中国文化哲学与战略思想对中国企业营销战略管理的价值。中国有没有自己的营销哲学？营销是不是完全是西方的舶来品？我给出的答案是"不是"！中国几千年的文化，积累了很深厚的营销哲学和战略哲学，与时下市面流行的企业战略管理、战略营销之间，是一种什么关系？目前一些中国企业营销战略的思想怎样折射出传统文化营销哲学的内涵？这些都是从"道"层面探讨中国文化营销的课题，也是中国文化营销领域一个高深的层次。

中国文化表面上和营销没有关系，但是如果你能够静下心去品读中国文化的智慧，你会从中得到很多启示。学习中国文化，不仅有助于解决营销问题，而且对管理者和营销者一生都有好处。中国文化能给予人一种智慧、一种思考的高度，不但可以帮助大家理解中国社会基本的价值取向、社会人伦关系的特点以及中国人的思维特点，提高营销实践的水平层次，而且可以让自己走出人生思想迷局，在快速变化、纷繁复杂的滚滚红尘中保持定力和清醒，把握正确的方向。本书将会在讲述文化营销理论中介绍大量中国企业营销实战案例，这些案例包含了丰富的中国文化智慧，透过对中国优秀传统文化和中国企业营销实践案例的讲解，希望能帮助读者将对营销的理解提高到一种新的思想高度，并对中国营销理论体系有更完整、更实战的感觉。

2022 年 11 月 2 日于星湖湖畔

目录

下编　营销中国文化

上

编

文化营销理论与方法

第一章 文化营销概述

开篇案例　风靡海外的李子柒讲好了中国文化和中国故事

　　李子柒是一位在全网有几千万粉丝的视频博主，因拍摄乡村古风生活、传统美食、传统文化等内容走红。她的视频账号在海外社交平台上的订阅用户数已超过 1 700 万。央视微博称其"没有一个字夸中国好，但她讲好了中国文化，讲好了中国故事"。不少网友称赞道，她拍出了令人向往的田园生活：从采野生菌菇、造面包窑、做竹子家具、做文房四宝到染布做衣服、古法造纸、酿酒、酿造酱油……没有李子柒做不出来的东西。她的视频重现中国传统文化中"田园牧歌"式的生活，让外国人能深度感知到中国传统文化和美食的魅力。国外网友评论道：发自内心地感觉，这才是生活本该有的样子；她这是住在怎样一个神仙世界啊？每一处细节都充满了美感和智慧！一个人的世界不需要那么大，也不需要那么多人。李子柒视频里天然、简朴、宁静、唯美的乡间生活引来多少还在喧嚣世尘中翻腾的人们的艳羡！

思考题

思考题

李子柒的视频为何能打动那么多观众？这是什么样的营销策略？

当今互联网新媒体成了营销传播的主要渠道，消费者对广告变得越来越不耐烦。只有了解人性、读懂人心、讲好故事的营销者，才能让观众耐心看完一个广告，才能赢得消费者的关注和信赖。好的故事可以激发观众的认同感和购买欲，而充满人性洞察的故事，可以达到传递品牌价值的目的，让企业和观众建立密切的联系。以讲故事传递价值观为核心的内容营销日渐成为营销活动的主角，李子柒的成功就是典型。通过优质内容和自媒体的传播赢得消费者的模式方兴未艾，中国已经从广告的打扰时代进入了润物细无声的文化浸染时代，一场全新的营销革命——文化营销大潮悄然到来……

第一节　文化营销的概念与研究

"文化营销"概念的提出首先源于人们对营销中的文化因素的考虑。管理和市场营销理论受文化的影响已成为共识（Hofstede，1993；Tse et al.，1988）。从营销发展的历史来看，文化营销的内涵研究，经历了如表 1 - 1 所示的四个阶段。

表 1 - 1　文化营销研究演替图

发展阶段	第一阶段	第二阶段	第三阶段	第四阶段
理论内涵	文化因素论	文化＋营销；跨文化营销	营销企业文化	营销文化，营销核心价值观

（续上表）

发展阶段	第一阶段	第二阶段	第三阶段	第四阶段
代表性人物和时间	Hofstede，1993；Tse et al.，1988；Smith，1956；Mckitterick，1957；Lacer，20 世纪 60 年代；Howard & Shenth，20 世纪 60 年代；Kotler，20 世纪 70 年代	Theodore，1983；Levitt，1988；Hofstede & Geert，1993；何伟俊，2000	刘喜梅，1999；许项发，2003；冯 驰，2006	Maffesoli，1996；Bauman，1992；Gellner，1993；Cova，1997；Holt，2002；王长征，2005
主要内容	营销必须考虑消费者的文化因素	营销必须考虑不同地域文化和亚文化群体的风俗习惯、人文法律环境差异	把优秀的企业文化通过营销的方式向外界传播	营销者要在消费者中树立和传播一种核心价值观
所要解决的问题	直接促成交易	消除因消费者文化与亚文化差异造成的对营销绩效的负面影响	企业文化在营销部门的渗透	倡导一种生活方式，引领消费时尚，维持消费者长期的忠诚

20 世纪 50 年代以前，人们很少注意到文化环境因素与营销之间的关系。文化营销的概念最早于 1955 年由美国学者 Burleigh 与 Levy 在研究品牌形象塑造时提出。1956 年，Smith 在其市场细分理论中提及文化对市场细分的作用。1960 年，McCarthy 在创建 4Ps 理论时进一步阐释文化因素在营销中的重要性。20 世纪 70 年代，以 Kotler 为代表的社会营销理论的形成较多地将文化与营销问题结合起来，认为市场营销是一种社会文化现象。2003 年，Kotler 在其《营销管理》中强调文化对品牌的影响。在相当长的一段时间里，学界对文化营销的理解是，在制定营销战略及策略过程中需要考虑文化因素的影响，文化作为一种营销环境因素被学者纳入研究范围，但并未对其特别重视。"文化因素

论"是文化营销研究的第一阶段。

20 世纪 80 年代是营销全球化时代，全球化引起了人们对文化营销和跨文化营销问题的重视，Levitt（1988）创造了"消费多元化"（The pluralization of consumption）的概念。20 世纪 90 年代后，在全球化与科技革命的共同作用下，文化问题在营销的各个领域全方位地体现出来。跨文化营销研究逐渐得到学界重视，"文化营销"概念也进入营销者视野，但在大多数情况下，人们只是把它与跨文化营销的概念相互等同使用。这是文化营销研究的第二阶段。

20 世纪 90 年代中期以后，人们对"文化营销"概念的使用和研究逐渐增多，也逐渐脱离了将其与跨文化营销概念的混同。姚钟华（2000）等学者认为文化营销即企业文化的营销，从传播学角度出发探讨企业价值观的塑造对产品营销的推动作用。这种将文化营销理解为营销企业文化的观念，是企业文化在营销部门的渗透。这是文化营销研究的第三阶段。

王方华（1998）等进一步拓宽了文化营销的范围，将文化营销定义为有意识地通过发现、甄别、培养或创造某种核心价值观念来达成企业经营目标的行为。张磊（2006）认为文化营销是在企业营销活动中，有意识地发现、培养或创造某种核心价值观念。朱陶（2009）认为文化营销导向表现为两个方面，一是用文化理念与消费者进行沟通，二是对某种文化消费观念、消费行为进行引导与培养，以达到影响消费者的文化消费观念，改变其消费行为以及生活方式或生活习惯的目的。

自 2013 年以来，随着移动互联网时代到来，网上出现了很多自媒体人，一些微信公众号通过内容营销成了拥有几百万、几千万粉丝的大号。2016 年以后，随着短视频的崛起，以 papi 酱为代表的一批网红诞生了，最近两年更是出现了李子柒等顶级流量网红，视频内容营销、直播带货成了当今营销界热点。在这个"人人都是自媒体"的时代，以"人"为核心的粉丝经济、内容营销、IP 营销日益流行，成为所有公司不得不重视的一件大事。过去以产品为核心的经营方式已日渐过渡到"经营用户"上。小米手机、拼多多就是粉丝经济的典型代表，它们经营的是"用户"而不是产品。如何通过内容营销塑造品牌 IP？如何运用关键意见领袖（KOL）、关键意见消费者（KOC）的影响力来促成消费者购买决策？这些属于文化营销研究的第四阶段。这些研究是站在消费者的角度理解文化对消费者行为的作用机制，其研究重点是通过文化渗透给消费者树立价值观、倡导生活方式，从而达到营销产品和服务的目的。

以上四个阶段研究的共同假设是每位消费者都有对文化的需求，并且这种需求具有根深蒂固的先天性倾向。但这些研究都未能从消费者人格心理结构去解读消费者行为，消费者的文化需求不只是表面的文化符号，更多的是对文化精神向往的心理需求。行为是表现出来的心理，心理是没有得到表现的消费行为（罗纪宁，2004）。所以真正意义的文化营销应该从消费者的无意识层面作用影响消费者，促使消费者改变旧有的价值观、接纳新的价值观和生活方式，最终接纳营销者的品牌和产品。如果不能成功解构消费者价值观的形成与演变机制，最多也只能是暂时性地迎合消费者价值观的流变而无法把握其变化规律，不可能真正从塑造消费者价值观的层面实施有效的文化营销活动。

第二节　成熟期的营销是文化营销

纵观古今中外商业竞争，不难发现每一类市场的营销竞争必然经历由产品营销到品牌营销，再到文化营销的三个阶段。市场萌芽发育阶段，产品营销是主角，竞争方式主要依赖产品创新。当市场进入高速成长阶段，专业市场分化的结果必然呼唤强势品牌的出现，竞争方式除了产品推陈出新外，更多地依赖品牌形象建设和品牌口碑传播，因此以整合营销传播为工具，以完善服务、提升形象为目标的品牌营销是这个阶段的主角。随着市场进入成熟阶段，品牌会出现老化的现象，这时候的营销竞争主要是创新游戏规则，产品的创新、品牌的复活都依赖文化哲学理念的指导。换言之，必须用高层次、高抽象的哲学思维去统摄多种变化的创新竞争，而最终形成相对稳定的行业发展模式和竞争游戏规则。因此，成熟期的市场是文化营销的竞争，不同文化理念指导下的营销决定了不同系列的品牌生存空间，更决定了不同的新产品开发方向和产业供应链运作模式。因此，市场推广不仅仅是推广一种产品、一种技术，更是推广一种文化，讲好故事，传递一种文化价值观和生活方式。

案例分析　北京皇家驿栈酒店的中国文化营销

　　北京皇家驿栈酒店是一家定位高端、风格独特的精品酒店。2008年11月美国知名杂志《福布斯》公布了商务人士首选的12家全球最佳酒店，北京皇家驿栈酒店是中国唯一一家上榜的酒店。"北京皇家驿栈酒店"取意于传统，创意于现代，它的使命就是用外国人能够接受的方式传播中国文化。北京皇家驿栈酒店共55间客房，但全部没有房号，而是用中国古代55位皇帝的名号和简笔肖像加以区分，寥寥几笔，形象有趣。北京皇家驿栈酒店独具匠心地特制了《皇帝传说》小册子，介绍这55位生活在紫禁城帝王的奇闻逸事，还特别制作了每套房间对应皇帝的印章，赠送给住店客人。北京皇家驿栈酒店依托于中国文化，运用国际化设计语言，让异域而来的游客穿越历史时光，体验原生态中国皇家文化。

【资料来源：中央电视台专访：北京皇家驿栈酒店董事长刘少军［Z/OL］.（2010－07－29）. https：//play. tudou. com/v_ show/id_ XMTkxMDYwODc2. html】

思考题

（1）北京皇家驿栈酒店文化营销属于哪一个阶段的文化营销？有何特征？

（2）北京皇家驿栈酒店是如何依托于中国文化构筑独特的市场竞争力的？

第二章 文化软实力与国家文化营销

开篇案例 "娘炮"现象泛滥背后的国家文化营销问题

2018年9月1日的"开学第一课"节目被学生家长和网友吐槽，主要集中在三个地方：广告多，"娘炮"多，娱乐化。新华社、人民日报、半月谈等纷纷发表严厉批评。中国社科院国家文化安全与意识形态建设研究中心官方微博"思想火炬"转发文章《为了让你喜欢"娘炮"，你知道美国中情局多努力吗?》，该文章揭露了美国中情局对日本、韩国实施男子女性化、"娘炮"化的文化渗透战略：通过媒体、娱乐新闻以及影视节目给老百姓洗脑，削弱整个社会的雄性气质，使其转为柔性气质。

随着教育被产业化、媒体被市场化，教育被资本绑架，媒体和资本更是为利益而结合得亲密无间，精诚合作。资本广告从节目间渗透到节目中，贯穿始终，把一个公益教育节目变成了一个商业变现模式，而且唯利是图，吃相难看。媒体市场化让资本实际控制了文化领导权，资本对舆论的引导不仅告别了崇高，还把一切崇高通过娱乐的方式庸俗化。从近年来出现的抗日神剧，到一些影视作品、网络平台、综艺节目刻意迎合低俗口味，消费各种"奇葩""怪咖"，甚至不惜挑战社会公序良俗，这些现象散发着猎奇、拜金、颓废的气息，引发公众反感，这种病态文化对青少年的负面影响不可低估。为此，有全国政协委员提出《关于防止男性青少年女性化的提案》，针对这个提案，2021年1月28日，教育部官网表示，将从加强体育教师配备、加强学校体育制度顶层设计、深入开展健康教育及加强青少年心理健康教育相关问题研究等方面入手更好地解决这一问题。2021年9月2日，国家广电总局发布《关于进一步加强文艺节目及其人员管理的通知》（以下简称《通知》），要求坚决抵制违法失德人员，对于违背公序良俗、言行失德失范等人员坚决不用，坚决杜绝"娘炮"等畸形审美等。此外，《通知》还要求广播电视机构和网络视听平台不得播出偶像养成类节目，不得播出明星子女参加的综艺娱乐及真人秀节目。选秀类节目要严格控制投票环节设置，不得设置场外投票、打榜、助力等环节和通道，严禁引导、鼓励粉丝以购物、充会员等物质化手段变相花钱投票，坚决抵制不良"饭圈"文化。

🌀 思考题

（1）如何分析当今社会的"娘炮"现象？"娘炮"审美是如何渗入青少年思想的？

（2）美国中情局为何要对日韩和中国社会进行"娘炮"审美的文化渗透？具体文化营销策略有哪些？

（3）男性青少年女性化现象的泛滥，会对中国的国家文化安全产生何种影响？

以上这些问题的系统回答，涉及本章探讨的国家文化营销课题。

第一节　文化在国家竞争与国家安全中的作用

当今世界国家之间的竞争主要围绕四大层面展开：政治、军事、经济、文化。这四大层面相互依存、相互制约，构成一个国家系统功能结构。按照中国太极阴阳系统整体观分析，政治与军事为一国外部力量，属阳；经济与文化为一国内部力量，属阴。军事和经济属于硬实力，军事属阳中之阳，为太阳；经济属阴中之阴，为太阴。政治与文化属于软实力，政治属阳中之阴，为少阳；文化属阴中之阳，为少阴。

政治就是政权的治理。开国领袖毛泽东主席曾经说，"政治就是把拥护我们的人搞得多多的，把反对我们的人搞得少少的！"做任何工作都离不开争取人心，人心是最大的政治。政治不仅需要凝聚人心，统一思想，还需要有制度组织和权力运用作为资源调配的基础。外交是国际政治，是国内政治的延伸。经济和军事是政治的基础，文化是政治的底座，文化价值观及其话语体系为政治提供了观念合理性基础以及国家治理方向。

一个国家能否为自己的利益追求提出普适理由，且得到国际社会广泛认同，获得相对于竞争方的道义优势地位，直接反映了这个国家在处理国际事务时的话语能力。话语能力已经成为国家文化软实力的重要体现，因为一个国家所奉行的价值观、制度和规则等，最终都需要通过"话语"进行解读，给出其存在的合理性和相对其他国家的优越性。"话语"看似空泛，但人类世界最奇妙的地方是"话语即为实在"。人类面对的实在并不是纯粹客观的，而是取决于人类的观念——我们怎么看待世界，世界就呈现给我们怎么样的实在。

文化主权，关乎每一个民族的前途、每一个国家的命运。一个国家如果没有占主导地位的统一的文化，没有话语权，就没有向心力和凝聚力。文化的征服

是最彻底的征服，文化的屈从是最彻底的屈从。多年来西方国家正是通过将其价值观念全面渗透到文化产业链中，将核心价值观与文化产品进行有机融合和高效传播，从而达到向其他国家推销其核心价值观、把控话语权的目的。西方国家不费一颗子弹，就可能在他国掀起轩然大波，甚至导致政权更迭，这正是文化殖民的效用。20世纪末的苏联解体、东欧剧变以及21世纪初的"颜色革命""阿拉伯之春"等事件，都是文化渗透、文化殖民的典型案例。美国文化作为具有颠覆性、毁灭性的国家战略，向苏联大量输出并导致苏联解体。苏联没有倒在核军备竞赛的战场上，却倒在了文化思想的前沿阵地上。美国对苏联的文化"凌迟"，透视出文化思想战的巨大威力。美国还利用自己的理论和文化影响力，垄断国际化规则的制定权，调动国内甚至国际一切可以被利用的"思想战兵种"，诸如新闻、广播、出版、电影、电视、音乐、舞蹈、戏剧、文学、美术、教育、体育、卫生与科学技术等，对他国进行文化渗透，发动"思想战争"。

在文化思想战中，消灭的是信仰，软化的是精神，毁灭的是道德。中华人民共和国成立初期，非常注重政治思想，特别注重在多民族、多宗教的现实情况下，对中华民族统一政治信仰和精神追求的打造，把一个四分五裂的民族团结在了一起，把"沙子拧成绳子"。毛泽东主席自豪地说"军民团结如一人，试看天下谁能敌"。现在，西方就是想让中国重新在思想上变成一盘散沙，进而挑起中国的内乱，从而达到分裂中国的目的。以前所有的战争都可以命名为行动战，但现在是思想战，因为思想是行动的先导。以前认为战争是政治的继续，现在认为战争是政治的战争、是文化思想的战争。2021年4月央视首次播出了由中国国际电视台（CGTN）拍摄制作的第四部新疆反恐纪录片《暗流涌动——中国新疆反恐挑战》，通过这部纪录片我们可以清楚地了解西方针对中国发动的这一场以思想战为核心的民族分裂运动。戴旭在央视《讲武堂》节目里详细分析了思想战的发展趋势。① 信息思想战攻防一体，攻即是防，防

---

① 戴旭．央视《讲武堂》战争启示录⑥［Z/OL］．（2013－10－12）．http：//tv.cctv.com/2013/10/12/VIDE1381553041464203.shtml。

即是攻。中国网络上连续发生多起恶意攻击中华人民共和国开国领袖；丑化中华人民共和国道德楷模和军队英雄；篡改、虚无化中共历史；围攻宣传正能量的军事专家和社会人士等恶性事件。敌对势力通过专门塑造英雄的文化公司，把自己的英雄传播到全世界，培育西方崇拜；同时不遗余力地抹黑对方的英雄，并以各种方式鼓励"东方叛徒"揭露自己民族的丑陋，摧毁自己国家的英雄群体……种种迹象预示，网络时代攻心为上的新型战争已经兵临中国城下，而有关部门尚未完全重视这些敌人的思想战进攻。①

尼克松在著作《1999，不战而胜》中预言："当有一天，中国的年轻人不再相信他们的历史传统和民族的时候，就是美国人不战而胜的时候！"作为美国总统，尼克松并非预言家。美国用于颠覆红色中国的武器是好莱坞大片、可口可乐与自由女神，后来美国前总统卡特的国家安全顾问布热津斯基又发明了"奶头乐"战略。所谓"奶头乐"战略，就是让中国人都沉浸于娱乐八卦、电视剧、网络游戏等活动中，如同塞了一个奶嘴，让中国人失去思考能力。

从这开始，中国正式步入了"流行偶像时代"。此前，国人崇拜的偶像通常是：毛主席、周总理等国家领袖；雷锋、赖宁等英雄榜样；钱学森、袁隆平等科学家；鲁迅、郭沫若等大文豪……此后，中国大多数人的精神偶像和人生导师，悄然换成了天王、影后、小鲜肉、网红……步入21世纪后，韩流、日漫、美国大片强势侵袭，中国爆发了一场胜过一场的追星狂热。直播里低俗、无底线的表演层出不穷；各大卫视里故弄玄虚的选秀、真人秀泛滥成灾；只要有大腕、帅哥、美女，超级烂片也能获得超高票房……"娱乐至死"俨然成为中国社会的一种病态！民族精神、民俗习惯、先贤思想等中华民族数千年才形成的瑰宝，在"奶头乐"战略面前，似乎毫无反抗之力。20多年来被"奶头乐"战略腐蚀渗透至深入骨髓的国人不少，严重影响了中华民族复兴大业的进程。今天相当多的中国人，对于国防安全的概念还停留在传统的陆海空军事

---

① 戴旭. 思想要走在战争前面（4）[N/OL]. 解放军报，2015 - 06 - 08. http：//www. 71. cn/2015/0608/816802_4. shtml。

平台对决的概念上，而对思想文化领域的危险态势尚未觉察。中国必须像重视领土主权一样，重视思想文化主权，保持中国人思想文化的纯洁性。

第二节　文化营销的时代背景：文化软实力与国家文化战略

"软实力"是近年来风靡国际关系领域的流行关键词，由美国著名政治学家约瑟夫·奈于 20 世纪 90 年代首先提出，主要包括文化的吸引力和感染力；对外政策、意识形态和政治价值观的吸引力，等等。软实力从本质上讲指的是意识形态、文化和道德诉求，通过精神和道德，诱惑他人去干他们想干的事情。软实力通过说服他人相信和同意某些行为准则、价值观念和政治制度，促使他们产生预期的行为。软实力依靠的是某种思想、文化的吸引力和根据特定价值标准和政治制度设置别人议程的能力，这在实际上是通过吸引而非强迫来实现各种意义上的战略意图的能力。

由于文化软实力的巨大作用，20 世纪 90 年代以来，发达国家、新兴工业化国家和地区纷纷调整文化政策，制定国家文化发展战略，在"知识经济高地"进行战略竞争的同时，又在"文化经济高地"展开了新一轮竞争与博弈。美国、日本、韩国、新加坡、欧盟等国家和地区都是这一轮文化软实力竞争的积极推动者。在美国最赚钱的 500 家企业中，有 72 家是文化与娱乐产业的企业。2017 年美国文化与娱乐产业产值达 60 016 亿美元，占 GDP 比重 31%，占世界文化与娱乐产业产值的 43%。2017 年全球电影票房达 406 亿美元，好莱坞电影公司贡献占比超 8 成。《环球时报》曾发表文章指出："美国 500 强企业前 10 名都在中国投资，它们在中国的生意份额已超过其本土，成为盈利的主要来源。"而在这前 10 名中，文化企业占半数以上。美国通过其大众文化产品在全球的销售，既可获得丰厚的外汇，又可宣传其价值观。这种新殖民主义比战争侵略和遏制策略更加冠冕堂皇，也更具有隐蔽性。中国观众在看美国好莱坞大片的同时，也在被美国文化潜移默化地影响。一个国家的文化战略其实是一个国家政治经济战略的表现。韩国就是一个把经济战略和政治战略揉在文化战略里的国家，而且揉得非常巧妙。韩国的爱情片能植入韩国汽车品牌；韩剧《大长今》曾在中国乃至世界刮起一股韩流；韩国奥运会把首尔和韩国这个不大的城市和国家推向全世界，这是一种很高明的文化战略。

如何借助文化的力量提升中国品牌在国际市场的竞争力，实现从中国制造向中国创造的升级？我们必须把中国文化营销提到国家文化战略层面，为此，我国在过去十几年里不断升级国家文化战略布局。

第三节　中国国家文化战略布局与国家文化安全

2007 年 10 月党的十七大报告提出了"文化软实力"这一概念并强调："当今时代，文化越来越成为民族凝聚力和创造力的重要源泉、越来越成为综合国力竞争的重要因素。"这说明"提高文化软实力"被提升到了国家战略的高度，为以后的文化建设指明了方向。

2009 年中国第一部文化产业专项规划《文化产业振兴规划》出台，文化产业上升为国家战略。

2010 年 10 月《中共中央关于制定国民经济和社会发展第十二个五年规划的建议》首次提出"推动文化产业成为国民经济支柱性产业"，文化产业成为国家战略产业发展方向。

2011 年 10 月《中共中央关于深化文化体制改革推动推动社会主义文化大发展大繁荣若干重大问题的决定》出台，吹响了文化产业成为国民经济支柱产业的号角，其中提出加大财政、税收等方面对文化产业的支持。

2012 年 11 月 14 日党的十八大报告提出要扎实推进社会主义文化强国建设，特别指出，要将文化产业发展成为国民经济支柱型产业。

2013 年 12 月 30 日中共中央政治局第十二次集体学习，提出要弘扬社会主义先进文化，提高国家文化软实力。

2016 年 7 月习近平总书记在"七一"重要讲话中强调要坚定"文化自信"。习近平总书记指出，体现一个国家综合实力最核心的、最高层的，还是文化软实力，这事关一个民族精气神的凝聚。最根本的还有一个文化自信，要从弘扬优秀传统文化中寻找精气神。

2016 年 11 月习近平总书记在中国文联第十次全国代表大会开幕式上强调，"文运同国运相牵，文脉同国脉相连"，给广大文艺工作者提出希望。习近平总书记提出："希望大家坚定文化自信，用文艺振奋民族精神。""要对博大精深的中华文化有深刻的理解，更要有高度的文化自信。""要善于从中华文化宝库中萃取精华、汲取能量，保持对自身文化理想、文化价值的高度信心，保持对自身文化生命力、创造力的高度信心，使自己的作品成为激励中国人民和中华民族不断前行的精神力量。"

2014 年 10 月 13 日，习近平在中共中央政治局第十八次集体学习时强调："中华优秀传统文化是我们最深厚的文化软实力，也是中国特色社会主义植根的文化沃土。"中华优秀传统文化，为中国故事提供了精神内核，必须讲好博大精深的中华文化故事。党的十八大以来，习近平总书记每次出访，都很好地借助自己深厚的中华文化底蕴，融通中外，兼论中西，向世界各国展示中华文化的魅力，展示中华文化与各国文化交流互鉴的成果，让各国人民更好触摸中华文化脉搏，更好理解中国人的价值观和发展理念。

2017 年国务院重大国策：全面复兴中国传统文化。2017 年 1 月 25 日，中共中央办公厅、国务院办公厅印发了《关于实施中华优秀传统文化传承发展工程的意见》并发出通知，要求各地区各部门结合实际认真贯彻落实。

2018 年 3 月 17 日，十三届全国人大一次会议表决通过了关于国务院机构改革方案，批准文化部、国家旅游局合并为文化和旅游部。作出这个调整旨在"增强和彰显文化自信，统筹文化事业，文化产业发展和旅游资源开发，提高国家文化软实力和中华文化影响力，推动文化事业、文化产业和旅游业融合发展"。"文化＋旅游"的融合发展模式自此愈加受到重视。

2020 年 10 月，党的十九届五中全会明确提出建成文化强国的具体时间表。全会对文化建设高度重视，从战略和全局上做了规划和设计。其中，最重要的就是明确提出到 2035 年建成文化强国。这是党中央首次明确了建成文化强国的具体时间表。全会通过的《中共中央关于制定国民经济和社会发展第十四个五年规划和二〇三五年远景目标的建议》还专门用一个部分对文化建设进行了部署，提出今后 5 年文化建设的基本思路，部署了三个方面重点任务：一是提高社会文明程度，二是提升公共文化服务水平，三是健全现代文化产业体系。

2021 年 3 月《中华人民共和国国民经济和社会发展第十四个五年规划和 2035 年远景目标纲要》第十篇详细阐述如何发展社会主义先进文化，提升国家文化软实力。

随着我国现代化进程不断向前推进，中国日益强盛，成为世界和平的重要力量，中国道路世界瞩目。不断加快的社会主义文化强国建设，促使我们的观念不断改变——从"中国特色"到"中国模式"或"中国道路"的概念转变，说明中国已经到了可以也应该提出既能说明成功经验，又能为不同国家所认可和借鉴的道理的时候，在此基础上，完全有可能构建出一套具有内在逻辑的中国"话语体系"。只有国家文化软实力、中华文化影响力进一步提升，中国话语走出国门、走向世界，中国的国家行动才能"师出有名"，中国才能在国际舞台上获得更大的战略空间，才能在承担人类社会更大责任的同时，实现中华民族复兴的根本利益。

2021 年 9 月 2 日，国家广播电视总局办公厅发出通知，要求广播电视行业坚决抵制违法失德人员、坚决反对唯流量论、不得播出偶像养成类节目、坚决抵制不良"饭圈"文化、坚决抵制泛娱乐化、杜绝"娘炮"等畸形审美、坚决抵制高价片酬、切实加强从业人员管理。中国走向文化强国的道路上充满泥泞荆棘，西方发达资本主义国家以"全球化"的名义大力输出自己的影视作品、新闻报道、图书等文化产品以及文化产品中所蕴含的价值观、人生观和世界观，把文化全球化变成美国文化或者西方文化的"同质化""一元化""一致化""一体化"，以达到通过文化"全球化"进行文化渗透进而影响、改变我国的文化取向和价值观念的目的，加紧推进"文化西方化""文化美国化""文化霸权化"甚至"文化殖民化"，这对我国的国家文化安全形成严重威胁（丁国旗，2021）。2020 年 8 月，国家安全机关侦破河北某高校学生田某煽动颠覆国家政权案，及时挫败境外反华势力培养、扶植境内代理人的企图。① 类似案件近年来时有发生，表明以美国为首的西方资本主义国家加紧向我国进行文化渗透和文化殖民，我们需要从国家文化营销的战略角度认识国家认同和文化认同问题，彻底解决国家文化战略安全问题。

第四节　国家文化营销与国家认同感提升

营销不只是提高产品销量的手段，也不只是厂商和消费者之间传递情感的品牌塑造过程，营销更是传递价值观和审美观的文化渗透过程。文化营销就是利用营销的手段，将文化作为产品传播给目标受众，以达到改变其价值理念和生活方式的目的。不仅商业需要营销，国家同样需要营销。提升文化软实力是全球化背景下国家竞争的重要手段，以提升国家认同感为核心的国家文化营销战略是提升文化软实力的关键举措。

---

① 国安机关披露内幕！事关内地学生！［EB/OL］．（2021 – 04 – 15）．https：// mp. weixin. qq. com/ s/yeBRP11G5uG9um8mhgiCzQ。

我们通过国家文化全球战略营销，在国际社会针对目标群体开展国家文化的互动营销活动，用我们的国家文化去丰富和充实国际社会共有知识与规范，将中国文化的精髓通过整合营销的传播手段，将相应的观念从自我延伸到他者，将他者也能纳入自我的身份界定中，建立更加广泛的身份共同体，形成利益同心圆，从而让世界其他文化的目标群体产生积极认同，丰富共有知识，建立在国际社会的积极的集体认同和国家文化在全球的影响力（林哲，2004）。

国家认同感提升这一问题在当前学术界受到越来越多的关注，马克思主义政治学、传播学两大学科，分别从意识形态、传播路径等方面着手进行了研究分析。这属于自上而下的研究路径，更多关注的是解决这一问题的重要性。如果只是单纯从意识形态宣传以及传播路径去找解决方案，而忽视了传播受众的心理行为特征，那么整个传播效果会事倍功半，甚至激起受众的逆反心理而对解决问题起到负面作用。因此，需要考虑自下而上的研究路径，从营销学的视角研究传播目标受众特点并主动与其沟通，从而影响其内在偏好和行为决策过程，将提升国家认同感作为"营销目标"，把国家认同感作为"产品"进行合理设计，将民众作为营销对象进行"消费者"细分，制订有针对性的差异化营销传播计划，实现强化民众国家认同感的战略目标，这是国家文化营销的一项重要内容，它与上述自上而下的研究路径相互补充、相得益彰，可以有效提升民众的国家认同感。

在当今互联网时代，民众接受信息的渠道主要来自网络和主流媒体，民众观念的形成很大程度上受网络大 V、社会公知、专家、网红、影视及体育明星等意见领袖的影响。意见领袖的形成和观点发布，则主要通过传媒机构、影视节目制作与播放渠道、学校与教材、网络平台、非政府组织（NGO）等途径，这些途径的控制权被平台投资人以及政府监管机构掌握。意见领袖的形成和观点发布对民众的思想具有巨大的影响作用。国家文化营销的作用机制由不同层面组成：最底层是政府，政府制定的国家文化战略具有决定意义，它决定了国家文化营销第二层的运转——文化传媒产业资本的市场准入、资本运营的监管政策以及文化传媒产业链战略。文化传媒产业的营销渠道管理属于国家文化营销战术操作层核心，它一方面是资本运营与文化传媒产业链战略的结果，另一方面又是通过意见领袖代言和社会化媒体营销进行国家意识形态传播运作的平台，起到上传下达的枢纽作用，是国家文化营销由战略到战术转化的关键层。通过意见领袖和社会化媒体对民众进行国家形象、意识形态和文化认同领域的内容营销，这是国家文化营销战术执行层。民众的国家认同感的形成机制与国家文化营销战略与战术机制之间对应关系可用图 2 - 1 概括：

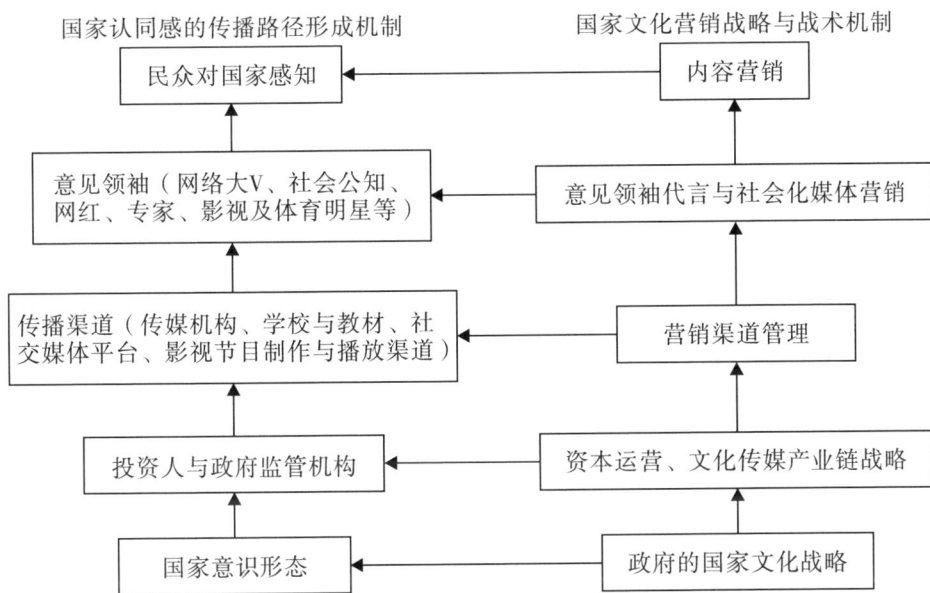

国家认同感的传播路径形成机制　　　　　国家文化营销战略与战术机制

| 民众对国家感知 | ← | 内容营销 |

| 意见领袖（网络大V、社会公知、网红、专家、影视及体育明星等） | ← | 意见领袖代言与社会化媒体营销 |

| 传播渠道（传媒机构、学校与教材、社交媒体平台、影视节目制作与播放渠道） | ← | 营销渠道管理 |

| 投资人与政府监管机构 | ← | 资本运营、文化传媒产业链战略 |

| 国家意识形态 | ← | 政府的国家文化战略 |

图 2 - 1　国家认同感形成机制与国家文化营销战略与战术的关系

民众的国家认同感强弱，对外事关国家的国际影响力，对内则事关国家文化战略安全以及国家软实力。国家认同感提升不仅涉及民众对自身地位价值的认同，还涉及对国家历史、文化、地理的认同，以及对国家权力机关的态度和对国家政治制度的认同。国家认同感提升能够有效夯实国家的文化认同，提升国家民族凝聚力。如果国家认同感不足则会助长分裂势力，导致国民对国家丧失信心、被敌对国分化瓦解直至陷入对方设定的"不战而屈人之兵"的战略被动局面，最严重的后果是导致国家政权的颠覆。

第五节　我国国家文化营销领域存在的问题及其原因分析

　　运用图2-1理论模型，我们可以非常清晰地分析美国政府针对中国的一系列国家文化渗透战略——多年来美国不断实施对华输出意识形态的文化战略，执行美国中情局"十条诫令"①，这是所有意识形态输出工作以及"颜色革命"的指导方针。在这样的国家战略指导之下，西方敌对势力首先通过资本运营掌握文化传媒和互联网产业链。通过资本运作，掌握主流网络平台、媒体的控制权。通过对我国目前主流媒体进行资本结构分析，不难发现，境外资本控股了不少互联网巨头、主流自媒体平台以及自媒体公众号，在一定程度上掌握着文化思想话语权和平台的控制权；国家文化安全领域屡屡出现信息传播渠道管理混乱、受制于人的被动局面：传媒机构、影视节目制作与播放、学校与教材、网络平台、非政府组织等各个传播渠道问题层出不穷。2016年共青团中央微博发布了一篇长微博，揭露了参与"台独"活动的演员的新片被抵制的原因，该帖发出不久后便被新浪删除，紫光阁、思想火炬等多家官方媒体也被新浪删除微博、屏蔽评论。这个典型事件充分说明了资本操控媒体、社交平台问题的严重性。在资本操控的网络媒体环境里，即便是政府部门，要发出独立的声音尚且如此艰难，何况是知识分子和普通民众呢？

　　改革开放以来，以美国为首的西方国家开始利用其文化产品（电影、电视娱乐节目、流行音乐、广告等）和大众消费品（可口可乐、麦当劳、肯德

---

　　① 兰雅清. 从文献对比查证美国中情局的"十条诫令"［J］. 世界社会主义研究, 2017（7）：57-60, 95。

基、星巴克、迪士尼等）的输出，对中国民众进行文化渗透，潜移默化推广其生活方式、思维方式、价值理念乃至政治制度。国人的价值观、消费观日渐发生变化，攀比心理盛行，拜金主义、享乐主义思想四处蔓延，中国传统文化价值观受到严重冲击。西方势力还借用互联网社交媒体造势，发动商业公关战以谋求经济利益。2015 年一篇关于到日本买马桶盖的微信文章在网上被大肆炒作，形成一股打击中国制造的舆论攻势，使国人对中国制造丧失信心，扎堆赴日购买电饭煲、马桶盖等日常家电用品。此类利用网络媒体为资本造势的案例层出不穷。

学校教育方面也普遍出现意识形态教育薄弱的问题，首先是教材出了严重的问题。"人教版数学教材插画"事件最具代表性。2022 年 5 月 26 日，人教版小学数学教材因被网友吐槽课本封面和内页插图人物形象丑，连上 7 个热搜。① 网民从人教版小学数学教材中发现了许多问题插画：被丑化的中国儿童形象、美国兔女郎、文身、性暗示、星条旗服饰、画错的中国五星红旗……除了人教版教材外，其他课外读物中也充斥着各种色情、侮辱女性、暴力等让人恶心的价值观扭曲的内容。从 2005 年开始，中小学教材就多次成为社会争议的热点。网友总结，这些教材讲中国人缺点的有很多，讲外国人缺点的却很少。更有甚者，2016 年群众举报新疆教育出版社出版了包含大量血腥、暴力恐怖、分裂思想等罪恶内容的问题教材，而且这些问题教材用了 13 年之久都没有被有关教育部门发现。

从这一系列"毒教材"事件可以看到，境外资本和西方反华势力的手不仅伸向了国内娱乐影视等文化产业，还伸向了学校教材之中。中小学教材编撰组中竟然也有敌对势力渗透的身影，甚至还大权在握。教材的严重西化不仅会毁掉一代又一代的中国儿童、青年，使他们从孩提时起就在精神上向西方人下跪、自我矮化、缺乏国家认同和文化认同，还会让国际媒体频频攻击中国，嘲

---

① 爆雷！人教版数学教材插图连上 7 个热搜，相关部门刚刚回应［EB/OL］.（2022 - 05 - 27）. https：//view. inews. qq. com/k/20220527A07QSQ04？web_ channel = wap&openApp = false。

笑中国教育主权的沦陷，这对中国的长治久安，无疑是巨大隐患。

与此同时，高校思想阵地频现让人匪夷所思的恶性事件。近年来高校教师学生群体出现一些崇洋媚外、攻击党和国家、攻击毛泽东思想、攻击中国历史文化的恶性事件，这些都暴露出当今高校政治思想教育出现较严重问题，高校成为以美国为首的西方敌对势力的重点文化渗透领域。无论是学术领域，还是招生宣传、人才引进方面，高校崇洋媚外现象时有发生。一些知名高校要求教师须有海外留学经历方能晋升职称，更有甚者将留洋经历作为入校任教门槛。这不仅是对中国教育的否定，更为中国教育日后的发展埋下了隐患。高校出现这些崇洋媚外现象与外国资本长期对中国实施文化渗透战略密不可分。1901年9月7日，清政府与西方列强签订了丧权辱国的《辛丑条约》。随着时间的推移，部分国家慢慢放弃了赔款，甚至还退还了部分赔款，取而代之的是另外的"赔偿"，也就是对中国进行文化输出。罗斯福总统决定将当时尚未付足之款项，从1909年1月起退还中国，改用于培养赴美留学生的教育费用，建立"留美预备学堂"。之后英国、法国、苏俄也相继效仿。美国伊利诺伊大学校长詹姆斯在1906年给罗斯福的一份备忘录中声称："哪一个国家能够做到教育这一代中国青年人，哪一个国家就能由于这方面所支付的努力，而在精神和商业上的影响取回最大的收获。""商业追随精神上的支配，比追随军旗更为可靠。"（匡长福，2009）这种试图通过留学形式，将美式教育根植于中国学生心中，再通过这些国之栋梁影响甚至左右整个中国的方式实在"高明"。长此以往，美国便会在中国得到更多的利益。大量招收中国留学生，并对留学生进行美国价值观渗透，这是美国的文化渗透战略。在美国的对外文化政策中，教育交流特别是交换留学生的计划占有重要地位，是美国外交政策的执行工具之一。美国国会通过《富布莱特法案》给国外优秀学生提供奖学金，组织他们赴美留学或讲学。"奖学金的重点应放在青年身上，主要用于人文学科方面……外国留学生在美国机构学习时，应加深对民主制度的认识……这种学习应从属于美国外交政策的总目的。"当富布莱特奖学金资助的毕业生们承担起领导者的职责时，他们会怀着对美国人所信奉的价值观的赞赏而成为美国观念的推崇者和力行者。由于其资助对象主要是所谓文化精英（如大学生、教师、作家或学者等），因此被看作美国对国家长远利益投资的一个典范（韩源等，2013）。英国作家弗朗西斯·桑德斯在其《谁承担后果——美国中央情报局与文化冷战》一书中揭露，在享有盛誉的美国基金会所提供的 700 项补助中，有 50% 来自中情局。这些基金会支持他国社会精英、留学生等访美学习，挑选和扶持符合美国利益的"意见领袖"，培训街头政治策略。美国曾任负责对外文化关系工作的助理国务卿威廉·本顿直言不讳地表示（韩源等，2013）："从长远看，培养外国留学生是一种最有前景，一本万利的推销美国思想文化的有效方式。"

西方敌对势力不仅要破坏我国民众的文化自信，还要瓦解中国民众的政治信仰。近年来西方基督教打着各种博爱的旗号，在中国社会大肆渗透、俘获人心。此外，通过英语角、西方文化体验活动、西方宗教学术交流等隐蔽形式，对大学师生群体进行传教，这是基督教常见的渗透手法。2016 年我国基督徒大约有 3 997 万人。① 通过吸收基督教教徒，使大量民众抛弃中国传统文化，抛弃祭拜祖先的文化信仰，放弃马克思主义信仰，抛弃共产主义理想，这也是西方对中国进行"颜色革命"的重要手段。

随着我国对外开放的程度不断加深、层次不断提升，电影市场更是遭到外来电影的占领，年轻群体在西方影视作品的熏陶之下逐渐开始接受并模仿西方的生活方式、价值观念，开始逐渐丧失对中国历史文化传统礼仪的认同感，转而开始大搞个人英雄主义、拜金主义、享乐主义，甚至开始接受西方通过影视作品传递的宗教理念。长此以往，势必会严重削弱国民的国家认同感。许多境外非政府组织打着环保、教育、人权的幌子，利用文化交流、捐资助学、项目培训等手段长期对华进行意识形态领域的渗透，搜集我国政治、经济、科技、

---

① 卢云峰，吴越，张春泥. 中国到底有多少基督徒？——基于中国家庭追踪调查的估计［J］. 开放时代，2019（1）：165 – 178，7。

军事等情报，从我国内部培养西方代理人和政治反对派。通过插手我国人民内部矛盾和纠纷，特别是以开发援助、扶持弱势群体为名，抓住工人失业、农民失地、城市拆迁等涉及民众切身利益的具体问题，制造舆论，混淆视听，煽动民众同党和政府产生对立情绪。无论是著名的"工运之星"案件还是香港"占中"事件，都昭示着这些非政府组织已经由意识形态领域渗透全面向参与策划街头政治、颠覆政权的具体行动转变。

西方敌对势力首先确立了西化分化中国、瓦解中国核心价值观的战略。市场的趣味是伪造的，观众的口味是伪造的，甚至市场都是伪造的。在掌握营销渠道之后，这些境外资本开始培植自己的意见领袖。微博、微信等主流网络平台存在大量的公知、大V，鼓吹历史虚无主义和文化虚无主义，公然诋毁英雄人物、革命领袖，诋毁政权机关、执政党，公然唱衰国家的执政理念、政治制度和经济政策，同时宣扬西方的生活方式，鼓吹西方的政治制度、民主自由，大搞历史虚无主义，重写古代史、近代史、党史、抗战史、解放战争史、抗美援朝史。这些凭空捏造的内容，每天都在以数以万计的转发量传递到民众眼中，对民众造成了极其恶劣的负面引导，容易使其形成错误的历史观、人生观、世界观、价值观，物质主义、享乐主义盛行，以达到不战而屈人之兵、颠覆国家政权的政治图谋。此外，打着商业文化宣传旗号进行文化渗透，甚至文化入侵的事件也时有发生，最典型的案例就是2022年7月被网民强烈抵制的夏日祭事件。以动漫文化展为名在中国南京等20个大中小城市举行的日本文化夏日祭活动，其举办城市都是当年日本侵华战争中发生激烈战斗之地。作为此次夏日祭活动的售票平台和前期主要宣传平台的某视频网站深陷舆论旋涡，该网站多年来一直致力于向中国青少年推广日本二次元文化，不少青少年沉迷其中。

2021年6月，日本外务省花钱邀请一批中国大V以访问学者的身份前往日本，此名单在网上被曝光后引起轩然大波。这些参加过这次日本活动的"网络大V"们很快就成了国内知名的"日吹"和"精日"，拥有了无数粉丝和追随者，他们超额甚至加倍完成了日本外务省的"贬中媚日"目标。在舆论和意识形态领域，美日追求实际宣传和意识形态改造效果，舆论和意识形态宣传的本质是文化，而文化的唯一推广方式就是吸引。美日早已深谙此道，中国却完全没有领会其中要义。境外资本通过对传媒机构、影视节目制作与播放渠道、学校与教材、网络平台以及非政府组织的资本控制，控制了国家文化营销的渠道，培养了一批又一批水军、大V、伪公知等，通过对他们的言论、评论、文章进行置顶、热搜、大量转载，将西方意识形态传递到我国广大民众眼中，其内容涵盖政治、经济、文化乃至军事等多方面，从国家、社会、组织以及个人等多层次来对主流意识形态实施攻击。这些人一般在某一领域具有较高的知名度，或者因为从事媒体传播而出名。负面意识形态观点从这些"意见领袖"口中说出来，更有"可信度"和迷惑性。而后是操控网络"水军"，制造舆论热点的假象。所谓"水军"，就是指网络资本雇佣的、常常以同一语言在同一时间段内支持或反对某个网络舆论的大批量网络账号使用者。而普通网民尤其是其中的青年群体，直接参与政治生活和意识形态理论活动较少，没有完整系统的知识，思想的深度和广度还达不到自觉抵制负面意识形态的程度，因此最容易受到多方位、多层次负面消息的误导。

第六节　提升我国国家认同感的国家文化营销策略

以上分析表明，我国国家认同感存在的问题较多也较为严重，需要运用国家文化营销提升民众的国家认同感。根据图2-1国家认同感形成机制与国家文化营销战略与战术关系模型，提出如下策略：

第一步，国家政府部门首先应确立国家文化营销战略。习近平总书记曾指出，历史和现实都表明，一个抛弃了或者背叛了自己历史文化的民族，不仅不可能发展起来，而且很可能上演一幕幕历史悲剧。中华文明历史悠久，从春秋战国时期百家争鸣、四书五经，到唐诗宋词元曲明清小说，中国传统文学和思想星河璀璨，中医药文化源远流长。在这久远的历史之中涌现出来的思想家、政治家不计其数。近代以来，虽然战争不断，但中华民族的抗争史本身就是对中华民族千百年来不屈不挠精神的最好解读。革命领袖与爱国先烈们的光荣事迹不应该被遗忘、被淡化，重塑国家认同感应当从明确营销内容开始——从公民身份认同、国家领土认同、历史文化认同、执政机关认同四个方面全面提升国家认同感。

第二步，牢牢把握国家文化营销传播渠道的控制权。运用国家资本夺取主流媒体、网络平台的控制权，加强对监管部门的监督，严厉打击贪污腐败。毛泽东主席说过，思想这个阵地，你不占领，别人就会占领。只有掌握了主流媒体和网络平台的资金控制权，才能牢牢把控其发展方向，为我所用。因此，要建立专属资金支持国家建设自己的网络审核机构和严格的审核机制，降低网络平台和主流媒体的自主权；对于网络中投放的内容严格把关，严密监察，一旦发现问题，无须上报，直接拦截在孕育期；对于各大院线、电视台的电影、电视剧的播放采用统一标准，作出导向要求，严厉打击各种低俗、恶搞的娱乐综艺节目和电视剧；对境外作品的引进更要严格把控；严厉打击媒体监管部门的贪污腐败现象，坚决将为了一己私利荼毒民众精神世界的蛀虫驱逐出去。

第三步，国家文化营销渠道的传播内容需重新定位。加强传播渠道监督，加强对意识形态输出部门的监管，利用国家文化营销渠道传递社会主义核心价值观。在学校教育方面，严格把控教材内容，坚守教育主阵地不动摇，强化马克思列宁主义教育，强化政治、历史、文化等通识知识的教育。进行英语教育改革，改革英语教材内容及授课形式，将英语作为中国文化走出去的工具，让学生掌握用英语介绍中国、宣传中国的技能。主流媒体和网络平台的控制权回归有利于加强对传播渠道的监管。政府应当建立独立的意识形态和价值观念的传播机构。通过挖掘热点、正面素材以制造热点的方式，利用纸媒、电视新闻、微博、微信等网络平台渠道多位一体进行整合营销，倍增影响力。对于非政府组织的资金来源和动向，严密监督组织的日常活动和人员构成。大力建设我国的民间非政府组织，借助非政府组织宣传国家的政治制度优势及经济活力。

第四步，意见领袖的监管和塑造策略。培养一批热爱党和国家的意见领袖——大V、网红、明星、专家学者，配合政府需要引爆话题、推动热点持续升温，充分发挥意见领袖的影响力，传递正确的价值观念。同时，还需要培养一批专家，利用新渠道和社会化媒体，分析揭露西方敌对势力的政治阴谋，并将其传递给更多的民众。同时要团结广泛的爱国民众，培养一批网民以平民的角度和身份对热点进行评论和宣传，通过民众之间的影响力，使那些负面的价值观念无路可走。2016年，郑若麟老师在团中央组织的青年网络公开课上开讲"如何抵御西方精神殖民"，后来又在东南卫视《中国正在说》系列节目开讲"筑起文化自信的新长城"，强调如何清除西方潜移默化植入的"民主原罪"，都收到观众广泛的好评。这类正能量的意见领袖节目需要多加传播。

案例分析　加多宝烈士营销事件

加多宝公司在一次名为"多谢行动"的营销中表示："若'作业本'（微博大V）开烧烤店就送10万罐凉茶。"而此前，"作业本"在微博中将抗美援朝战争英雄邱少云烈士比作未烤熟的"烧烤"。加多宝公司恶俗的营销手段引发了各地网友的愤怒。这次的"多谢行动"，加多宝所设计的广告词不仅是针对精英个人的赞美言辞，还涉及具有争议性、极端化的政治内容，没有能够让大众共同分享的情感、价值或者乐趣，既无法让大众参与，也难让大众从中找到归属感。由上得出问题有三点：选取"名人"不顾渠道的有效性、粉丝的真实性；内容设计不顾民众的参与性和情感的广泛性；整个活动的设计目的似乎完全不是指向消费群体，反而有将公知、大V当作营销目的和资助对象、借商业活动推销政治理念的嫌疑。

【资料来源：加多宝公司及"作业本"侮辱邱少云烈士案一审宣判：两被告道歉并赔偿［EB/OL］．（2016－09－20）．http://news.cctv.com/2016/09/20/AR-

TIJs3t31X1VBbtrjgF5lGA160920. shtml；当邱少云成为"烧烤"营销段子［EB/OL］.
(2015－04－24).https：//culture. china. com/zt/wenhuashidian/qiushaoyun；加多宝
烈士营销的惊人内幕：CMC、谷歌与中情局魅影［EB/OL］.（2015－05－25）.
http：//www. hswh. org. cn/wzzx/llyd/jj/2015－05－24/32112. html】

思考题

如何从国家文化营销战略的角度分析加多宝烈士营销事件？

第三章 文化营销理念与管理流程

两个家居品牌广告的对比

2015 年，瑞典品牌 IKEA 宜家发布电视广告《宜家 IKEA_爱自己，期待遇见更美的你》。2013 年 11 月，梦天木门重投 1.475 2 亿元登顶 2014 年央视建材家装类广告标王，并竞拍到央视 2014 年度各黄金广告时段，投放全新定位的电视广告《高档装修，用梦天木门》。

思考题

（1）作为一个消费者，当你看到这两个家居品牌的广告，你会被哪一个吸引？你会屏蔽掉哪一个？为什么？

（2）作为营销者，你如何评价这两个家居品牌广告的策略水平？你认为哪一个品牌广告具有更好的传播效果？为什么？

移动互联网的普及让消费者观看内容的自主权日益提高，传统的纸媒与电视广告日渐衰落，消费者对待广告变得机灵而警惕，已不再想听公司自吹自擂的陈述，导致越来越多的广告盲区和广告屏蔽，观众的这种心理状态变化并不完全意味着营销的劫难，而是昭示着一场浩浩荡荡的营销革新——文化营销时代到来了！

第一节　21 世纪是文化营销的时代

营销是市场竞争的产物，营销理念和方法的发展是市场供求关系变化的结果。营销理念的变迁印证了市场经济演变的全过程。市场营销的起源可追溯到人类最早从事的交换过程——以物易物，即以一种有用之物交换另一种有用之物。而 19 世纪晚期的产业革命标志着现代意义上的市场营销观念的诞生，产业革命后，对西方社会来说，市场营销观念的发展可以分为以下五个阶段：生产观念（Production concept）——产品观念（Product concept）——推销观念（Selling concept）——营销观念（Marketing concept）——社会营销观念（Social marketing concept）。

在生产阶段，社会生产效率不高、商品供不应求，企业的生产能力是企业管理的重中之重；随着生产力的提高、社会产品的日益丰富，消费者对产品质量的要求也相应提高，为了适应这种变化，产品质量开始成为企业的管理重点；到了产品供过于求、卖主间竞争日趋激烈的时代，企业为了销售产品，开始加强产品推销并建立起强大的销售管理中心；但是硬性推销并不能得到消费者的认同，于是，企业开始站在消费者的立场上设计产品和渠道，开始重视消费者的个人需求，树立了现代市场营销观念；然而，经济的发展带来了一系列普遍的社会问题，人们发现个人享受不能牺牲他人利益，人类的健康也不能以牺牲环境为代价，人们开始站在整个人类的角度去重新审视营销，出现了社会营销观念——企业在满足消费者需要和愿望的同时，也应考虑社会的整体利益和长远利益。

　　21 世纪以来随着经济全球化的发展，企业所面临的竞争更加激烈，巨大的压力使其必须做出即时调整和自我改造，企业的调整必须以消费者的需求为依据。当社会已经从物质匮乏时代演变为物质富裕时代，产品服务越来越多充斥于市场，消费者面对日益多样化的产品服务，其选择必然遵循满足个性化价值追求的行为逻辑，这种消费行为逻辑导致文化营销的到来——如何围绕人们文化心理的需要、满足其象征消费，将成为企业营销重点；如何通过倡导一种文化价值观念、引领一种生活方式的文化营销手段来获得消费者内心的价值认同（罗纪宁，2007），将成为企业开拓市场的主要手段。"21 世纪是文化营销的时代"（王方华，2006），如何从营销史和营销哲学的角度分析各种营销理论和实战工具发展背后隐含的深层逻辑，提炼营销变化的规律，是营销学理论进一步纵深发展的前提，也是在 21 世纪这一变幻莫测的多元化市场环境下进行有效营销决策的前提。本章将围绕这个问题进行深入的探讨。

第二节 移动互联网时代营销变化趋势

随着人类社会进入信息化互联网时代，信息传播和知识扩散的速度和效率大大提升，产品和服务的生产效率也随之急剧提高，市场整体上供过于求的状况更加严重，传统公司大品牌净利润呈两位数下滑，最典型案例包括：全球日化巨头宝洁公司，这一曾经是中国市场营销神话的公司 2016 年第一季度营收同比下滑 13.2%，甚至接连出售旗下品牌。2022 财年（自然年 2021 年 7 月—2022 年 6 月）宝洁大中华区市场再现下滑趋势，宝洁在大中华区的有机销售额同比下降了 4%。① 服装一线品牌从优衣库、GAP，再到 H&M，2016 年第一季度净利同比均呈两位数下滑的趋势。苹果公司 2016 年度营收为 15 年来首次下滑，第四季度大中华区营收降 30%。② 苹果 2020 年第四财季大中华区销售额 79.5 亿美元，较去年同期的 111.3 亿美元，同比大幅下降 28.6%。柯恩（2016）指出，"宝洁的衰败是不可避免的，而且永远不可能再现辉煌了"。宝洁衰败的原因并非市场定位失误、多品牌失灵、大公司病③等公司经营层面的问题，而是消费市场本身正发生着深刻的变化：电商的大量出现、移动互联网的普及，使得传统营销管理范式受到严重的挑战——营销渠道大乱、自媒体大量出现、消费群碎片化……导致传统营销策略效率大为降低，各种移动互联

---

① 宝洁连续 9 个季度下滑 中国业绩令 CEO 难接受 [EB/OL]．（2016 - 05 - 27）．http：// www.chinairn.com/news/20160527/141446968.shtml；- 4%！宝洁大中华区全年销售额下滑 [EB/OL]．（2022 - 07 - 31）．https：//www.cbo.cn/wap/article/view/id/50956。

② 苹果年度营收 15 年来首次下滑 第四季度大中华区营收降 30% [EB/OL]．（2016 - 10 - 27）．https：//www.sohu.com/a/117351826_123753。

③ 大公司病是指伴随公司规模壮大及管理层级增加而出现的病态，典型特点有：等级观念森严，决策机制太长，机构臃肿，决策老是下不来；公司内部官僚主义严重，报喜不报忧；扼杀创新，尽做面子工程等。

网的应用，无论是 3G 时代的微博和微信，还是 4G 时代的直播、网络游戏、云计算大数据，都快速与营销实践深度融合，数字化营销、社会化媒体营销技术层出不穷、日新月异，深刻改变着消费者的需求和偏好，传统以产品或品牌为导向的消费需求，正逐步向以消费者自我为中心的个性化、定制化需求转变，工业化时代"大品牌、大营销、大生产、大物流"的商业模式，正在被互联网信息化时代"小而美"的商业模式所颠覆。以网络化、智能化为特征的颠覆性创新（Disruptive innovation）将同时影响技术类企业、制造类企业与传统消费行业的商业模式（克莱顿·克里斯坦森，2010）。新兴企业作为颠覆者在供应链结构、成本结构、营销模式等各方面都与行业先行者存在重大差别，先行者起初很难为了市场不大的消费者个性化需求而改变自身的价值网络体系，但从长期看，当个性化需求逐步成为主流，先行者衰败而颠覆者崛起将成为不可逆转的趋势。以往行业先行者的商业盈利模式是"一对多定向"营销：大规模采购＋大规模生产＋大规模渠道＋大规模零售＋大规模广告传播＋大品牌运营，生产出一个物美价廉的好东西，通过全国性的广告投放、全国性的渠道，接触全国消费者，这样的"定点、集中、量大、标准化、质优价廉"的传统工业化时代经营特征，正在被互联网信息化时代的"多点、分散、量小、个性化、货美价合"的经营特征所取代。如今的商业模式已经不是"人找货"，而是"货找人"。在这个时代背景下，每一个营销管理者都面临非常大的挑战，要在纷纭复杂的情况之下挑选恰当的营销组合去直接有效地跟目标客户沟通，除了强调产品自身功能之外，更格外注重传达产品和品牌所蕴含的人文内涵等看不见的东西，能否与消费者产生心灵上的契合和共鸣，让消费者由于文化价值认同、感情爱恋而与品牌产生契合，这是当今互联网时代社会化媒体营销成败的关键。

第三节　文化营销的理念及其对消费者的作用层面

2004 年 11 月，耐克篮球鞋广告《恐惧斗室》在央视和一些省市电视台播出后立刻引起强烈反应。广告中"中国功夫"不堪一击，飞天仙女在"勾引"男主角，中国龙似乎是制造妖怪的恶势力，中国文化的象征——"中国功夫、飞天仙女、龙"全部被体现美国价值观的勒布朗·詹姆斯打败，这遭到中国网民的沸然声讨，也引起了海外的抗议，最后该广告被国家广电总局禁播。这个广告所宣扬的主题并没有涉及产品功能，整个广告没有说耐克篮球鞋如何好，没有说耐克篮球鞋有什么性能特点。广告里面黑人篮球运动员勒布朗·詹姆斯的眼神及其"傲慢、自鸣得意"等情感元素，给广告的目标受众——中国的青少年以很强的感染力。广告让詹姆斯来承载广告主所希望传递的价值取向——美国文化打败中国文化。他给广告的目标受众——中国青少年传递这样一种信息：只要穿上耐克的篮球鞋，就会像詹姆斯这个篮球运动员一样"成功"——战胜恐惧，英勇无敌。在这个广告视频里被詹姆斯击败的五个对手是中国老者、飞天仙女、武者、两条中国龙、自我，而这些其实都是中国文化的典型象征。这个品牌广告策划已超越了"产品功能、外观与包装、价格、渠道"等传统营销策划关注的内容，广告传播重点为一种文化价值观，这个案例涉及营销者对营销层次不同理解的问题。

如果从营销核心内容、作用层面，以及对消费者行为的理解等维度进行区分，营销可以分为三个层次：产品营销、品牌营销和文化营销，不同的营销层次对应不同的消费者行为假设、不同的营销目标（见表 3 - 1）。

表 3 - 1　营销的层次

营销层次	营销目标	对消费者发生作用的层面	营销者对消费者行为假设
产品营销	提高产品销售额	产品购买决策感知价值评判标准	产品功能质量特点是消费者行为决策的全部依据
品牌营销	构建、维护和提升品牌忠诚度，扩大品牌市场份额	品类消费价值	消费者品牌决策行为实质是寻求一种情感的满足
文化营销	改变消费者的价值观；引领一种新的消费时尚和生活方式	生活方式；价值观、审美观、人生观	消费者购买决策不仅仅取决于产品的功能，而与其中包含的象征意义密切相关；消费者购买目标是寻求对一种文化价值观的认同和体验

　　文化营销的主要目标不在于提高企业短期的销售量，也不在于抢占短期的市场份额，因为市场份额也是动态变化的，三十年河东，三十年河西，时尚流行的东西是变化莫测的。但是在消费者心目中，最不容易改变的是价值观，因此，文化营销的核心在于在消费者心中塑造一种价值观，引领一种时尚消费潮流或生活方式，消费者一旦认可了某种价值观和审美观，自然会购买在这种时尚消费潮流或者生活方式主导下的品牌和产品。

　　在文化营销层次，营销者对消费者行为的理解已进入更深层面——消费者的内心无意识是购买一种对文化价值的认同及体验。例如，同样是鞋子，耐克品牌运动鞋一双鞋可以卖到几千元甚至上万元，但中国本土运动品牌其市场零售价是每双几十元、几百元，上千元的很少。产品的功能差别有这么大吗？消费者的感知价值就是文化营销的结果，耐克品牌象征着美国个人英雄主义文化——想干就干、唯吾独尊的个性。这种美国文化价值观和审美观被中国消费者接受了，因此能够在价格上与中国本土运动鞋品牌拉开如此大的差距。毫无疑问，本土品牌运动鞋更容易受到价格竞争的挤压，竞争差异化优势较少。在市场上当"产品同质化""品牌情感诉求"日益严重情况下，企业的营销要脱颖而出，关键在于造出一种竞争者难以模仿或者不能模仿的东西———一种思维判断范式和一种价值评判标准。

文化营销与产品营销是相互依存的关系，产品营销是企业营销发展的初级阶段，文化营销是企业营销发展的高级阶段。产品营销是文化营销的基础，文化营销是产品营销的升华。文化营销对消费者行为的理解更深入，通过改变消费者的价值观、引领一种新的消费时尚和生活方式，从而让消费者购买与其价值观和生活方式匹配的产品；而产品营销认为产品功能质量特点是消费者行为决策的全部依据，只是着眼于短期的产品销量和收入的提升，忽视了消费者价值取向的变化，以及由此产生的产品消费需求的变化。因此，文化营销具有更持久的影响力。

第四节　文化营销与营销文化

文化为虚，营销文化就是文化的显性化过程，每一种产品、每一个品牌背后都在一定程度上承载着一种无形的文化理念；每一个广告、每一次公关活动，都隐含着一种文化价值观和文化特性，这就是文化的隐性化。文化的显性化、文化的隐性化，是文化营销战略中两个重要概念。营销过程在实物上表现的是产品传递以满足需要的过程，而在内层方面，则是一个文化价值传递和达到满意的过程。在一定意义上，现代市场营销是物化营销和文化营销的结合，营销离不开文化，品牌营销则更主要的是文化价值的发掘与传递。从以下跨国公司在中国市场投放的广告案例，可以透视出文化营销竞争是一个没有硝烟的战场。

案例1 丰田汽车的广告

2003 年第 12 期《汽车之友》杂志上,丰田汽车共刊登了三则汽车广告,分别为其三款新车"陆地巡洋舰""霸道"和"特锐"。在"霸道"车的广告上(见图 3-1),两只石狮蹲踞路侧,其中一只挺身伸出右爪向"霸道"车作行礼状,该广告的文案为"霸道,你不得不尊敬"。石狮是中国一个颇具标志性的建筑装饰,很多豪宅门口或者桥梁上都放有石狮子,在中国传统文化中占据重要地位,代表的是权威和正义。而图上这只石狮子抬起手向丰田汽车行礼,并说"霸道,你不得不尊敬",这样一种要中国臣服的意味是很明显的。

图 3-2 所示的"陆地巡洋舰"的后面用铁链拖着一辆国产的类似解放牌的吉普车,背景是青藏高原的可可西里。这幅图的挑衅性非常明显,态度非常傲慢——日本的"陆地巡洋舰"踏平中国的青藏高原,还要拖着解放牌作为战利品。这两则广告都是盛世长城国际广告公司制作的。①

图 3-1 丰田"霸道"汽车广告

---

① 石狮向霸道敬礼"丰田霸道"广告风波始末［EB/OL］.（2003-12-03）. http://tech. sina. com. cn/me/media/gc/2003-12-03/1153263254. shtml? from = wap&amp% 3Bamp% 3Bvt = 4&from = wap。

图3-2 丰田"陆地巡洋舰"汽车广告

案例2 立邦漆《龙篇》平面广告：著名广告公司李奥贝纳创作

2004年9月的《国际广告》杂志刊登了一则名叫"龙篇"的立邦漆广告作品（见图3-3），画面上有一个中国古典式的亭子，亭子的两根立柱上各盘着一条龙，左立柱色彩黯淡，但龙紧紧地攀附在柱子上；右立柱色彩光鲜，龙却跌落到地上。这样一个获奖的广告发布后在网上掀起了轩然大波，成为各BBS上的热门话题。中国式回廊、两条大红柱子、龙，这些都是中国文化的象征，而刷了立邦漆那根柱子上的龙掉下来了，其中蕴含极其明显的文化挑衅意味。这则广告是美国的李奥贝纳广告公司策划的，广告内容已经触及消费者的文化自尊，很多网民认为，"发布广告者别有用心"，而且"恶劣程度比'霸道'广告有过之而无不及"。①

---

① 立邦漆"龙"广告起争议 中国象征被戏弄？［EB/OL］．（2004-09-23）．http：//news. sohu. com/20040923/n222185937. shtml．

图 3 - 3　立邦漆《龙篇》

在经济全球化的背景下，文化渗透在国家竞争中扮演了重要角色。广告并不只是简单地介绍产品功能属性的商业活动，还包含了文化价值与思想精神的传播、渗透。营销离不开对消费者行为、心理的研究，营销水平的高低是以营销者对消费者心理及行为研究理解的层次为基础的。上述几个广告案例有个共同特点：广告主题重点不在产品功能层面，而是通过展现一种文化价值取向和情感导向来向消费者暗示自己的产品功能价值。这已不是单维度的商业广告，而是一种文化价值渗透。例如，丰田"陆地巡洋舰"的背景是青藏高原。广告文案是"陆地巡洋舰　征途无限"，广告里面没有谈到丰田这款车功能如何好，却展现这款丰田车在布满石子的青藏高原路上拖着中国汽车，这样的画面给中国消费者传递什么信息呢？立邦漆的《龙篇》广告从表象上强调立邦漆很鲜艳很红，很光滑，效果很好，但是实际上它给读者传递一种价值观念——中国龙在柱子刷了美国立邦漆后掉下来了，美国厉害，中国文化不行。这是一种隐性的文化渗透，属于典型的文化营销广告。

第五节　文化营销管理流程

在企业营销管理实践中，文化营销从一个营销理念、营销哲学转化为企业可操作的管理流程，具体包括步骤如图3-4所示。

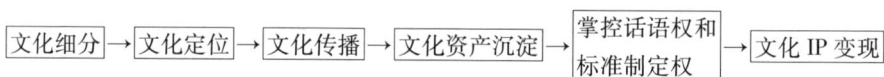

文化细分 → 文化定位 → 文化传播 → 文化资产沉淀 → 掌控话语权和标准制定权 → 文化IP变现

图3-4　文化营销管理流程模型图

区别于产品营销管理流程优点，文化营销的第一步是文化细分与文化消费群目标选择：把文化价值观和生活方式作为细分标准，对消费者进行市场细分，确定目标消费群的文化消费需求。

第二步是进行文化定位，所谓文化定位就是要确定文化价值和文化个性。从宏观的角度分类，中国文化的文化价值观、文化个性跟美国文化、俄罗斯文化、日本文化等异域文化有很大差异，这不仅体现在文学、音乐、绘画等艺术形式上，还体现在民族思维行为习惯以及民俗节庆等方面。从微观的角度分类，中国文化也可以细分为不同的亚文化，比如儒家、道家、佛家，这是中国文化的三根支柱，虽然它们的文化价值观殊途同归，但是具体的文化个性和文化意境还是不太一样。再具体一点细分，比如，根据区域来划分，中国的东北文化跟岭南文化、巴蜀文化等也是不同的。在进行文化营销策划的时候，需要对文化风格定调，具体而言，文化定位就是选择什么样的文化价值观和文化个性。

第三步是进行文化传播策划与实施，文化传播不只包括传统的电视媒体与平面广告策划投放以及公关活动，还包括近几年流行的社交媒体营销——微博营销、微信公众号营销、短视频营销、网红直播等。

以讲故事为核心的内容营销是文化传播的主要手段，讲故事有很多种方式，不但包括文档、海报、视频、百度百科、百度问答，而且包括新闻软文、网络软文、企业图册、折页单张、抖音短视频、微信公众号等。

讲故事有六重境界：第一种是空白的故事，只有一个产品名称，或者再加一句所谓"知名品牌"的空话，空白的故事就像患了失语症；第二种是乏味的故事，让人看了，无语无感；第三种是普通的故事，即传达信息；第四种是优秀的故事，即建立信任；第五种是卓越的故事，即建立标准，成为标杆；第六种是顶尖的故事，即建立信仰。泛意义上的"讲故事"就是"内容营销"。一个有品质、有功效、有文化内涵、有格调、有独特价值的产品，会让消费者放心，让他们觉得值得信任、值得选择、值得追随拥戴。越来越多的人分享他们喜爱的故事，引人共鸣的故事将会引发关注与曝光。与价值观有关的故事化广告，在营销活动中能取得较好的宣传效果。营销的未来已经不可避免地从广告驱动向故事驱动转变，如 AR、VR 的新技术，游戏的创新与成熟，将进一步激发营销传播故事化的发展。善于用文化营销思维讲好故事，借势造势，打造品牌势能，低手做事，中手做市，高手做势。这股大势一旦形成，就进入文化营销管理流程第四步——文化资产沉淀。

文化传播的最终沉淀结果就是文化资产，就是时下营销界热议的文化IP。IP 原意是知识产权（Intellectual property），包括发明专利、商标、工业的外观设计等方面组成的工业产权，也包括自然科学、社会科学以及文学、音乐、戏剧、绘画、雕塑和摄影等方面的作品版权。今天在市场中经常被提及的 IP 更多集中在文学、音乐、戏剧、绘画、雕塑等领域的产品化、市场化。在当代语境下，IP 的概念被泛化应用了，我们把这一类 IP 称为"文化IP"。陈彦（2018）认为，文化IP特指一种文化产品之间的连接融合，是有着高辨识度、自带流量、强变现穿透能力、长变现周期的文化符号。文化 IP 有两个核心：内容和追随者，大量追随者（俗称粉丝）意味着有流量、可以被市场化、商业化。这两方面相得益彰，构成了文化 IP 的核心。优质的原创内容聚集初代粉丝，通过将其衍生为影视剧、游戏等方式指数级扩大粉丝群体，同时反哺原始文化 IP。两者形成相互支撑、相互融合的生态链条，文化 IP 价值最终得以转换、变现、放大和生态化。文化 IP 具有人格化特征——不仅外在有非常高的辨识度：个性鲜明、好玩有趣，而且还有内在个人魅力：有自己的价值观、有文化内涵、有态度立场、有独到观点。价值观是一个文化 IP 的内核，也是最具持久生命力的内容。

一旦文化资产沉淀形成强势文化 IP，就进入文化营销管理流程第五步：企业获得强大的话语权和市场行业标准的制定权，从而衍生出一个文化 IP 生态系统。接着就顺次进入最后一步：文化 IP 的价值变现。文化 IP 的价值变现分为狭义与广义两种不同内涵。

狭义的文化 IP 变现是指给品牌赋能，文化 IP 具体化为品牌 IP 和产品 IP。品牌 IP 成型带来的是由品牌忠诚度提升、品牌重复购买率提升而形成的品牌资产升值。产品 IP 成型带来的是产品销售量增加并成为一个销售"爆品"。例如，耐克《恐惧斗室》广告，从头到尾没有讲耐克鞋的产品质量如何好，其广告核心内容是宣扬一种"唯吾独尊"的个人主义思想，整个广告投放过程就是美国文化中的个人英雄主义价值观的渗透传播过程。耐克的文化营销，结果就是让消费者形成一个惯性的思维——我要自我，我要成功，我要做英雄。消费者会跟这个篮球运动员以及他代言的耐克文化形成紧密关联甚至是心灵共鸣，从而强化了其对耐克的品牌忠诚度，耐克的品牌资产随之提升。当消费者再选择运动鞋以及体育用品时就会形成一种潜意识本能联想——我要穿得又酷又有型，彰显自我，满足这个消费动机的最佳方案就是购买耐克鞋。耐克通过《恐惧斗室》广告塑造的文化 IP 衍生出一个强大产品 IP——一系列绣有五大劲敌以及《恐惧斗室》主题在内的六双 Air Force 1 纪念鞋。这个系列产品成为追捧耐克文化的粉丝、鞋迷心目中的一代经典。当耐克粉丝选择耐克鞋的那一刻就是耐克文化资产变现的过程，是耐克广告宣传"唯吾独尊、个人主义"价值观被青少年认同后的消费价值变现。2020年中国国庆节刚过，耐克就率先推出一系列冬季运动新款，其中街舞篮球系列是一大亮点。耐克携旗下匡威（Converse）、乔丹（Jordan），成为率先发力中国街舞文化市场及其衍生品开发的国际头部运动品牌。耐克还积极同阿里巴巴等多个平台合作进行线上营销，结合线下比赛、展览，共同打造中国街舞市场全产业链。系统回顾耐克在中国市场的一系列营销活动：无论是包装推销美国NBA篮球运动员，还是策划举办说唱、街舞、涂鸦、嘻哈等美国街头文化活动……①其本质都是围绕一个中心：向中国青少年进行文化渗透，以时尚潮流为名，推销美国个人主义的价值观以及美国街头文化审美观，其每一次营销活动都是塑造沉淀耐克文化IP的过程，久而久之就沉淀了一群把耐克奉若神明的狂热信徒，穿耐克鞋、喝可乐、唱嘻哈音乐、跳街舞……成为信徒们典型的生活方式，耐克品牌和产品也成了其标配和刚需。

广义的文化IP变现是指文化IP产业生态链构筑完成后的价值变现。整个文化IP产业链可划分为以下几层：上游是内容层、中游是变现层、下游是延伸层以及贯穿整个产业链的底部支撑层，如图3-5所示。

---

① 潮人必须知道的街头盛会！稀有球鞋、说唱、街舞、涂鸦全都有！［EB/OL］．（2018-09-21）．http：//www.flightclub.cn/news/a/sneaker/2018/0921/45981.html。

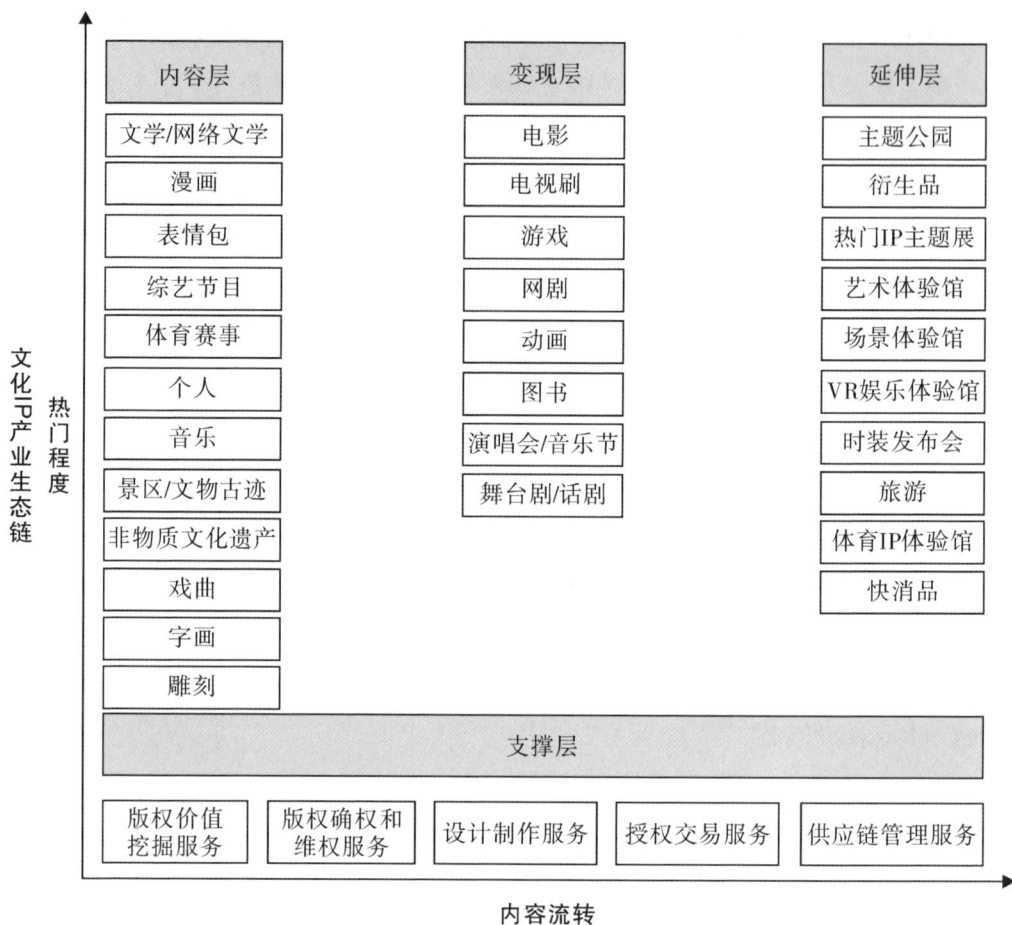

图 3-5 文化 IP 产业生态链①

从内容流转方面说，第一是 IP 有内容层的原创，这是很重要的一部分，除了文学以外，漫画、表情包、综艺节目、体育赛事等都会产生创作。第二是变现层，通过电影、电视剧、游戏、网剧、动画等方式变现。第三是范围更大的延伸层，包括主题公园、衍生品、主题展等。第四是支撑层，其专业、精细程度在内容流转过程中非常关键，关系着一个产业能否形成。支撑层包括版权

① 《2018 中国文化 IP 产业发展报告》。

价值挖掘服务、版权确权和维权服务、设计制作服务、授权交易服务、供应链管理服务等，构成了整个文化 IP 产业生态链。文化 IP 产业生态链的形成可让企业实现品牌资产升值、多元化产品销售增加，造就自身营销竞争优势，并构筑起能够持久生存发展的宽广"护城河"。

以上就是文化营销的管理流程，通过这个过程，营销目标实现从虚到实的演变：由文化（虚）到品牌（半虚半实），再到产品（实）的演绎。这个文化营销的管理流程，与产品营销和品牌营销的管理流程有明显的差异。

案例分析　江小白的品牌形象演变为文化 IP

酒类品牌江小白以"简单纯粹，特立独行"为品牌精神，"简单纯粹"既是江小白的口感特征，也是江小白主张的生活态度。随着时间的发酵，江小白"简单纯粹"的品牌形象已经演变为具备自传播能力的文化 IP，它展现品牌温度和情怀，触动消费者的心弦，引发共鸣，冲着这份"情怀"，消费者也愿意为之买单。"跟重要的人才谈人生""走过一些弯路，也好过原地踏步""一个人的行走范围，就是他的世界""从前羞于告白，现在害怕告别""我们总是发现以前的自己有点傻""愿十年后我还给你倒酒，愿十年后我们还是老友"……这些江小白瓶身上的文案，在某时某刻恰好戳中了你的心。江小白的营销，说明了白酒不再是一种烦冗的酒桌文化，而是一种真实情感的宣泄。这种宣泄更是消费者内心的一种真实写照，照进了消费者的内心。

思考题

（1）江小白为何能从品牌形象演变成文化 IP？

（2）江小白这个文化 IP 定位的是一种什么文化？

第四章 文化营销范式的消费者行为基础

开篇案例　李维斯牛仔裤：给产品注入文化和精神

　　自 1853 年李维·斯特劳斯发明了牛仔裤后，牛仔裤就一直是美国生活的一部分。但在 20 世纪初期，牛仔裤市场出现衰退。为保住自己的市场份额，李维·斯特劳斯公司也曾有过多元化经营，进入时装和专业服装行业，但截至 1984 年，公司的多元化经营陷入混乱状态，仅在一年之内利润就下降了 79%。1984 年，李维·斯特劳斯公司为了扭转不利形势，又回到原来擅长的业务：生产和销售它的拳头产品——501 型牛仔裤。公司投资 3 800 万美元用于现时经典"501 型蓝色牛仔裤"广告攻势，即一系列时兴的、纪实风格的"现实广告"。501 型蓝色牛仔裤攻势使消费者想起了李维·斯特劳斯公司的悠久传统，并使公司重新确定以传统的蓝色牛仔裤生产为中心。在确定了这种固定的蓝色基调后，李维·斯特劳斯公司还推出了一系列新产品，并努力开发新市场。李维·斯特劳斯公司最大的转变是在国际市场上。

在绝大多数国外市场上，李维·斯特劳斯公司大胆地宣传深厚的美国文化和精神，并取得了巨大成功。该公司利用美国的人物形象、英语音乐及价格策略来体现美国文化和精神。例如，詹姆斯·迪恩（James Dean）几乎是日本所有李维斯牛仔裤广告的人物形象；印度尼西亚广告中表现的则是一群身穿李维斯牛仔裤的青少年驾着 60 年代出品的敞篷车绕着美国艾奥瓦州的杜比克市兜风。几乎所有的外国广告都用英语音乐。由于绝大多数欧洲和亚洲消费者并不把李维·斯特劳斯的产品看作普通结实的粗布衣服，而是把它们看作时髦的象征，因此，李维·斯特劳斯公司利用价格策略来体现顾客对产品的定位，一条 501 型李维斯牛仔裤在美国卖 44 美元，到日本约为 63 美元，在巴黎则高达 88 美元。李维斯牛仔裤利用融入美国文化和精神的营销战略开拓国际市场，它的成功启发众多的企业重视在市场开拓中挖掘商品和品牌的文化因素。

【资料来源：卢泰宏. 百年营销实战 ［J］. 销售与市场，2000（3）】

第一节　文化营销激活了消费者心理的无意识价值

　　行为是一种显像的心理，心理是没有显像的行为。行为受意识与无意识心理控制。意识受个人无意识控制，而个人无意识只是人类集体无意识原型的具体表象。原型①通过一个个变化的情综②以及千变万化的行为而得到表象。强烈的情感属于无意识的力量宣泄，往往不受意识控制。一般而言，消

---

　　① 原型是荣格（Jung）分析心理学的概念，指集体的无意识的内容，也是本能的心理学对等物。就广义而言，它被用来描述一种集体共有的心理表象或者象征。

　　② 情综亦称为"情结"，精神分析术语，指被压抑而持续在潜意识的心理矛盾症结，亦是人潜抑的一组相互关联的感觉和观念以及不自觉产生的复杂情绪体验。荣格认为，在人的个体无意识中，一定存在着与种种情感、思维以及记忆相互关联的种种簇丛，这些簇丛就叫作情综。

费者对品牌的态度从一般的好感评价到喜欢，再到信任甚至崇拜，体现的是消费者从意识世界的理性判断向无意识世界的宣泄不同层级心理能量的过渡、演变。当消费者对品牌呈现强烈追捧和崇拜心理时，品牌扮演了消费者无意识意象的象征。

这个时候品牌营销已升级为文化营销，营销者给消费者塑造的品牌已不仅仅是情感满足物，更是一个心灵象征——消费者崇拜品牌就是崇拜自己无意识世界的"神"，消费者在商品物质世界中找到一个"神"的象征来满足自己的心灵价值需求，以填补内心精神价值空虚。

当我们分析本章开篇案例李维斯牛仔裤的文化营销策略时，我们首先思考一个问题：人们消费服装时到底买的是什么？很显然不同场景不同消费者会有不同的答案。对于同一商品或者服务，不同的消费文化下的消费群都是以不同的心态、价值评价标准来判断其感知价值，这是营销学的基本常识。李维斯牛仔裤的文化营销强调野性、刚毅、叛逆与美国开拓者的精神，已成为消费者表达渴望自由、独立、理想的新生活态度的载体，这是消费者内心反叛者、探险家原型在现实服装消费活动中的心理投射。李维斯牛仔裤已经超越了牛仔裤本身，成为文化符号和精神象征的存在。

李维斯牛仔裤作为普通结实的粗布衣服在美国卖 44 美元，而到了日本其价格约为 63 美元，在巴黎则高达 88 美元，它在日本和巴黎这些地方是时髦的象征，是美国文化精神的体现，这些地方的消费者热衷于它，愿意为之支付更高价格，这是其无意识价值的表现。日本的正统价值观是集体主义、纪律、礼节；而在其无意识之中包含着叛逆、自由、放荡不羁。作为美国文化象征的牛仔裤所宣扬的正是这些理念，因此其在日本地区深受青年人的追捧。青年追捧的时尚往往是一个社会无意识的集中表现载体，这一过程正是意识与无意识相互转化规律的作用表象。李维斯牛仔裤通过广告传播出来的精神价值正好契合了日本青年消费群的情结，因此能够比在美国卖得更高的价格。由此我们可以得到这样一个消费心理需求规律——凡是在消费者心目中是作为一种情感或无意识情综表现的商品服务必然是不计较价钱的，商家可以卖高价格；而作为一种理性地解决某个具体需求问题的商品服务，消费者必然对其价格敏感，不愿为之付高价。

李维斯牛仔裤在美国经过百年发展，在当地人眼中是一种普通结实的粗布衣服，人们购买其产品属于理性决策。李维斯牛仔裤到别国营销则以美国文化的象征符号而自居，因消费心理的空间差异而得宠。公司投资 3 800 万美元用于经典"501 型蓝色牛仔裤"的广告攻势，这使消费者想起了李维·斯特劳斯公司的悠久传统，并使公司重新确定以传统的蓝色牛仔裤生产为中心。这种做法的目的是试图通过刺激消费者的怀旧情结而使李维斯牛仔裤在消费者心目中由理性消费品转为感性消费品。这是文化营销的效果。

第二节 品牌跨界与生活方式营销日趋流行

2018 年 10 月，国产彩妆品牌完美日记第一次尝试与大英博物馆联名合作，推出了幻想家 16 色眼影盘。此款产品上市不过半个月，便在 2018 年双十一预售中以 10W + 盘售罄，平均每 11.5 秒便卖出一盘，足以看出此产品的火爆程度及顾客购买力度之大。在此之后，完美日记又与其他 IP 展开联名合作，如大都会艺术博物馆、探索频道、中国国家地理、导演岩井俊二等。同样，这些联名产品一经推出便引起了消费者的狂热购买，完美日记的联名产品可谓是人手一件。

故宫作为一个超级大 IP，与服装、美妆、3C 电子、快消品以及影视游戏等行业品牌进行跨界联名，如小米、瑞幸咖啡、欧莱雅、圣罗兰、纪梵希、农夫山泉、网易游戏等均与故宫联名合作过。每一次品牌跨界，不但提升故宫知名度，而且跨界产品也迅速被抢购一空。手游《奇迹暖暖》推出了故宫珍藏华服系列，让人在游戏的世界里就能满足自己对于古装的幻想。除此之外，故宫还和爱奇艺、抖音、腾讯、工商银行、凤凰卫视等知名品牌跨行业推出了各种联名产品系列。

2016 年 8 月，优衣库在全球市场的品牌营销活动"The Science of Life Wear"推出一系列 1 分钟的短视频，让人们思考"我们为什么而穿衣"这个问题，并思考穿衣背后的生活态度。除了营销广告外，优衣库还和纽约现代艺术博物馆（MoMA）合作，推出了一系列富有浓郁艺术气息的单品，在 3 年内开发了 1 000 多款"世界文化 T 恤"，这样的"跨界"产品销售收入占其收入结构一半以上。一直以来，优衣库以科技公司自居，营销宣传重点集中在服装面料的新科技上。如今，优衣库的营销策略开始重点宣传品牌的文化意义和背后的生活态度。优衣库的服装设计所追求的不再局限于服装本身的剪裁和面料，还积极寻找产品的艺术内涵和人文价值，以吸引越来越需要精神体验层面产品的消费者。

近几年来品牌跨界已经成为营销热点，各种品牌跨界蜂拥而至且百试不爽，RIO ×六神花露水、泸州老窖×顽味香水、网易云音乐×农夫山泉、小米×初音未来、NIKE ×OFF – WHITE、大白兔×美加净、旺仔×TYAKASHA、Opening Ceremony ×老干妈、美图手机×颐和园、Supreme ×LV……起初国人关注到跨界更多的是新奇和尝鲜，而如今的跨界乃至跨国风潮不再是一时兴起，而是时代使然，是对自有文化的认同和对品质生活方式的渴望和向往。无论是异业合作，还是品牌联合，再到跨界营销，其内核都是找到和自己契合，或是互补，或是能激发潜能的另一个自己。其目的是对生活方式的共同开发，与消费者进行生活方式的沟通与交流，让自己看起来不再只是单一的品类，而是趋向于生活方式的传递者。让消费者在与其的接触中思考生命的意味。通过洞察消费者的生活细节，以及对于自己精神世界的坚持，让品牌成为一种品质生活的象征和无可替代的情感归属地。这为品牌赋予连贯统一的文化内涵和生活品位，为在功能上越来越同质化的产品产生溢价。让消费者信奉品牌传达的生活态度，信赖品牌的设计品位，是企业最大的追求。品牌跨界的动机在于，充分利用消费者的这份信赖，占据消费者更多的生活层面，为他们提供具有一致品位的生活方式。当文化、风格、打发时间的方式等所谓"生活方式"取代价格和性能成为新的竞争焦点，竞争就进一步加剧了。

第三节　品牌跨界的消费者行为基础：营销三个层次的关系

品牌将从以产品为中心转向以用户为中心，从基于事物的商业模式转向基于关系的商业模式，重构产品设计研发流程、供应链管理、营销方式、销售渠道和客户沟通方式。消费者要的是品牌，更是生活方式。消费者不再迷信 Logo，他们对生活和消费的理解不再是只买贵的或奢侈的，而是想要更符合自己品味的生活方式。消费时代就是货品从不丰富到丰富、从无品牌到有品牌的过程。接下来，大家对更好的定义会从"品质更好"往是不是更有意义、有没有更适合我、有没有属于我的风格、有没有一个很好的体验的方向转变。消费者想到品牌时，将不再是某一个产品，而是一种生活方式；或者说想到某个品牌时，想到的是一种生活方式，而这种生活方式下的所有产品都有可能被消费。

生活方式是一个人（或群体）生活的方式，包括了社会关系模式、消费模式、娱乐模式和穿着模式，通常也反映了一个人的态度、价值观或世界观。很多产品在功能上都没有太大差别，有差别的仅仅剩下气味、颜色、外形等影响主观感受的东西。品牌的构建方法也将因此改变，品牌跨界营销的消费者行为基础是立足于消费者对某种生活方式的渴望与向往，让事物不再只是一件商品，或是物件，抑或只是一个冰冷乏味的东西，而是成为某种生活方式的一部分，有了更多的文化与精神内涵，这正是人们对于品质生活的追求所在。

产品、品牌与文化关系，其实就是人体"精、气、神"三者之间的关系。产品相当于人体之"精"，是生命物质基础。品牌是"气"，是一股能量；文化对应人体之"神"，属于生命的信息系统和指挥中心，是品牌的灵魂，指挥着品牌这股气的聚散，决定了品牌能量场强弱变化。品牌的极致就是文化信仰，品牌经营的最高境界就是成为消费者的信仰崇拜：消费者把品牌视为自身信仰的崇拜偶像。消费者崇拜品牌的根由在于文化。企业品牌生生不息的源泉在于文化营销。根深才能叶茂，没有文化滋养的品牌就像无根飘萍。品牌很大一部分是显示给消费者、渠道商以及社会公众的有形形象，而要真正走进消费者心灵深处生根发芽，进而形成一种信赖，甚至是信仰崇拜，这就要求品牌经营者从文化土壤中去寻找丰富养分。叶落归根，时尚永远在流变，其本质只是某一时代社会文化外溢的一层云雾。没有自己的文化价值观沉淀，只依靠短期流行时尚而爆发起来的品牌是走不远的。

营销三个层次与消费者需求、人格心理、人性的关系如表 4 - 1 所示。

表 4 - 1　营销三个层次与消费者需求、人格心理、人性的关系

营销理念	消费者需求层次	人格心理层次	人性层面	营销内容
产品营销	产品功能需求	行为（理性意识）	欲：动物性	营销产品、服务
品牌营销	情感需求	感情（个人无意识，情综）	情：感性	营销感情 营销体验
文化营销	符号营销→品类消费价值 象征营销→生活方式 部落营销→价值取向 宗教营销→信仰	原型 集体无意识	性：人的天性	营销文化 营销信仰

消费者的信仰性消费具有以下特征：排他性、神圣性、心理认同性、服从领袖的感召、渲染性、体验心灵归属感。信仰性消费就是人们把自身的信仰追

求融入消费决策中，并赋予消费对象以神圣感，把某种消费活动和消费品归结为自身的人生追求，成为个体生命意义的一部分，转化为无法抗拒的精神需求。文化营销的极致就是营销信仰，让消费者从品牌之中找到生命的意义和终极价值。品牌是最能满足人们信仰性消费的工具。品牌被符号化之后，就能够承载消费者的信仰，成为消费者生活中的精神象征。品牌营销的本质就是培养客户的消费信任，文化营销则是通过内容从心灵层面触动消费者的无意识情综，让消费者对其IP产生信赖、信仰，增加品牌的黏性，使品牌扎根在消费者的精神世界中。

如果一个文化IP的衍生品出了质量问题，遭到社会非议，IP粉丝会为IP辩护应援；但如果一个品牌IP出了质量问题，遭到社会曝光，却没有人为它出头。为什么会出现这种反差呢？因为文化IP的衍生品只是用户消费IP的附属品，这件商品的意义在于满足用户的精神寄托，顺便满足生活需求；而品牌IP生产的商品，它首先要满足用户的刚需，其次才是填补情感缺口的文化物。这种主次关系，决定了即便一个商业品牌建立了强大的IP文化，但它在用户面前，一样要小心翼翼、如履薄冰。由此可见，从高维度的文化营销塑造的文化IP往中层次的品牌以及低层次的产品去衍生，比较容易，风险较低。但是从低层次的产品营销往中层次的品牌营销乃至高层次的文化营销，难度相对要大很多，风险也较高。

第四节 企业不同营销管理层次的消费者行为基础

消费者视角与厂商视角的不同营销层次的营销目标和管理层次如图 4 – 1 所示。

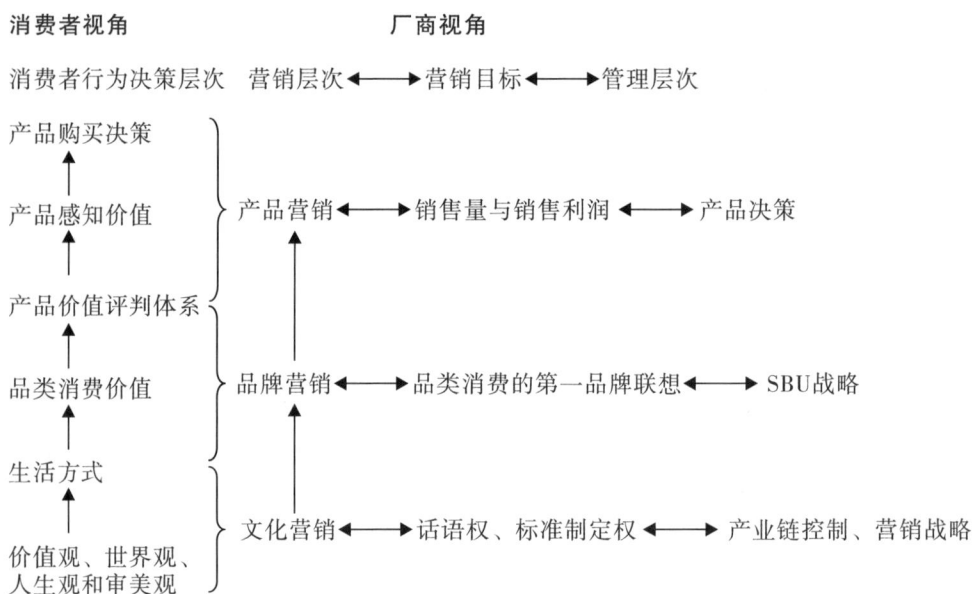

消费者视角　　　　　　　**厂商视角**

消费者行为决策层次　营销层次 ◄──► 营销目标 ◄────► 管理层次

产品购买决策 ┐

产品感知价值 │　产品营销 ◄──► 销售量与销售利润 ◄──► 产品决策

产品价值评判体系 ┘

品类消费价值 ┤　品牌营销 ◄──► 品类消费的第一品牌联想 ◄──► SBU战略

生活方式 ┐

价值观、世界观、│　文化营销 ◄──► 话语权、标准制定权 ◄──► 产业链控制、营销战略
人生观和审美观 ┘

图 4 – 1　消费者行为与营销层次关系对应模型

图 4 – 1 分为左右两个对应的系统，左边是消费者行为决策层次，右边是厂商决策要选择的营销层次、营销目标以及管理层次。先看看消费者行为决策的几个层次，消费者产品（服务）的购买决策由他对产品的感知价值高低所决定，对产品的感知价值高低取决于某一个价值评判体系，而这个产品价值评判体系就是消费者品类消费价值的衍生物，而品类消费价值是消费者生活方式

54

的具体体现，生活方式又是消费者价值观、世界观、人生观和审美观的外在行为表现。这种层层递进关系可以用一个例子加以说明：

消费者小张去选购数码相机，他对数码相机的购买决策取决于其对不同款式、不同品牌的相机的感知价值大小。而小张的数码相机感知价值评判体系是由他的摄影器材品类消费价值所决定的，是他的摄影器材品类消费价值的具体体现。如果小张买这个数码相机只是为了满足一次毕业旅行拍照需求，平时对摄影并没有太多的关注，那么他在选择数码相机时，其感知价值评判体系只是围绕清晰度、价格、品牌这几个有限维度去衡量。但如果小张是一个户外摄影爱好者，是摄影器材品类的重度消费者，那么他的摄影器材品类消费价值肯定比普通人高、复杂，这决定了他在选购数码相机时，其感知价值评判体系与一般人不同，甚至相差很大——他会关注光圈、焦距、广角镜等数码相机功能与质量标准，这些功能术语显然对一般消费者而言是陌生的，因此也不可能成为购买决策的价值评价维度。沿着这样的思路继续追本溯源，可以发现：小张之所以对摄影器材品类消费价值与一般人不同，是因为他的生活方式与一般人不同——小张是一个摄影旅行的发烧友，每个月都要去参加户外摄影旅行，他每个月支出在交通、酒店住宿、户外服饰用品、户外摄影器材等与户外摄影旅行相关的费用很多，占据生活支出的大部分。小张信奉生命的意义在于不断探索、发现美好的世界，最美的风景在路上。这是小张的价值观、世界观、人生观和审美观，而小张每月花在户外摄影旅行的费用占据大部分生活支出的生活方式，是他人生观、价值观的外在行为表象。

明白了左边的消费者行为决策层次，再看右边的厂商营销层次、营销目标就非常清晰了：产品营销作用对象是消费者行为的表层，包括产品购买决策、产品感知价值、产品价值评判体系。产品营销的各种工具、策略最终只能在这几个层次影响消费者的心理行为，因此其作用效果有限。随着竞争加剧，产品同质化日趋严重，产品营销难以在市场竞争中发挥作用，于是就需要升级为品牌营销，需要在品牌消费价值和生活方式两个层次对消费者施加作用。品牌营销的最高目标就是希望自己的品牌能成为消费者在某一个品类消费的首选，成为第一品牌联想。随着行业生命周期进入成熟期、衰退期，品牌也慢慢老化，为了解决这个问题，营销者需要在价值观、世界观、人生观、审美观层次影响消费者，通过各种营销活动塑造一个文化IP，以求在心灵层面实现与消费者共鸣，引领自己的IP粉丝追随一种生活方式和消费时尚，这就是文化营销所追求的目标，很显然这是对消费者价值观层面施加作用。

消费者购买一种商品或者服务是因为有这种消费需求，消费需求的产生又是基于某种价值倾向。例如，口渴了，我们要喝饮料，品类上可以选择纯净水、牛奶、凉茶、可乐、果汁等，到底选择哪一类？品类的选择在底层是以某种消费价值作为支撑的。比如，喜欢喝雪碧的人只是喜欢汽水的味道吗？面对市场上同样口味的其他品牌的产品，雪碧的忠实消费者会争辩说，雪碧的味道跟它们不一样，果真如此？其实不然。有一个关于饮料的盲测，将两种汽水饮料的品牌标签撕掉，结果消费者分辨不出两者的区别，但是贴上标签之后，参与实验的消费者就会感觉两者的味道不同，而这种不一样其实已经包括了情感因素在其中，不是纯粹的物理感官的问题了。这种消费价值其实是感性与理性的混合。

消费价值是如何形成的？比如，有些人不喝水，渴了就喝牛奶，这部分人潜意识中的消费价值可能是觉得自己需要多补充营养，这种观念形成的背后其实是由一套价值观驱动的。这一套消费价值标准的形成其实源于他从小到大所积累的一套知识概念体系，这套体系实际上是从一定的价值观衍生出来的。比如，补钙和补维生素这一套概念知识体系涉及西方营养学对健康概念的定义，这一套概念根植于西方科学体系，而西方科学体系又是由西方的世界观和思维方式决定的，其最底层是西方人的信仰和理念。宇宙本是一个完整的系统，但是西方科学研究会将宇宙整体世界拆分为若干个不同的系统——如物理系统、化学系统、社会科学系统、艺术系统等，这种拆分思维又是基于其对宇宙、世界以及人的特定的信仰和理念，并最终形成一套世界观。这是哲学层面与生命信仰层面的问题，然后会形成相应的人生观、价值观，并潜移默化影响其做人做事的标准，在消费者行为中形成消费价值的评价标准，并以一种无意识力量作用于消费者的产品购买决策，呈现某种价值倾向。

研究现代营销中的方法和工具，就会发现很多企业对消费者的诉求点已经不只停留在其产品的功能特点层面，而是开始注重情感诉求，情感诉求和功能诉求针对的是消费者和消费者行为的不同层面。比如，我口渴，需要饮料来解决我生理的口渴，这是功能层面的；如果还要求好喝、爱喝，这种价值偏向就是情感层面的。同样的一瓶水，不同的生产厂商注入了不同的情感元素，以引起不同人的情感价值偏向，其最终的目的是作用于不同消费者的消费价值标准，以促成更多的购买偏好。这种情感是从文化体验衍生出来的。例如，中国人到中秋节都会赏月吃月饼，体会与亲朋好友团圆的美好时光，如果不吃月饼就会感到遗憾，但是对于一个美国人来说就没有这种感觉，月饼对于美国人而言只是一个饼、一种食品。美国人没有生活在中国文化之中，没有"花好月圆""每逢佳节倍思亲"的人文情怀，因此无法体会月饼背后包含的文化价值和情感价值。由此可见，特定的情感源于特定的文化体验和象征。一个时尚的年轻人为了向女朋友表达爱意，会花费几十元甚至上百元请她吃哈根达斯雪糕，哈根达斯在美国只卖几元，是一种很便宜的功能性消费品，但是在中国却成了一种源自西方时尚的情人浪漫体验消费品。这就是哈根达斯文化营销的结果——让中国年轻消费者认同其中包含的西方文化价值观、爱情观。

从功能消费到情感消费再到体验消费、象征消费，还有一种更没有价格弹性的"信仰消费"。就像那些经常光顾星巴克的"信徒"们，他们对星巴克的文化"爱你没商量"，变成了一种消费信仰，这个时候消费者购买的是对一种文化价值观的认同和体验。从功能消费到情感消费、体验消费、象征消费和信仰消费，价格弹性是逐步递减的。这也恰恰反映了人们消费心理的不同层次，越往深层就越稳定。

高水平的营销策划，往往着眼于从消费者行为决策底层去影响消费者，而不在表层做文章。表层的效果往往来得快，去得也快。如果是在文化层次做营销，改变消费者的世界观和价值观，从而导致消费者生活方式的改变，每一种生活方式对应着不同的品牌类别，那么消费者在选择产品功能时也会有所倾向。

不同层次的营销手法对消费者和消费者行为的理解是不同的。产品营销更多地注重产品的短期销量，是满足消费者的功能消费；品牌营销是满足消费者的情感消费；文化营销是满足消费者的体验消费、象征消费和信仰消费。文化营销统摄产品营销和品牌营销，文化营销是超越竞争，进入艺术境界的营销。

不同消费者行为决策层次间是环环相扣的。比如，"感冒了，赶紧吃康泰克，消灭感冒病毒快"，细菌、病毒是西方医学的概念，如果你认为感冒就是由细菌、病毒引起的，你就会对杀菌、杀病毒的广告语敏感，故选择药品时就会偏向于找那些标榜杀菌、杀病毒效率高的品牌，因此，与其说我们买的是康泰克抗病毒感冒药，不如说我们买的是一种西医的科学观，买的是一套西方的世界观和理念。从我们中医文化的道理来讲，感冒往往是体内的正气虚弱，邪气乘虚而入，体内平衡被打破所导致的，如果我们只是一味杀病菌，很可能在杀病菌的同时杀伤了我们自身的元气，加速身体脏腑气血失衡。由此可见，不同的医学理念和养生哲学会使消费者在买感冒药时有不同的评价标准与选择结果。其实，对于风寒感冒，只要喝点红糖姜汤，用热水泡泡脚，再盖被子捂出汗来，躺在床上休息几天也就好了。而大家是否接受这种观念又取决于中医文化传承以及消费者在后天教育环境和网络媒体环境接收的信息，这一套中医调理身体方法被教育体系和媒体传播定义为不科学、迷信、过时、老土……很多人不会采用。为何？因为这种价值判断概念通过各种各样的传播方式最终进入消费者的评价体系中，在其潜意识发生作用。从这个意义上讲，中医药跟西医药的竞争，中国传统食品跟美国快餐的竞争，还有中国传统的汉唐服饰跟西服的竞争，其实就是两种不同文化的竞争。

改革开放四十多年，西方人的文化营销正在逐步改变中国人的消费模式和价值标准，有的人吃的是麦当劳、肯德基，喝的是可乐，穿的是牛仔服，看的是好莱坞影片，玩的是西方的蹦极、激流探险之类的刺激游戏，住的是欧美风情的楼盘，开的则是大众、宝马或者奔驰，看病看的是西医。教育崇洋媚外现象更是严重，不少家庭从小就把孩子送去英美留学，这些所显露的就是部分中国人生活方式的西洋化，选择这种生活方式的消费者自然会选择欧美的品牌，也就是接纳西方的价值体系。例如，哈根达斯雪糕在中国可以卖每根七八十元那么高的价格，而中国本土的五羊牌雪糕只是每根几元，因为五羊牌雪糕对于大部分中国人来说只是一种功能消费，不是体验消费和象征消费。因此，中国的企业营销如果仅停留在功能层面，没有进入文化价值观层面与消费者沟通交流，那么其营销只能在表层打价格战，很难塑造一个能与西方抗衡的国际品牌。

综上所述，消费者消费的过程并非只是物的消费，而更多的是一种符号的消费、象征的消费、理念的消费，和寻找一种对社会的认同（鲍德里亚，2001）。从本质上看，消费者的这些符号、象征和理念都已经被彻底地"物化"了，他们对商品的这种崇拜实质上就是"商品拜物教"（章国锋，2006）。现代很多品牌的广告与公关等一系列营销沟通活动，都试图给商品或者服务赋予一种时尚、理念、品位、地位、成功、快乐等文化价值和审美概念，使消费者通过购买和消费这些商品和服务获得这种虚幻的感觉。事实上它通过把人类的欲望"物化"，来达到自己的商业目的。它本质上是资本主义国家向发展中国家进行的文化霸权和扩张，因此研究中国文化营销并非只是研究这些产品符号未来生存空间的拓展问题，更是保存和拓展中华民族文化的生存空间问题，很明显，这已经触及国家政治和意识形态文化层面。因此，当前全球营销竞争的深层是文化的竞争，文化营销是决定民族生死存亡的一场没有硝烟的战争。中国文化营销，营销中国文化，对于中国本土企业的营销管理者而言，是责无旁贷、义不容辞的。

案例分析　未来的品牌，都是拥有自己价值主张的生活方式品牌

小红书 CEO 毛文超表示："未来的品牌，都是拥有自己价值主张的生活方式品牌。"过去几年，完美日记、小仙炖、钟薛高等在内的一批生活方式品牌从小红书上成长起来。小红书是国内最具代表性的生活方式平台。在小红书，用户可以通过短视频、图文等形式记录生活点滴，分享生活方式，并基于兴趣形成互动。目前小红书月活用户已超过 1 亿，每天产生超过 80 亿次的笔记曝光，已成为年轻人不可替代的生活方式平台和消费决策入口，具有制造流行和热点的能力。基于社区属性和 KOC 的分享习惯，小红书也逐渐形成了有平台特色的 B2K2C 模式，即基于社区、电商两种业务形态，构建连接品牌、KOC、消费者三个主体的影响力闭环。在 B2K2C 的闭环链路中，品牌通过 KOC 的真实体验和分享在社区树立口碑，去影响更多用户的消费行为，用户通过分享消费体验，再反向影响品牌和其他用户，形成正循环。

【资料来源：光明网. 毛文超：未来品牌都是生活方式品牌［EB/OL］.（2020 – 07 – 23）. https：//m. gmw. cn/baijia/2020 – 07/23/34021574. html】

🌀 思考题

（1）小红书的营销属于哪一个层次？

（2）完美日记在小红书平台的营销活动作用于消费者行为决策的哪个层次？

第五章 文化营销战略与产业链控制

 **二十世纪最精彩的营销骗局：钻石！**

为了阻止南非大矿钻石进入市场造成钻石价格快速下跌，戴·比尔斯公司（De Beers）买下了整个钻石矿。在钻石出货量最高的时候，戴·比尔斯公司掌控着市场上90%的交易量。为了保证钻石价格体系不会崩溃，戴·比尔斯公司制定了一个营销策略——把爱情同钻石紧紧结合在一起。因为钻石＝美好＋永恒，而爱情＝美好＋永恒，所以钻石＝爱情。明星新闻是常见钻石文化营销软广告，戴·比尔斯公司的钻石文化营销造就一批狂热和虔诚的"信徒"。钻石被誉为二十世纪最精彩的营销骗局。

【资料来源：投资快报股市广播.最精彩的营销骗局：钻石证明了这个世界何等荒谬［J］.商，2016（33）：5－6】

第一节　国际商业经济竞争的四大战略层面

几乎凭一己之力将钻石宣传成稀有、高贵、永恒爱情象征的戴·比尔斯公司运用文化营销对消费者灌输"钻石＝爱情"的价值观，同时通过对钻石产业链进行操控，获得垄断利润。钻石本来是一块普通的石头，供给量是很大的，那么它是怎么变成一种稀有品，是怎么变成爱情的象征的？戴·比尔斯公司最后掌握了话语权，即用钻石戒指来表达爱情。另外一个关键点，戴·比尔斯公司还通过企业并购控制了整个钻石产业供应链：从矿山采掘到加工再到销售，最后到对消费者灌输"钻石＝爱情"的价值观，整个钻石产业链造就了戴·比尔斯这一钻石品类第一品牌，以及与此相应的钻石销量和由此带来的巨额垄断利润。类似的案例分析还有很多，其共同规律是：在四个战略层面获取全球市场竞争优势：

（1）企业并购——实业资本通过资本运营进行企业并购，实现产业链控制运作。

（2）规则竞争——把握产业定价权、操纵市场竞争游戏规则、抢夺话语权、制定行业标准。

（3）金融战争——发动货币战争，操控证券、外汇、期货市场。

（4）文化渗透——通过广告、公关活动进行消费主义文化渗透，促成生活方式与价值观的改变。

企业并购与规则竞争为"实"招，为硬实力；金融战争与文化渗透为"虚"招，为软实力。现代的经济竞争不是单维度的，而是多维度的、多元的，概括来说是从上述四个战略层面展开的。

首先是企业的并购。外资在中国投资会通过实业方面控制中国有形的产出，例如，法国达能收购乐百氏和正广和，联合利华收购中华牙膏。

其次是市场规则竞争。盗亦有道，强盗的道首先是武力，即硬实力；其次是依靠武力确立规则，即软实力。在硬实力无法维持规则时，就采用第三种盗之道，即要无赖。国际关系规则、全球贸易规则、话语权规则、审美规则的塑造具有一定的隐蔽性，要想看出其背后的强盗本质，需要具有相关的知识背景。例如，由美国华尔街资本幕后操控，以瑞士良好棉花发展协会（简称BCI）牵头，H&M、耐克等大批西方国际品牌利用其对服饰产业链终端的品牌掌控力，无端炒作子虚乌有的新疆"强迫劳动"问题，抵制新疆棉花，就是一个典型案例。再如，中国加入世贸组织（WTO）后必须开放市场，全面接纳外资的进入和欧美行业标准、产品质量认证；中国本土企业品牌无法突围进入世界市场，往往都遇到这类深层次的规则问题。

再次是较为隐秘的金融战争。1999 年外资开始大举进入国内大豆压榨行业以前，中国土地上的大豆加工企业基本上都是内资企业。直到 2000 年，内资大豆油脂加工企业仍占全国产能的 90.3%，占全国实际大豆压榨量的 91%。2003 年全行业全年实现利润 21.89 亿元的食用油行业，突然在 2004 年进入冰封期。而标志事件是让国内大豆压榨企业记忆犹新的"2004 年大豆危机"。2004 年，美国农业部率先调低大豆产量，作为国际大豆贸易定价基准的美国芝加哥期货交易所（CBOT）大豆期货价格剧烈波动，大豆价格连续上涨，最大涨幅近一倍。与此同时，原料大豆供应的不足迫使中国不少大豆加工企业集中采购美国大豆。后来，美国农业部又调高产量数据，国际基金紧跟着反手做空，大豆价格突然直线下降。于是，巨大的价格落差一下子将众多中小企业逼向绝境。一般情况下，大豆压榨企业的资金大约有 95% 用于原材料的采购。因此，大豆价格至关重要。在"2004 年大豆危机"之后，国内压榨企业损失惨重，有近 70% 的企业停产，大量企业倒闭。而此时在全世界控制着粮食生产运销的四家巨头公司 ABCD（ADM、邦吉、嘉吉、路易达孚合在一起的简称），一起趁机低价收购中国破产的大豆压榨企业，参股多家大豆压榨企业。

世界四大粮商进场收购了我国 70% 以上的停工企业，从此中国的大豆市场受制于四大粮商。经过这轮洗牌之后，逐步形成了四大粮商控股或参股金龙鱼、福临门、鲁花等主要品牌的局面。为什么中国粮油市场 85% 份额都是外资品牌？因为我们在 2004 年的时候，已经败于美国政府和华尔街联合发动的一场大豆金融战。美国政府和与国际金融炒家关系密切的 ABCD 通过金融战争进行了全球产业链的整合。

最后是文化渗透的竞争。文化渗透指通过媒体宣传、意见领袖传播、广告公关活动等，给消费者推销消费主义、广告文化，改变消费者的生活方式和价值观。改革开放四十多年，我们整个社会的思想和认知发生了翻天覆地的变化。我们物质生活富裕了，但浮躁、焦虑、急功近利、奢靡攀比等负面思想和情绪不断蔓延。在抖音、快手或者其他直播平台上，满屏的小哥哥、小姐姐花样地炫耀着他们的名牌包包、名牌化妆品、奢侈的衣服、手表，乃至豪车、别墅……整个大脑已经被消费主义和短视、逐利的"成功学"所洗脑。为了满足欲望，各种×呗、×条、消费贷等寅吃卯粮的透支消费似乎变成了潮流。2021 年五一假期期间，一条"粉丝雇人倒奶"的视频引起国人震惊，揭开了以浪费和挥霍为代价吸睛牟利的变质"选秀"营销。被倒进下水道的牛奶引发国人思考，新华社发文评论指出："大量牛奶被倒"的背后，是以浪费和挥霍为代价的吸睛牟利，是对劳动的不尊重、对法律的亵渎和蔑视，其最终结果是误导、侵蚀了青年人的追求和三观。①

---

① 为支持偶像，27 万瓶奶被倒！蒙牛赞助变"疯狂倒奶"，一场满盘皆输的游戏？[EB/OL].（2021 - 05 - 09）. https://mp.weixin.qq.com/s/883o7rTCOR_UzSi27Vo7mQ。

第二节　西方文化营销战略：
西方跨国公司抢占中国市场的四大战略层面

在国际商业经济竞争四大战略层面中，企业并购和规则竞争是实招，金融战争和文化渗透是虚招。文化营销从战略上看可以决定文化价值观，由文化价值观衍生出来的价值判断权从经济与商业上决定了几乎所有事物的定价权。话语的流向不光决定一件衬衫、一瓶面霜、一块手表、一只手袋的定价权，也决定一部文艺作品乃至一个人的定价权。"中国制造"的商品虽然质量同等但价格远低于价值，这就是由控制世界话语流向的看不见的手决定的（边芹，2013），这只看不见的手就是西方对中国社会进行的文化营销战略。从这个意义上讲，文化营销涉及文化渗透以及规则竞争两大战略层面，这是一场没有硝烟的商业战争。

规则竞争本质就是话语权的竞争。作为一种"隐性权力"，话语权居于国家软实力的最高层次。"话语"能够服务于国家利益，因为"话语"界定了世界是怎么样的，国际社会应该有怎样的秩序，国家在国际社会中应当居于什么地位。当年中国申请加入 WTO 时，不但规则和秩序是既定的，关于规则和秩序的"话语"也是既定的；中国可以同相关国家谈判，但只能在既定的话语体系中"讲道理"。

一个人患了病找医生诊治，中医和西医会给出完全不同的诊断和处方。同一个病人之所以会在中医和西医的眼里呈现不同的"实在"，被诊断成不同的病情和病因，就在于中医和西医的思维方法不同。因此，到底是什么病，不仅在于其本身，还取决于医生所持有的思维和观念，而思维和观念都内含于医生所采用的话语体系。众所周知，中医与西医分属完全不同的思维方式和话语体系。简单地说，西医研究的是看得见的东西，所以发明能让看不见的东西被看见的手段和技术，是西方医学的重要成果，而中医既研究看得见的东西，也研究看不见的东西。相比西医，中医最大特色是研究看不见的东西：无论是筋络，还是穴位；无论是食物的"寒热"，还是人体的"虚实"，都是看不见的。决定中医看见与西医完全不同的"身体"和"疾病"的，是中医的思维、视野和话语。就治病而言，中、西医同样有效，但要让中、西医对话，时常是"鸡同鸭讲"。既然中、西医同样有效，为什么在世界医学界，西医为正统，中医没有话语权？在西医主导的世界医学界，中医的"看不见"非但不是优势，反倒成为"非科学"的证明。今日中国医药出口极其艰难，症结就在于中医话语及其背后的世界观和方法论尚未得到以西医为主导的世界医学界的认可，被美国食品药品监督管理局（FDA）设计的行业标准卡住而不能进入欧美市场。中国要真正获得自己的话语权，取得同西方的文化平等，不但需要跳出作为结论的西方成果，更需要超越西方设定的具体标准和技术手段，而进入"元理论"层面。实际上，中医中药的有效性根本不是FDA标准所能解释衡量的，因为中医对生命的认识要比西医高出好几个层次，关于这一点会在本书下编"中医药文化营销"详细阐释。

边芹（2011）对西方社会操控国际话语权做过深入研究，她指出，因为国际市场"话语平台"背后是巨大财富，除了西方盟国间，是不会轻易让别国分享的，因为这决定了工业产品的定价权。不断让民众接受某国技术水平高的信息，就是潜移默化的洗脑，让其认同某国产品贵得有理。产品档次的提升，质优固然重要，但并不起决定作用，关键在于西方是否让你挤进"话语平台"。这才是当今世界最残酷的现实！话语权是操控消费者价值判断的闸门，此闸门的开启与关闭造成的现实结果是：中国人愿意花一万元买一只法国品牌的皮包，而法国人要求中国人以最低价格向他们出售同样质量的物品。两国民众为什么会产生如此南辕北辙的价值判断？一件寻常物品的价值真有如此悬殊的差异吗？话语权已成为现代商业战争劫财篡权的武器（边芹，2011）。

现代社会，掌控了话语权就是掌握了制空权。没有话语权的空中保护，将对负面信息毫无反击之力。话语权不仅仅可以在市场竞争中占尽优势，在资本主义国家，资本通过话语权可以干预政治。资本话语权到一定程度，不仅可以为自己的企业创造更多的利润，还可以出政权。西方经常把政府不控制媒体视为体制的优越性，其实，这才是资本控制国家，实现金钱至上的关键。把选举设计为比拼资金的游戏，把政治献金合法化，再把媒体交由资本控制，资本控制政治就只是技术问题了。美国资本控制话语权，目的不只是能够带来商业利益那么简单，而是要控制整个国家，通过控制政客，让整个国家为资本服务。关于这一点，王绍光教授在其论文《"大豆"的故事——看资本是如何危及人类安全的》做了详尽深入的剖析，从中我们能了解西方四大粮商巨头垄断中国粮食市场的战略布局与实施过程，才明白习近平总书记在 2020 年 12 月 31 日召开的中央农村工作会议上对牢牢把住粮食安全主动权作出一系列重要部署的深远意义。①

案例分析　新疆棉花事件中耐克为何态度傲慢？

2021 年 3 月 25 日，瑞典服饰巨头 H&M 集团唆使供应链封杀新疆棉花事件所引发的舆论愈演愈烈。就在 H&M 还在发声明自圆时，美国耐克公司跳出来发表声明：不仅不用新疆棉花，还让合作供应商自查不许用新疆棉花，不再雇佣新疆员工，更赤裸裸地向新疆泼脏水。耐克作为全球第一大运动品牌，和 H&M 几乎是同样的态度，而且更加傲慢，还在某电商平台上打着"凭本事放狠话"的广告标语（见图 5-1）。耐克一个运动品牌为什么敢向我国庞大的市

---

① 王绍光. "大豆"的故事——看资本是如何危及人类安全的 [EB/OL]. （2018-04-27）. https：//www. sohu. com/a/227509868_412682；西方四大粮商巨头垄断中国粮食市场[EB/OL]. （2019-07-25）. https://www. sohu. com/a/329367241_425345；人民网. 端牢"中国饭碗"习近平始终心系粮食安全 [EB/OL]. （2020-10-13）. http：//cpc. people. com. cn/n1/2020/1013/c164113-31890256. html；新华网. 牢牢把住粮食安全主动权——习近平总书记在中央农村工作会议上的重要讲话引发热烈反响 [EB/OL]. （2020-12-31）. https：//cli. im/url/info? ae4629f51ecc0ed4b5326aa81a767ba5。

场发出此般挑衅？民众对耐克抵制之声最强烈的时候，耐克的新品却依旧在中国旗舰店里售卖得热火朝天，在某 App 上耐克的销量更是短时间上涨了几十倍。打开软件就可以看到不断刷新的成交订单。更别说耐克刚出的新品了，还未上市便已经有几十万人预约，上架之后便被一扫而空。

图 5-1　耐克的广告标语

　　这让很多国人大为不解。早在 20 世纪 80 年代，耐克就开始实施"轻资产运营"模式，将产品制造和零售分销业务外包，自身则集中于设计开发和市场推广等业务。"轻资产运营"模式可以降低耐克资本投入，尤其是生产领域内大量固定资产投入，以此提高资本回报率。当时正值我国改革开放初期，劳动力价格低廉，因此中国就成为耐克最大的全球代工地。据不完全统计，这些代工厂主要集中在华南地区以及东南沿海地区等海运发达地区，最高峰时期中国生产的耐克球鞋占到了耐克全球球鞋市场的 90%。1996 年，耐克在江苏太仓投资创办了其在中国的首家公司。2009 年 3 月，耐克又在太仓投资成立了继美国和欧洲之外的第三个世界级物流中心，2019 年投资 1 亿美元的耐克中国三期项目在太仓高新区正式投用，达到 26 万平方米，极大提升了物流中心货物处理能力。此次扩建后，江苏太仓耐克物流中心成为耐克亚洲最大物流中心。

【资料来源：掌链. 全球最大运动品牌惹众怒！耐克服饰供应链封杀新疆棉花［EB/OL］．（2021 – 03 – 26）．https：//baijiahao. baidu. com/s？id = 1695267022004555788&wfr = spider&for = pc】

思考题

（1）在新疆棉花事件中，耐克态度傲慢，为何其新品却依旧在中国旗舰店里售卖得热火朝天？请从文化营销视角进行深入分析。

（2）耐克品牌的营销活动为什么要推销美国的街头文化、说唱音乐以及涂鸦文化？为什么要推广与球鞋功能毫无关系的活动？耐克品牌的文化营销战略与美国全球文化殖民战略有何内在关联？

（3）请从国际商业竞争四个战略层面剖析耐克在中国市场的策略。

（4）瑞士良好棉花发展协会与耐克、H&M 等西方品牌公司是如何联手在中国市场进行产业链操控的？

第六章 文化营销战术与品牌形象塑造

开篇案例 《人生一串》线下落地

纪录片《人生一串》播放始于 2018 年，展现了全国各地独具特色的烧烤文化。该纪录片不仅有着高达 2 亿的播放量和近 250 万的弹幕互动，同时在 B 站与豆瓣都有着远超平均水平的评分。纪录片以探店视角穿插访谈的叙述方式，带给观众身临其境般的体验感，再加上充满人文情怀的文案、弹幕互动的加持，更让观看氛围拉满。观众对内容的喜爱，极大地刺激了线上观众满足味蕾的需求，也让线上美食纪录片的魅力一直延展到了线下。2019 年 8 月，全国首家《人生一串》烧烤体验店在上海杨浦区开业，开业一年半以来接待客户超过 40 万人次，一跃进入自带流量的新晋餐饮品牌前列。2020 年，《人生一串》首家分店在上海大宁音乐广场落地，结合当季热播的英雄联盟总决赛 S10 举办店内观赛活动，再度圈粉无数。2021 年纪录片《人生一串》IP 授权拓展至全国，武汉店的开业是这一模式的进一步探索。而 B 站美食纪录片

《生活如沸》线下授权火锅店、《我粉你》授权嗦粉店也相继落地开业。单从线上观众与线下消费者的热烈反应来看，以美食文化构成的"IP＋餐饮"坐拥广泛庞大的受众群体，拥有极高的成长潜力。

【资料来源：《人生一串》线下落地：一个纪录片带来的烟火气生意［EB/OL］．（2021－10－21）．http：//news. winshang. com/html/069/1971. html】

第一节　新闻软文思想灌输：没有硝烟的文化渗透

利用新闻软文形式进行文化渗透，影响消费者品牌形象和品牌决策，是一种文化营销战术方法。2015 年 2 月，关于中国游客到日本买马桶盖的新闻报道①给我们展现了一个利用新闻软文广告方式进行文化营销的典型案例。这个新闻报道通过详细介绍日本马桶盖、电饭煲、陶瓷刀产品功能，变相给日本品牌产品做功能广告，同时贬损中国制造能力和水平，进而达到贬损中国家电品牌的目的。新闻通过有针对性地采访几个中国大妈，片面夸大日本家电品牌美誉度、贬损中国家电和零售品牌质量，以达到影响中国观众对中国品牌的感知价值的目的。观众看到这些新闻的时候基本不会觉察这是给日本家电品牌做软性广告。这类新闻就采用了典型的文化营销技术，它的外形不像广告，实质却是广告，而且是一种典型的文化渗透广告。它旨在通过新闻形式突破观众对广告的心理屏蔽机制，隐性影响、改变观众对中国品牌和日本品牌的感知价值，进而达到其最终的营销目的——促使中国消费者放弃对中国家电品牌的信任，转向购买日本家电品牌。

---

① ［24 小时］中国游客赴日扫货《去日本买只马桶盖》网上热传［Z/OL］．（2015－02－09）．https：//tv. cctv. com/2015/02/09/VIDE1423496040617272. shtml。

第二节　文化资源转换为品牌竞争力：
文化营销战术策划的三个层次

在文化营销发展过程中，根据文化传播的次序以及营销者对文化理解能力的高低，可以将文化营销战术策划区分为三个不同层次：初级的文化象征元素彰显；中级的文化体系内容输出；高级的形神兼备文化意蕴传递。通俗讲，这也就是符号营销、象征营销、内容营销、信仰营销（IP 营销）等不同层次的营销方式。

符号营销、象征营销属于初级阶段，其主要工作是做一些文化形象包装，彰显文化象征元素。近年来，不少餐饮品牌将传统文化元素与营销有机结合，玩出新花样。例如，中国风特色的"茶颜悦色"品牌成了长沙的新地标式茶饮，目前在长沙地区有 100 多家直营门店，因其产品、装修、周边均透着浓浓的"中国风"，被当下年轻人追捧，成为区域现象级的热门 IP。茶颜悦色从一开始就在用心走一条独具特色的国风茶饮之路，能发展这么快，它的定位和包装是最大功臣：它在字体选择上、装修设计上、杯子画风上、海报宣传上、产品名称上、室内摆设上等已经形成了独特的中式传统文化现象，处处透着一股文雅之气（见图 6 - 1）。茶颜悦色区别于其他茶饮品牌最鲜明的标签，是"文化属性"。比如，它杯子的创意，常常来自名家名画；它的"新中式实验"系列概念店广泛运用传统文化，太平老街的"好多鱼"概念店就在店面设计中运用《海错图》元素；等等。

图 6 - 1　茶颜悦色的周边

　　随着中国 90 后消费群文化自信意识日益增强，国学热、汉服热催生了不少消费者亚文化圈群，圈子成员消费时有着与众不同的文化个性和文化符号，他们对彰显文化象征元素的品牌营销较为敏感。茶颜悦色品牌的中国风特色，唤醒他们心中的文化认同，他们感知的不是餐饮品牌，而是他们心中的中国文化认同感。

　　社会化媒体时代下营销方法变化发展很快，衍生出很多新鲜的文化营销手法：品牌植入广告、社会化媒体营销、病毒营销、口碑营销，还有坚持内容至上理念的内容营销。内容营销的特征是：以多种形式的媒体内容，通过多种渠道传递有价值、有娱乐性的产品或品牌信息，以引发顾客参与，并在互动过程中建立和完善品牌（周懿瑾、陈嘉卉，2013）。当前内容营销研究中仅提出了对话、讲故事和顾客互动参与三个重要维度。所有这些研究都是基于已经有了优质内容的假设，但事实上并没有提及或不存在对于优质内容的来源和创作的研究。事实上，结合本书对文化营销的定义，我们可以将"运用文化资源"理解为将"文化"作为内容创作的来源从而进行文化理念的设计，并通过内容营销，即创造有价值和娱乐性的内容以引发顾客参与和互动，来实现具体的文化理念设计。如果将体系化文化内涵植入品牌中，创造出具有文化价值和文化人格的品牌内容，那么时下业界广为热议的内容营销就升级为第二层次的文化营销——文化体系内容输出。内容营销强调的是该内容能够引发顾客一系列的参与互动，强调的是创造适用于互联网的内容，且内容讲究多渠道、多形式。消费者对于一个品牌产生购买欲望，其实是由一个对其购买决策具有关键影响力的重要接触点所致的，但光有接触点还不够，对于内容营销来说，如果和消费者没有关联，品牌的文化内容只是自言自语，不能引起消费者的兴趣。如果和消费者没有共鸣，即便消费者看了品牌的内容营销，也无法同其文化价值观形成共鸣。因此，内容关联与心灵共鸣，是内容营销成败的关键。在这方面，2021年六一儿童节，奥利奥推出的"儿童节特别行动"营销策划就是一个成功的典型案例。基于对伴随中国城市化进程诞生的"城市996儿童"群体的心理洞察，奥利奥发起了一场"分开的奥利奥、分不开的爱"公益活动，用一款特别产品将"城市996儿童"成长中父母陪伴的缺失予以具象呈现，"分开的奥利奥，一半给缺少陪伴的孩子，一半给996的爸爸妈妈"，这句出现在公益短片《分不开的爱》的品牌广告语，通过母子情深、父女情深文化价值进行传播，引起目标受众群体强烈的心理共鸣。奥利奥还联合腾讯新闻谷雨数据共同发布了《城市996儿童白皮书》，详尽揭示了"城市996儿童"这一越来越普遍的社会现象，并对"城市996儿童"出现的社会原因、"996家庭"面临的问题、亲子陪伴现状等进行了全方位的解读。此次奥利奥的"儿童节特别行动"引发了不少网友的共鸣，他们纷纷在社交媒体自发分享自己的经历，使得"城市996儿童"话题具有更加强大的营销力和传播力。在轻松愉悦的节日氛围里撬动沉重的社会议题，展现了奥利奥极具温度的人文品牌关怀。

文化营销的高级层次是形神兼备的文化意蕴传递，这要求营销者能把握文化深层意蕴，跳出狭义的文化内涵和有限的文化载体，从现实社会生活中灵活运用各种各样题材的故事去演绎文化意蕴，达到形散神不散的高级境界。目前营销界兴起的品牌跨界热潮中，故宫 IP 营销就是一个典型。虽然故宫 IP 的"触点"很多，但无论是基于哪一个契合点，都应该是双方品牌文化之间的多层次对位，在每一层次中又需要符合彼此的调性，最后创造出的是一个故事，而非文化的拼接。这一点在故宫 IP 与联想进行品牌跨界中表现得淋漓尽致。①

此外，农夫山泉的营销也堪称"形散神不散"的文化营销杰作，二十多年围绕"回归自然"的文化价值理念以及"我们不生产水，我们只是大自然的搬运工"这句经典广告语，农夫山泉进行了形式丰富多样的品牌文化价值演绎。从 2012 年开始，已经连续 8 年占据着中国瓶装水市场的头把交椅。②

第三节 从品牌到文化 IP 的跨越

如本书第一章所述，产品营销是品牌营销的基础。当自身的产品在市场有一定渠道铺货，有一定消费需求，形成一定的销售量之后，为了扩大与同类竞争产品的差异化优势，企业就需要从产品营销升级进入品牌营销，通过品牌定位、品牌传播、媒介推广等一系列品牌运营，输出很多的品牌内容，例如，拍一个品牌广告片，策划一场公关活动，与某知名品牌进行一次品牌跨界联合，讲好自己品牌的故事，拍一个品牌微电影……但无论产出何种内容，这些内容

① 故宫 IP 营销的下半场：看联想如何给出新范式［EB/OL］.（2019 – 12 – 02）. http：//mp. weixin. qq. com/s/3Km8fEVHOpdCBwLfHV/3eA。

② 一文看懂农夫山泉的营销策略！［EB/OL］.（2020 – 09 – 13）. https：//mp. weixin. qq. com/s/51gX1RAgu0jD – lUCa4pqIw；"案例"那个爱拍超长广告的农夫山泉 20 周年了，又是一波"纪录片"的节奏［EB/OL］.（2016 – 07 – 11）. https：//socialbeta. com/t/99626。

都立足于产品营销形成的底板，成长于既有的产品形态，这些内容只能赋予品牌独特的个性，却很难形成真正的人格。因为一旦用人格去定义一件物品，那么就意味着这件物品从内到外烙印着强烈的价值观和信仰。有个性的品牌只能让消费者容易记住，但有人格魅力和强烈价值观的文化 IP，能成为消费者信仰皈依和追随的偶像。

文化 IP，作为通过一系列文化营销活动确立起来的文化资产，其在用户心目中形象更像是偶像或神灵，用户更像是文化 IP 的信徒。一个典型案例就是苹果创始人乔布斯及其全球崇拜者——"果粉"之间的关系。每一款苹果新产品上市，这些果粉都像拜祭神灵一样虔诚等待，他们对苹果产品的购买更像是给神灵捐献和顶礼膜拜的过程。这种现象已经超越了一般品牌与消费者的互动关系，而更像是教主和他的信众间的一次传法布道过程。追本溯源，我们明白了宗教本质——宗教解决的不是人的生活需求，而是心灵需求。用户在消费一个 IP 时，寻找的是心灵的归属感和情感的慰藉感。正因为有着膜拜心理，用户对 IP 的追随是非理性的，不会因为 IP 价格高、质量参差而苛责它，反而会主动为 IP 的错误向公众辩解。因为用户把 IP 当成自己的无意识心理情综的投影，所以用户会在潜意识上否认它的不完美，会主动修补自己的心灵缺陷。因此，从消费者的立场看，他对品牌的信任是靠公平交换而获取，他对 IP 的信任是靠心灵依附而存在。正因为有此不同，品牌和 IP 在与用户交往时有着本质差异：品牌属于用户被动连接，IP 属于用户主动连接，品牌在面对消费者时更多是一种祈求讨好的姿态。为了和消费者产生联系，品牌管理者需要不断通过各种广告投放以及公关赞助活动获取用户流量，需要外部流量去支撑品牌的销量。相比之下，文化 IP 运营者的主动性就大多了，因为 IP 自带流量，属于被一部分人青睐拥护的偶像，所以 IP 在面对用户时是"被追捧、被崇拜"的姿态。IP 要做的不是拉来更多的外部流量，它的成长方式是吸引更多的外部流量进入自己的流量池。品牌需要不断地拉来用户、讨好用户；IP 要做的是不断地制造内容、散发魅力，从而吸附更多的粉丝。

　　品牌营销的核心在于在目标消费者心中进行情感沟通，确立品牌在消费者心中的信任关系。品牌的存在是为了降低消费者的选择成本。文化营销的核心在于在价值观、审美观层面与消费者形成心灵共鸣，文化 IP 一旦在消费者心中形成，IP 就不只是一种信任，更是一种信奉与追随，是消费者心灵的向往、崇拜的偶像。它不仅可以降低消费者的选择成本，而且能给予消费者独特的心灵价值。但两者达成这个目的的路径完全不一样。品牌如果想取信于人，成为值得信赖的机构，首先要把产品营销做到位——确保品牌覆盖的产品质量和服务质量，通过良好的产品服务以及品牌营销活动，不断地积累自己的口碑。这种良性互动发生的次数越多，品牌资产就越积越大；当出现一些劣性事件时，品牌资产就会受损。品牌和消费者的关系，更像是朋友关系。朋友之间，不仅掺杂着利益，还交织着感情。但无论是利益交往还是情感交流，朋友之间交往最讲究的是"诚信"，品牌必须兑现自己的承诺，才能获得深厚的友情。

　　现实中不少品牌运营者尝试通过做 IP 赋予品牌更多的情感内涵，促成消费者更多的品牌购买，期望消费者会对品牌产生狂热的爱恋，形成各种各样冲动购买。但这只是营销者的一厢情愿而已，因为他们没有搞清楚品牌与 IP 的关系本质：文化是品牌的土壤，文化 IP 并不能成为品牌的护身符，顶多成为品牌的精神图腾。品牌永远不能指望如 IP 一般，让消费者无条件地迷恋。IP 的衍生品只是消费者消费 IP 的附属品，这件商品的意义在于满足消费者的精神寄托，顺便满足生活需求；而品牌生产的商品，它首先要满足消费者的刚需，其次才是填补情感缺口的文化物。基于这样的认知，我们需明白一点，进行品牌跨界联合传播的基础是品牌具有清晰的文化价值定位、独特的品牌文化个性和品牌文化 IP。品牌文化就像品牌传播的根基，根基没有建好，在此之上的品牌联合就成了无源之水，空中楼阁。品牌的文化定位不突出、文化价值不够明确、文化个性不够鲜明，难以形成一个强大的文化 IP，一系列品牌联合营销的价值也只能局限在短期促销层面，对提升品牌价值、构建品牌文化认同的作用非常有限。

第四节　内容营销影视化与文化 IP 塑造①

近几年，以内容营销为主体的文化营销日渐流行，内容生产日益繁盛，内容载体日益多元。内容营销影视化是近几年开始流行的市场热点，品牌方通过与影视制作团队的深度融合，策划出品系列品牌故事片，提升品牌价值、塑造文化IP，这是文化营销领域目前最新变化，也是未来主要发展方向。

2021 年高端护肤品牌 SK-Ⅱ宣告成立品牌影视内容工作室——SK-Ⅱ Studio，以故事叙事的方式向消费者传递 SK-Ⅱ的品牌价值观——改写命运。同年，伊利旗下品牌金典与安慕希推出金安影业。越来越多品牌开始成立各自的电影工作室，开展探索品牌的影视化内容营销——把品牌识别内容融入影片故事之中，透过影片的传播性和叙事性功能，向观众传递品牌核心价值观。作为内容营销的细分领域，影视化内容营销逐渐成为企业争夺消费者注意力的一柄利刃。企业将品牌营销内容融入故事剧情中，可以大大增强广告的叙事性和电影感，使消费者与品牌形成情感共鸣，引发消费者对品牌的价值认同，最终形成购买行为。

内容营销是一种通过各种内容形式和媒介渠道，创造和传播有价值的内容，以此吸引和留住消费者，使消费者主动与品牌交流和互动，实现品牌长期盈利的营销战略。随着消费者注意力逐渐发散，企业需要提升内容营销质量，以更加全面、长久且丰富的影视内容来击穿消费者心智的屏蔽垒墙。影视化和剧本化的内容营销正是内容营销发展至高级阶段的主流趋势，它恰恰以生动性、情感性、持久性和全面性的特征，解决了内容营销发展的困境。

---

① 本节内容是作者与学生卢颖的合作研究成果。

影视化内容营销强调将品牌营销信息融入故事剧本中，以影视形式展现在消费者的眼中，从而赋予广告更强的共情点和看点，进而打动人心。SK‐Ⅱ正是影视化内容营销在实际应用中的典型案例。2021年3月，SK‐Ⅱ的第一个电影制片室——SK‐Ⅱ Studio，通过生产打动人心的高质量影视故事内容，与消费者交流和探讨世界各地女性面临的家庭、职场和社会压力等实际问题，实现与消费者的深度连接，将"改写命运"的品牌理念深刻融入女性励志故事之中，以此作为品牌的长期制胜之道。这种品牌营销方式已经不再停留于散播产品信息和特性上，而是倾向于创造和传递一个深入人心的品牌故事，与消费者建立稳定的情感纽带，满足其心理需求。影视化营销是一种通过影视形式，围绕品牌理念，创造和传递有价值的故事内容，以获得消费者情感共鸣和价值认同，并推动盈利的长期营销战略。

影视化内容营销的特征包括以下四点：

第一，营造故事场景。"填鸭式"的广告诉求往往会引起观众的反感，而足够的故事篇幅可以为品牌提供充分表达的空间。一方面，影视化内容营销的深度叙事性能将品牌信息巧妙融入特定的故事场景中，使无生命的产品成为富有生命力的角色，降低观众的排斥和反感，甚至能引发观众对品牌的信赖与情感。另一方面，影视化内容营销通常具有完整的故事情节，品牌方能将产品理念及其独特的视觉符号融入故事情节和影视画面中，使观众可以通过剧情发展对产品有更详细的认知，帮助消费者更好地接受和牢记该品牌，达到"润物细无声"的境界。例如，潘婷洗发水的微电影广告 *You can shine* 传递了健康、励志、积极的品牌精神"you can shine"，向大众讲述了一位聋哑小女孩在历经艰难、困苦和磨难后，冲破枷锁破茧成蝶，最终在舞台上全身心投入演奏小提琴，长发随着身体摆动而飘舞，生命华丽绽放的励志故事。

第二，给予感官体验。影视化内容营销通常由专业影视团队参与制作，画面精美且具有冲击力，能够刺激观众的感官神经。人体的五感体验强烈影响着内心的知觉感受。影视广告对动作画面、音乐节拍、拍摄技巧等艺术设计元素的巧妙组合，不仅可以紧紧捕获观众的注意力，还能够巧妙建立与观众的情感链接，使观众在欣赏广告的同时，潜移默化地接收品牌信息，感受品牌文化，产生品牌好感。近年来，五芳斋的品牌影片在表现方式上推陈出新，2019年端午节影片采用了王家卫式的科幻风，中秋节发布的《过桥记》创新地结合剪纸艺术，2020年中秋节的《走近科学，走近月饼》则采用了历史纪实的拍摄手法。不同的拍摄手法和表现形式给观众带来了多元化的五感体验，同时，构建着大众对品牌的形象认知。

第三，传递品牌理念。影视化内容营销是一个长期营销战略，其成功的关键在于将品牌理念和价值观巧妙融合在影视内容中，使品牌价值观巧妙地变成故事的主题，将品牌理念潜移默化地传递给消费者，借助故事叙述的契机，与观众开展深度交流和情感互动，培养消费者的品牌认同和品牌忠诚。国内手机品牌OPPO旗下的OPPO Find系列，定位手机市场的高端人群，以"至美所品不凡"为品牌理念，长期围绕着智慧和探索等主题，推出一些系列影视内容，以此体现品牌对美的追求，诠释通过极致精美的手机产品来创造和享受美好生活的品牌理念。

第四，创造情绪共振。随着社会经济发展，消费者对品牌的诉求早已从产品诉求转变为情感诉求，在购买产品的过程中寻求自身与品牌的共同情感和价值观共鸣。情感触动是影视化内容营销中重要的心理因素。影视化内容营销通过故事情节，传达特定主题，可以有效地影响观众的情绪情感，创造品牌与观众的情绪共振，提高品牌认同感。2019年深入人心的刷屏广告短片《啥是佩奇》讲述了农村爷孙两人的暖心故事，不仅实现了与观众的情感共鸣，还让《小猪佩奇过大年》这部电影迅速被大众熟知。

品牌通过影视手段传递品牌信息和价值观，影响消费者的情绪认知，甚至直接引导消费者的购买意愿，使消费者产生购买行为。近年来，我们可以看到越来越多的品牌方和影视团队合作产出广告作品，开展影视化内容营销：影片名导和实力演员拍摄电影级广告片、品牌方成立自己的影业、广告片少了产品信息而多了故事情感等。知名导演陈可辛用 iPhone X 手机拍摄一个感人肺腑的影视广告《三分钟》，既潜移默化地传递了手机的卖点，又直入人心地触及观众的情绪，最大程度促使观众做出消费行为。2020 年，安慕希通过三部剧情反转的广告短片，结合办公室内斗、闺蜜反目以及情侣猜疑的话题场景，诙谐地提出"想怎么冻，就怎么动"的谐音梗，让观众在影片中享受娱乐剧情的同时，也激发了观众购买安慕希尝试冷冻吃法的欲望。温情故事大师方太则擅长讲述家庭故事，2017 年方太搜集关于妈妈们梦想的故事，并将其中的故事拍成微电影《每个女人都可以是 J. K. 罗琳》《妈妈的时间机器》和《妈妈的时间机器之鼓手篇》；同年，方太微电影广告《油烟情书》讲述了素人老年夫妻从相遇、相知到相守的爱情故事，该广告火爆了各大社交媒体平台。方太通过讲述贴近生活、真挚感人的故事，引发观众的情感共鸣，使其品牌二十多年占据高端厨电市场。

作为一种长期性的营销战略，影视化内容营销弱化了商家与消费者之间商品交易的功利性，而强化了商家品牌与消费者之间的心理共情性，在企业品牌资产沉淀过程中扮演着不可或缺的角色。我们可以看到，擅长通过影视讲述品牌故事的企业，通过将品牌理念和价值故事化，有效地影响消费者的情感，使消费者和品牌之间建立了情感纽带，在消费者心智中塑造了一个强大的品牌形象，如 SK－Ⅱ、伊利、苹果和方太等。这些品牌不仅获得了消费者个人的认同，还在市场上形成了强大的社会认同，促使消费者购买甚至推荐该品牌的商品。

影视内容和商业内容的交织，正成为品牌营销者争夺内容营销上游阵地的竞争趋势。影视化内容营销实施时需要关注以下三个要点：

第一，企业开展内容营销时，应尽可能地研究受众心理，采用影视化的形式和创新性的表达。相对于传统的内容营销，影视化内容营销以精良的画面和音效，带给消费者极佳的感官体验，同时通过构建故事场景，融入品牌信息，传递品牌价值观，创造消费者情绪共振，打造消费者品牌认同。这种新型的内容营销方式能够通过给消费者带来附加的心理机制，获得消费者长期的关系投入。此外，如今市场中还存在大量粗制滥造和内容同质的影视广告，这种内容不但不能引起消费者的注意，反而会让品牌陷入缺乏记忆点的困境。因此，企业需要寻求创新性的故事话题和差异化的表达方式，将品牌作为影视广告的故事主线，随着剧情发展潜移默化地将品牌植入影视内容之中，在满足消费者对内容需要的同时，保持品牌的长久竞争力。

第二，根据不同消费者提供不同的内容价值，刺激消费者自发产生互动与传播。研究表明，影视化内容营销的各维度都能激发消费者的购买意愿，但是信息型内容、娱乐型内容和情感型内容面对不同需求的消费者会起到不同程度的影响作用。品牌方需要根据营销目标，有的放矢地策划影视化内容营销战略，以及不同时期和场景所要侧重表达的内容，让消费者看到多元化的品牌内容，感受到品牌的用心，让消费者有意愿去主动认识品牌，并与品牌建立长期稳定的情感联系。同时，通过传递有价值的内容，品牌还可以加强与消费者的交流与互动，例如，让消费者对影视故事进行自由评论，评论发布在社交平台形成用户生成内容（UGC），加强了品牌内容的二次传播，这不仅可以增强消费者的个人品牌认同，还可以为社会品牌认同提供"土壤"。2019年《小猪佩奇过大年》的宣传短片《啥是佩奇》就是影视化内容营销引发社会互动的营销典范。短片通过展现爷爷对孙子的疼爱，引起观众的共鸣，向观众提供了情感型内容价值，同时通过B站、微信和微博等社交平台，营造了观众与影视内容、观众与观众之间的双向互动场景。以B站为例，观众不仅可以在观看影片时实时发送弹幕来表达想法，还可以在观看影片结束后在评论区留言进行反馈和评论。品牌的影视短片给观众提供了一个抒发内心想法和情绪的契机，这不仅增强了观众对品牌的认同，还营造了集体互动的仪式氛围，有助于品牌短片的病毒式传播，巩固和强化消费者对品牌理念和情感的联想记忆，形成品牌忠诚。

第三，利用影视化内容营销持续传递品牌理念，增强消费者对品牌的认同感。品牌认同是品牌资产的一部分，强化品牌认同有助于企业创造一个强大的品牌。因此，依托影视化内容营销这种具有故事性、连续性、整体性的传播方式，把企业文化、品牌理念、产品卖点等巧妙融合在一个动人心弦的故事中，使消费者不知不觉地认同品牌的价值观，引起消费者情感上的共鸣，从而逐步攻破消费者的购买堡垒。例如，百事集团从 2011 年开始制作现已上映的新年贺岁系列影视广告片《把乐带回家》（2012—2022）系列，迄今推出了十一部有鲜明风格的影片，将百事集团倡导的欢乐延伸至亲情、友情、人情、爱情等各具特色的中国"乐"，形成了深入人心的贺岁广告 IP，达到潜在的传播效果，提升观众对百事品牌的认同。

　　企业应将影视化内容营销置于战略层面，思考如何通过这种消费者喜闻乐见的方式讲好品牌故事，将积累的品牌资产升级为一个强大的文化 IP，提升消费者对品牌的忠诚度和持续消费的吸引力。

案例分析　故宫 IP 营销的下半场：故宫 IP 与联想进行品牌跨界

　　故宫是一个宝藏 IP。联想×故宫，现代科技品牌与传统文化品牌的大跨界，不但给消费者带来了饱含匠心和诚意的产品，还让业内看到了与故宫合作的一种更全面、更深入的范式。

　　联想×故宫文创联名款产品，展现给世人的恰好是那种最为珍贵的"对于创造的传承"。

　　这既是一次古代智慧与现代科技的跨时空对话，也是一次接力交棒，相交的刹那正是"中国智慧"。两者都是中国智慧的见证者、传承者和制造者。

　　对于每一个与故宫合作的品牌来说，与故宫的对话与交接，归根结底都要落地在联名的产品上。合作产品不应该是 Logo 的直接添加、符号的简单拼接和故事的生搬硬套，而应该是一种美学与文化的再造。据联名产品设计师介绍，此次推出的几款产品设计灵感全部来自他们对故宫的实际走访，于故宫一砖一瓦之中，寻找中国智慧的出处和来路。比如 AIO 一体机的灵感就源于故宫内大量建筑采用的"斗拱结构"。斗拱是古代匠人的智慧结晶，其作用在于不用一钉一胶，仅靠榫卯连接即可将屋顶的重量转嫁到建筑物的梁柱上，使得建筑物屹立不倒；"故宫红"小新笔记本电脑的图样设计灵感来自故宫文物"大红色缂丝彩绘八团梅兰竹菊裕袍"上的海水江崖纹及梅兰竹菊团花图案。海水江崖纹自古就有"浩然之气永存于身"的寓意，梅兰竹菊的意象更是体现了君子品行，这款产品的设计饱含了联想和故宫对青年用户"锦绣前程"的美好祝福。联名产品极具东方韵味，美到极致，彰显了专属于中国人的美学智慧，从而一炮而红，收获网友广泛好评。

可以看到，两个品牌跨界联名，无论是理念还是产品层面，都秉承的是深挖合作价值。而所有这些传导到营销链条上，也是以中国文化与智慧一以贯之、一气呵成，从大师对话、故事包装、文化建构、文化圈层等方面全面切入，践行了真正的文化营销。

故宫 IP 跨界的"触点"很多，但无论是基于哪一个契合点，都应该是双方品牌文化之间的多层次对位，在每一层次中又需要符合彼此的调性，最后创造出的是一个故事，而非文化的拼接。

【资料来源：故宫营销的下半场：看联想如何结出新范式［EB/OL］. (2019 - 11 - 29). https：//mp. weixin. qq. com/s/3Km8fEVHOPdCBwLfHV_3eA】

思考题

1. 联想在与故宫的联名时如何践行最大化受众覆盖的文化营销？

2. 对于跨界"触点"很多的品牌IP，其品牌跨界营销应该遵循什么原则？

第七章 品牌跨文化营销范式

开篇案例 **D&G 大秀视频和设计师言论涉嫌辱华遭抵制**

2018 年，意大利奢侈品牌 Dolce & Gabbana（杜嘉班纳，以下简称 D&G）拍摄了一段把中国传统文化与意大利经典饮食相结合的广告宣传片，标题为"起筷吃饭"。不过，片中的旁白所用的"中式发音"、傲慢的语气以及中国模特用奇怪的姿势使用筷子吃 Pizza、意大利式甜卷等片段被网友质疑存在歧视中国传统文化的嫌疑，在国内社交媒体引发广泛争议。一位网友在 Ins story 说起这件事，D&G 设计师 Stefano Gabbana 前来争辩，恼羞成怒大骂粗口，还公然辱华。而后，中国各艺人宣布终止与该公司合作，中国各主流电商平台也纷纷下架所有与 D&G 品牌相关的产品。

第一节　文化混搭与跨文化营销

进入 21 世纪以来，市场竞争的全球化趋势不断加剧，跨国公司在不同国家地区、不同文化背景开展的跨文化营销活动日益频繁，同时也出现了大量因文化差异和文化碰撞引起的跨文化营销问题。为了更好进入东道国市场，跨国公司品牌越来越多采用文化混搭的形式进行跨文化营销。文化混搭是指两个或两个以上的不同文化元素在同一时空中并存的现象，其中文化元素是指文化符号等内容，例如，可口可乐在中国的春节广告中植入剪纸、对联等元素，星巴克在中国广东省佛山市禅城区中心地段将其门店装修成古代茶楼，这些都是西方跨国品牌在中国营销时进行文化混搭的案例。随着中国"一带一路"倡议的提出与实施推进，越来越多的中国品牌开展了在海外市场的跨文化营销活动，这是中国企业国际化战略升级的必由之路。然而，在现实的中国品牌海外营销活动中，存在一个难以跨越的障碍，就是外国消费者心中对中国品牌已经形成一个负面刻板印象——"中国制造（Made in China）"意味着低价质劣，尽管如此，大量欧美跨国公司品牌却在中国找代工，其实质就是中国制造，其中不乏耐克、阿迪达斯在内的高档品牌，甚至包括 Giorgio Armani、LV 等奢侈品品牌。因此，对中国本土企业而言，海外市场营销的最大挑战就是如何从中国制造的欧美品牌 OEM 代工模式升级为中国创造的中国品牌跨文化模式。研究品牌如何进行文化混搭，品牌跨文化营销不同范式及其不同效果，对于中国本土企业品牌的国际化显得尤为重要。

跨文化也叫交叉文化，是跨越两种及两种以上文化的交叉活动。跨文化营销是指企业在两种或两种以上不同文化环境下进行的营销活动。20 世纪 80 年代，国际市场营销开始活跃，全球化大潮使得企业除关注国内市场环境外，也聚焦于国外市场形势。进入 21 世纪，越来越多的学者开始对跨文化营销展开研究，Kaynak 和 Herbig（1997）深入分析了不同国家和地区文化对市场营销活动产生的影响，提出标准化与适应性跨文化策略。Tse 等（1985）、郑秉秀等（2000）则主要从价值观、宗教、语言、教育、政治环境与社会组织等方面深入探讨跨文化营销。

跨文化营销所使用的理论大部分来自跨文化心理学，主要包括霍夫斯泰德（Hofstede）的文化维度理论、施瓦茨（Schwartz）的文化价值观理论和霍尔（Hall）的高低语境文化理论等；其中 1990 年至 2008 年发表在国外主流营销学期刊的跨文化研究，约 60% 是基于霍夫斯泰德的文化维度理论（Engelen，2011）。

近年来，文化混搭成为跨文化营销研究的一个热点话题。文化混搭原本是一个文化心理学概念，指的是两个或两个以上不同文化元素在同一时空中并存，是跨国品牌在本土化适应中的普遍现象（Hao, Li, Peng et al. , 2016），其强调文化之间的区隔性、交互性、动态性与演化性，同时强调文化对个体影响的局部性、异质性与多样性。文化混搭既可能激发消费者的文化学习心态，让跨国品牌在本土化适应中获得东道国消费者的认可，增加文化认同，也可能放大东道国消费者对不同文化的差异感知，增加文化偏见（熊莎莎、汪涛、赵鹏，2018）。研究表明（彭璐珞和赵娜，2015），在营销过程中，文化混搭领域、外来文化地位及跨国品牌对本土文化的态度都会影响消费者对文化混搭的反应。首先，从文化双方所属领域来看，东道国消费者最能接纳物质性领域的混搭，而对神圣性领域的混搭最为排斥（Chen, Leung, Yang et al. , 2016）；其次，从文化地位来看，经济政治地位提升引起的外来文化上升感知，能使东道国消费者对跨国品牌及其文化混搭产品产生积极评价；此外，Li（2013）提出文化礼貌（Cultural politeness）概念，认为跨国品牌在营销沟通过程中对本土文化持有谦虚礼貌的态度，将有助于增强东道国消费者对品牌的好感。

当前国内外学者的研究大都将文化理解为外界环境的一部分，将其与消费者身心世界切割开来进行研究；或将文化理解为表面的文化符号，研究如何通过文化渗透给消费者传递品牌价值，这些研究忽视了社会文化环境与消费者心理价值观的内在客观联系，忽视了消费者心理价值观对品牌消费和产品选择行为的作用。而实际上消费者价值观主导着消费者心理，消费行为是消费心理的表象，品牌消费行为不仅受控于消费者心理意识，而且受控于消费者心理无意识。因此，如果不能深刻解码消费者心理价值观及其对品牌消费行为的作用机制，就很难进行有效的文化营销，实现品牌与消费者深层的心理共鸣。

跨文化营销的核心在于解构与解读东道国消费者价值观，进而实现品牌与东道国目标消费者之间的情感沟通与心灵契合。在跨文化情境，尤其是东道国消费者对品牌营销者所在国的文化价值观缺乏充分了解的前提下，如何实现跨国品牌营销者与消费者之间的心灵契合，推动消费者接纳新文化价值观及其生活方式，学术界目前尚未开展相关讨论。

目前跨文化营销理论都是基于文化差异性来解决跨文化问题，而着眼于文化差异性并不能从根本上解决跨文化营销问题。文化差异性研究专注于国家、地区文化差异到民族、群体甚至个人差异，把文化割裂得越来越小，其深层假设是所有国家、所有文化、全人类都互不相同，没有共同点，这样假设会使跨文化营销研究走入死胡同，正如 Hannerz（1990）所说"减少不同本土文化的内在联系，就像文化的发展在任何地区都没有根一样"，而实际上人类是分享着一些共同的象征（如品牌、消费活动）、经验（如旅游）和态度（如世界性的观点）的。在实践中营销人员经常会在市场中使用相似性作为准则，因为它能合适地、有效地进行标准化的国际营销活动（Karande et al.，2006），以文化共性为基础，才能更好地进行跨文化营销，正如母语不同的人会使用共通的语言进行交流，寻找文化的共同点才是解决跨文化问题的根本。荣格心理学认为人类集体无意识的普遍性与共性、心理原型与情结等无意识内容普遍存在于全人类，因此，在跨文化营销中应该更着重从消费者的无意识层面入手，聚焦于消费者心理原型与文化共性，找寻表面上看似不同的两种文化间的相似点，从文化价值观层面进行营销沟通，在两种不同文化间搭起一座桥梁，实现不同文化之间的有效沟通和融合（Alf，1986）。

第二节　营销层次与 "交心" 层级的跨文化营销

从营销核心内容、作用层面，以及对消费者行为的理解等维度进行区分，营销可以分为四个层面：产品营销、品牌营销、体验营销以及文化营销，不同的营销层面对应不同的消费者行为假设、不同的营销目标（罗纪宁，2017）。产品营销的重心在于向消费者销售产品；品牌营销的重心在于在保证产品服务功能质量的条件下，向目标消费者提供一定的心理情感利益；文化营销则意在将文化价值理念传播给消费者，在消费者心中树立良好的联想，使消费者在消费产品及品牌时能产生心灵共鸣与价值认同。纵观古今中外贸易战争不难发现，在行业发展的萌芽阶段，依靠产品营销、利用新产品的迭代与创新能够迅速占领市场；随着行业发展进入成长期，产品同质化越来越明显，企业需要依靠强势品牌输出，以整合营销传播为工具，以完善产品及服务来建立并提升品牌形象，才能实现与竞争对手的区隔，赢得更大的市场份额；但是行业发展进入成熟期后，不同厂商之间产品同质化现象十分严重，品牌情感诉求日益雷同，新产品的创新及老品牌的活化复兴已不能满足消费者需求，消费者行为不在于占有某个具体产品或服务，而更多是通过品牌去展示自我，消费依据更多是寻求价值观认同、审美观合一，寻求自我与品牌之间的 "交心"。因此，企业营销需要升级，力求从文化价值观层面与消费者进行深层沟通，达成品牌与消费者情感共鸣。跨文化营销的目的也在于实现品牌营销者与东道国消费者之间的 "交心"。基于价值观与消费者之间达成的 "交心" 关系，相比较于通过产品与消费者之间达成的"交易"与"交往"关系、通过品牌与消费者之间达成的"交情"关系，更加难以甚至不能被竞争对手所模仿。

第三节　跨文化营销的三种价值观混搭范式

品牌的跨文化营销变量很多，如价格、渠道、促销等，这些都是营销快变量，短期内有一定营销效果。要从价值观这个营销慢变量入手进行品牌的跨文化塑造，需先解决两个问题：怎样在价值观层面与东道国消费者进行沟通？沟通什么内容才利于自身品牌赢得东道国消费者的价值认同和情感共鸣？为此，需要构建一个跨文化价值观混搭模型，以解决品牌跨文化营销中在价值层面的沟通方式与内容问题。

所谓价值观混搭，指的是两个或两个以上不同价值观在同一时空中并存的现象，属于文化混搭的细分研究领域。目前在文化混搭的研究成果中，探讨文化元素混搭方式与内容的文献相对较多，例如，基于文化互动双方的关系，彭璐珞与赵娜（2015）将文化混搭的方式提炼为九种：融通、附会、分理、并置、统摄、移接、转化、叠合、协同；Hao 等（2016）将文化元素混搭的方式归纳为两种：本土文化与外来文化元素的混搭、两种外来文化之间的混搭；Cui 等（2016）将文化混搭策略概括为两种：用外国文化来修饰本国文化的"外国文化—本国文化"策略及用本国文化来修饰外国文化的"本国文化—外国文化"策略。但是针对价值观混搭的研究目前仍处于学术空白阶段。

针对不同价值观的影响，Cui 等（2012）将价值观作为调节变量来分析文化混搭，研究了终极价值观与工具价值观如何影响信息一致性及消费者对广告的态度，而针对不同国家或文化体系下的价值观混搭，目前尚未有学者对其展开讨论与研究。

结合文化混搭领域目前已有的研究成果，根据品牌跨文化营销者对本国与东道国价值观的文化态度，本章提出跨文化价值观混搭模型，在跨文化营销活动中，外来产品及品牌与东道国消费者之间进行价值观混搭主要有三种范式，其分类如图7-1所示。

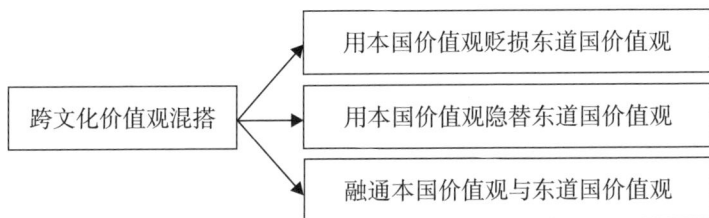

```
                    ┌──────────────────────────────┐
                 →  │  用本国价值观贬损东道国价值观  │
                    └──────────────────────────────┘
┌──────────────┐    ┌──────────────────────────────┐
│ 跨文化价值观混搭 │ →  │  用本国价值观隐替东道国价值观  │
└──────────────┘    └──────────────────────────────┘
                    ┌──────────────────────────────┐
                 →  │  融通本国价值观与东道国价值观  │
                    └──────────────────────────────┘
```

图7-1 跨文化营销的三种价值观混搭范式

第一种价值观混搭的方式是用本国价值观贬损东道国价值观。这种范式在跨文化营销实践中的一个典型案例是前文所述的耐克品牌营销案——"恐惧斗室"广告。2004年11月美国耐克篮球鞋在中国中央电视台及一些地方省市电视台播出的"恐惧斗室"广告中含有的中国传统文化元素：老道长、飞天仙女、中华习武者、象征着中华民族的龙、自我五个内容，都被美国篮球运动员詹姆斯打败。中国文化中的不崇尚暴力、不热衷武力比拼、孝顺老人、以和为贵、包容、和谐等中国文化价值观被严重歪曲，而耐克用傲慢、诱惑、不屑、目空一切等生硬打造出的"英雄主义"与"成功"的价值观却得到褒扬。广告播出后，耐克公司遭到海内外中国消费者的沸然声讨与抗议，最终该广告被电视台禁播。

这种范式在跨文化营销中的另一个典型案例是2018年意大利奢侈品牌D&G发布的"起筷吃饭"广告宣传视频，东方女性示范如何用筷子吃西餐时，将意大利玛格丽特比萨称为"伟大"的食品，暗讽中国饮食文化低于欧洲饮食文化，同时将中国文化元素筷子当成小棍子、小钳子，引起海内外中国网民的强烈不满；2017年D&G发布的"DG爱中国"系列营销照片让穿着D&G品牌服装的时尚靓丽的模特与装扮朴素平凡的胡同大妈、黄包车司机、勤劳的小摊贩等同时入镜（见图7-2），也带有贬损中国文化价值观的倾向。这种以贬损东道国价值观来"衬托"本国价值观的行为，本质上不是一种友好的跨文化价值观混搭方式，而是一种文化挑衅，极容易引起东道国消费者的排斥反应，让消费者产生价值观入侵感。

图7-2　"DG爱中国"系列照片

这种范式在近期还有一个典型跨文化营销案例：2021年奔驰推出的新广告出现了"眯眯眼"妆容，这让许多网友极为气愤。据环球网报道，12月27日不少网友在微信朋友圈收到梅赛德斯—奔驰的推广广告，封面中尽管是中国女模特，但其妆容赫然是当下引发众怒的"眯眯眼"。此前陈漫迪奥广告、三只松鼠等争议画面本就引发了国人对"眯眯眼"的敏感，这个节骨眼上，奔驰这条广告自然很快再度引起喧嚣。正如《人民日报》的评论：不管这家企业是否存在丑化国人的主观故意，这件事本身反映的问题却很真实，就是无论是国内外企业，还是艺术家、电影制作者，所播出的广告、创造的作品都必须有更成熟的受众意识，既要对受众的认知和审美情趣有所了解，更要尊重受众所处的文化环境和历史情感。毕竟，无论广告还是艺术作品，一旦公之于众，就必然被置于聚光灯下和舆论场中，就必然要接受来自各方的批评和审视。必须周全考虑主流文化、大众审美和受众心态，没有这样的受众意识，轻则闹个笑话，重则适得其反、彻底"翻车"。

第二种价值观混搭的方式是用本国价值观隐替东道国价值观。与贬损式输出价值观相比，这是一种比较具有文化礼貌性的方式，但是在宣扬本国价值观过程中，品牌营销者并未深入了解东道国消费者，并未深入分析东道国消费者的价值观，而是用本国的价值观去诠释分析东道国消费者价值观及东道国的文化象征符号。这种范式的一个典型跨文化营销案例是迪士尼真人版《花木兰》，该电影自 2020 年 9 月在中国上映之后差评如潮，豆瓣影评目前评分为4.9，故事性的不尽如人意与各种场景的杂糅，难免让观众有不知所谓的混乱之感。然而迪士尼并非要重现北朝民歌里的巾帼英雄，而是要创作一个承载并传播美国意识形态的花木兰。①

第三种价值观混搭的方式则是融通本国价值观与东道国价值观。这种范式的一个典型跨文化营销案例是中美史克公司西药品牌芬必得推出西药布洛芬缓释胶囊，于 2007 年推出的《石老师爱心学校》视频广告融合了中国文化中"老吾老及人之老，幼吾幼及人之幼"的优秀道德品格与西方文化价值观中的"爱人如己"，达成了中西双方文化的普遍共识，由情及理，讲述了一位让流浪儿童读上书的爱心学校校长石老师因劳累而出现腰酸腰疼症状时，流浪儿童们很关心石老师的病，心疼地为石老师画了图画，最终用芬必得缓解了石老师的病痛，使石老师和同学们又开心地在一起玩乐的故事，这个广告成功地契合了中国消费者"大爱无疆"的价值追求，引起了中国消费者的强烈共鸣，使"芬必得，信得过"这句广告词及芬必得的人文关怀深入人心。融通本国价值观与东道国消费者价值观，寻求本国与东道国价值观之间的普遍共识，并以此作为跨文化营销战略价值沟通的核心，能够与东道国消费者形成良好的情感沟通与心灵契合，引起消费者共鸣，减少消费者感知的文化入侵感与文化污染感，减少消费者接受新进入价值观及生活方式的阻力。

---

① 迪斯尼版《花木兰》：满屏香蕉皮，一出丑国戏［EB/OL］．（2020 - 09 - 14）．https：//mp. weixin. qq. com/s/nfJ61bMaWjgcu5xhgDOS3Q。

第四节 三种跨文化营销范式的效果差异

Li（2013）提出文化礼貌概念，认为跨国品牌在营销沟通过程中对东道国文化持有礼貌、谦虚、尊重的态度，将有助于减轻东道国消费者的排斥心理，增强东道国消费者对品牌的好感。根据文化礼貌度高低，我们可以对价值观混搭模型中三种跨文化营销范式的价值沟通方式进行排序，以衡量品牌的商业伦理价值，评估品牌的跨文化营销效果。

如图7-3所示，我们不难发现：贬损东道国价值观以输出本国价值观的贬损输出范式文化礼貌程度最低，最容易引起东道国消费者的排斥反应。而隐替输出范式与融通输出范式都展示出对东道国文化的礼貌态度，但隐替输出范式并非真正意义上理解东道国消费者的文化价值观，因而还不能在真正意义上达成与东道国消费者之间的价值沟通与心灵契合。融通输出范式基于对东道国消费者价值观的解读，从两种价值观的普遍共识出发与消费者建立情感联系，最容易引起消费者的文化认同，最容易使东道国消费者逐渐接受新进入的价值观。

```
┌──────────┐   ┌──────────┐   ┌──────────┐
│  贬损输出 │   │  隐替输出 │   │  融通输出 │
└──────────┘   └──────────┘   └──────────┘
──────────────────────────────────────────►
  文化礼貌程度低              文化礼貌程度高
```

图7-3 三种跨文化营销范式的文化礼貌度

在品牌跨文化营销过程中，营销者应该从消费者无意识心理层面影响消费者，促使消费者改变旧有价值观、接纳新价值观与生活方式，最终使消费者在品牌及产品中得到文化价值的认同及体验，这样才能从文化营销层面制造出竞争者难以模仿或不能模仿的竞争力。中国企业品牌在"一带一路"沿线国家市场进行跨文化营销的过程中，可以融通沿线国家文化价值观，输出中国文化价值观，求同存异，以双方文化价值观中的普遍共识作为核心，确定中国品牌的跨文化战略定位，实施全方位跨文化营销活动，降低当地消费者的文化排斥心理，逐渐从消费者"心理场"的无意识层面影响消费者，以期成功向当地消费者导入中国文化价值观与生活方式，最终接纳与此匹配的中国品牌。

第五节　跨国公司跨文化广告

案例分析 1　大众汽车"中国路，大众心"广告的跨文化传播策略

2004 年，大众汽车公司拍摄了"中国路，大众心"广告，广告中用了 13 个带有"心"的汉字，如"忠""志""恳""聪""慧""悠""爱""感"等这一中国文化元素，但是在诠释中国文化元素过程中运用的是德国的价值观与精神诉求（见图 7-4 至图 7-8）：例如，在诠释"恳"字时，广告呈现的是一群足球运动健将在跑步训练、挥洒汗水，但在《说文解字》中，"恳"意为"真诚无欺之意，一心无他务"；在诠释"聪"字时，广告呈现的是机器狗向宠物狗示好，但在《说文解字》中，"聪"并不等于友好，其意为"察也，从耳怱声"。中国文化价值和德国文化价值、广告呈现的文化元素与传播的精神诉求在这则广告中虽并列呈现，但并无交集。尽管该广告播出后因融入中国汉字文化、制作精良而受到一定的社会好评，但一经推敲，中国消费者还是会发现广告中"狸猫换太子"的技法，还是会发现广告中用东道国文化元素诠释本国价值观的传播倾向，难以引起东道国消费者的共鸣。下面对比分析几个广告画面内容与汉字原本的内涵。

图7-4 悠

这两个画面很明显表现女主角对西方欧美音乐无比美慕与向往，这用于诠释"悠"字明显是错的。陶渊明的诗句"采菊东篱下，悠然见南山"才最能准确演绎"悠"字的内涵。

图7-5 感

这个"感"字，画面中更多是感官的刺激。

图7-6　恣

"恣"字在中国文化里面是个贬义词，有放纵的意思。

图7-7　惹

　　"惹"字在中国文化里也是贬义词，招惹，挑逗。中国人做事的标准"谦受益，满招损"，中国传统文化认为，人只是茫茫宇宙的一分子，人应该顺应宇宙规律，不应该也不可能去控制宇宙为所欲为，行为放肆、放纵自我、浮夸炫耀以招惹别人目光，这是缺乏涵养的表现，最终自招其辱。这两个字在中国文化中属于贬义，但是在大众的广告前后搭配中，由贬义变成了褒义，将西方的审美标准和价值取向隐性传递给中国的消费者。它表面上采用中国元素，实际上置换了中国文化价值观和审美观，隐蔽性较强。

图7-8 爱

广告中演绎"爱"一字内涵，用了以下画面：女子的爱人驾驶大众甲壳虫，载着她在海边兜风，女子看着爱人和风景，露出陶醉和欣喜的表情，具有很强的物质主义和消费主义倾向。中国汉语言文化中的"爱"字内涵是怎样的呢？先看《感动中国》人物的案例——为保护群众生命财产牺牲的空军飞行员：李剑英。①

看了这个片子，需要重新思考几个字的内涵：忠、爱、感。片尾出现了四个字"天地英雄"，中国人对英雄的理解跟耐克品牌广告片《恐惧斗室》中的英雄概念明显不同。战友们为了纪念李剑英，在出事的菜地里修起了一个"爱"字。案例中也涉及婚姻家庭的爱，在生死的一线间，李剑英必须要在国家民族的大爱和对妻子儿女的爱之间做出取舍，他在最后16秒所做的抉择，让我们深深感动，飞机撞鸟导致发动机故障，他本可选择跳伞，但附近村庄密集，飞机坠毁会给当地民众带来巨大灾难；于是他放弃多次跳伞机会，选择驾机在机场迫降，飞机最终因滑出跑道、撞击防护坡而起火爆炸，李剑英不幸殉难。李剑英去世后，他的妻子很悲伤，但是他的儿子能强抑着自己的悲伤去安慰妈妈，他已经在潜移默化中践行父亲的行为。"妈妈，你难过是一天，高高

① 2007 感动中国年度人物——李剑英［Z/OL］.（2020 - 04 - 25）. https：//haokan. baidu. com/v？vid = 5806130026276609561&pd = bjh&fr = bjhauthor&type = video。

兴兴也是一天，你还不如高高兴兴地过一天"，他的儿子并没有完全沉浸在自己的悲痛中，而更多是关注别人，这就是一种爱。谈及对孩子的期待，他的妻子说希望他"像他爸爸一样，心地善良，心里装着他人"。

图 7-9　李剑英妻子讲述生活中的丈夫及儿子对她的安慰

在中国文化中，"心"有很多内涵。在耐克、丰田以及大众的广告中，"心"的演绎其实是从自私利己的角度出发的，而中国则是首先考虑他人。感情也是一样的，爱一个人不是爱他的"物"，不是爱他的外表，而是爱他内在的心。心是无形的，是他的人格和品德。中国的"爱"和"忠"，不是倾向于物质层面而是更强调精神层面。但是在大众汽车的品牌广告中，我们感受到的是以个人主义、物质主义、消费主义为导向的价值观，而且很巧妙地贴上了中国的汉字，还把汉字的内涵给撤换掉了，最后又用了"有多少心，用多少心"这样一句很贴近中国传统价值取向的话语概括它的品牌价值。对比这两个片子，可加深对中国传统文化审美观、价值观的理解，加深对中国传统文化中爱情、正义、英雄等概念的理解。由此可见，"营销不仅仅是向消费者兜售商品的推销和销售过程，营销也不仅仅是向消费者传达感情的品牌塑造过程，营销还是一个向消费者传播文化价值和信仰理念的文化渗透过程"。如果我们在中国的品牌营销塑造上能够更多地把中国的文化价值和美德融合进去，我们的品牌能创造更大的社会价值。

案例分析2　沃尔玛广告《月圆奇妙夜》

沃尔玛联合《唐宫夜宴》表演团队——郑州歌舞剧团推出广告片《月圆奇妙夜》，内容是一队活泼的唐宫乐师体验了一次穿越时空的奇妙之旅。这几位唐宫乐师在偷吃樱桃被罚站过程中，借一辆现代商超购物车穿过月亮来到沃尔玛。超市货架的在售商品与唐宫乐师们端庄优雅的歌舞展示及其活泼灵动的追逐打闹完美融合；为躲避保安的巡查，乐师们在月饼展示区拾取印有中国元素且造型尺寸合适的月饼盒做手鼓并摆正造型扮成背景板，这才没被发现，随后再次献上精彩的舞蹈；背景音乐全程随故事情节推进而变动。故事的最后，沃尔玛送货员穿越时空将丰富且新鲜的食品准确配送到订单标注的地点。

《月圆奇妙夜》这则广告展示的时代背景分别是唐宫盛世与现代中国，这则广告发布后即在社交平台上取得了网友的一致好评，并激发了部分消费者"挑战""打卡"穿汉服逛沃尔玛。这则广告的发布取得了显著成效，是一次成功的跨文化营销活动。

【资料来源：2021 沃尔玛中秋广告：月圆奇妙夜［Z/OL］. （2021 - 09 - 17）. https：//www. bilibili. com/video/BV1v34y1S7RR？from = search& seid = 115785 62131302633419&spm_ id_ from = 333. 337. 0. 0】

思考题

（1）沃尔玛的《月圆奇妙夜》广告属于哪一种跨文化营销范式？

（2）沃尔玛的《月圆奇妙夜》广告为何取得显著的营销效果？

第八章 区域（城市）文化品牌营销与旅游目的地品牌文化营销

开篇案例 **中国心灵度假目的地——无锡·拈花湾**

拈花湾是无锡灵山太湖之滨的一个小镇，它是以"禅"为核心文化主题打造的集景区游玩、主题住宿、购物餐饮、休闲娱乐、会议服务、婚礼定制、禅修体验等多功能于一体的中国心灵度假目的地。拈花湾取名于佛教中佛祖拈花一笑的典故，从高空俯瞰，如同佛祖手指拈花。小镇按唐风宋韵古典建筑风格建设，将东方佛学里的禅意，与无锡马山的山水文化相结合，这里的一山一水、一草一木、一石一叶、一门一窗、一杯一盏，乃至一只鸟叫、一片蛙鸣、一点烛光、一丝暗香、一串晨钟、一遍暮鼓，无处不是禅意，无处不是生活。拈花湾有20多家禅意主题客栈：一花一世界、吃茶去、棒喝、一池荷叶、半窗疏影、门前一棵松、萤火小墅、芦花宿、百尺竿、云半间、一轮明月、无门关、无尘等。客栈的主体建筑，都遵守着拈花湾的禅意主题，运用竹、木、稻草、青砖等元素，一砖一木、一瓦一石都是精心打造，配合庭院所植的绿竹、花木、叠山理水，处处隐喻东方美学的质朴。香月花街是拈花湾上的禅意主题街，也是整个小镇比较集中的度假生活核心区域。整条街的建筑以唐风宋韵为主，街的两边有很多琳琅满目的特色小店，还有一些以茶道、花道、香道为主题的休息场所和禅修会馆，拈花湾十几家风格主题各异的禅意主题客栈也依次分散在这条街的各个角落。

深耕文旅行业近30年，拈花湾文旅通过"文旅＋"的生态模式，植根中国传统文化，并对其进行创新阐释和转化，运营项目累计游客接待量超1亿人次。

文化是旅游的灵魂，旅游是文化的载体，文化产业与旅游产业的有机融合是大势所趋。文化旅游品牌塑造是文旅产业成功的关键。当代旅游产业的发展，已从旅游资源的竞争发展到旅游产品的竞争，而且正快速向旅游品牌的竞争推进。强势的旅游品牌可以传递产品信息、加强产品竞争力、提高产品附加价值。从本质上讲，旅游是一种文化体验行为，通过文化旅游营销战略实施，可以塑造个性鲜明的旅游目的地品牌形象，提升市场竞争力，这是未来旅游业竞争发展的重要趋势。

第一节　城市文化系统结构与城市文化品牌定位[①]

近年来，随着中国城镇化进程的加快，各个城市在吸引外来投资、潜在居民、旅游者等方面都存在竞争，竞争加剧导致城市营销投入不断升级，城市品牌化进程不断加快——各城市争相在央视花巨资投放城市形象广告；各种城市形象工程如火如荼开展；盲目跟风打造现代化地标建筑；争做名人故里、争做

---

① 本节内容曾在《城市观察》2015 年第 6 期发表。

国际化大都市、反复更改城市形象口号……这些定位趋同的城市营销投入导致目前"千城一面"现象的产生，城市品牌塑造更无从谈起，城市营销活动收效甚微。究其原因，在于缺乏精准的城市品牌定位。

城市营销始于城市品牌的准确定位，没有准确的品牌定位，城市营销无法得到战略上的指导，不同时期的城市营销便会缺乏连续性和一致性，城市营销事倍功半。城市品牌如何定位？城市的"硬"件——基础设施、城市规划、工业园区等可以模仿，这类竞争优势不可能长久保持，而城市的"软"件——城市文化，形成了城市独有的精气神，其他城市学不来也拿不去。因此，从城市文化视角进行城市品牌定位，才能形成有独特价值和差异化个性的城市品牌，城市才能取得可持续竞争优势。

现在很多城市品牌的定位没有持久的生命力，朝令夕改，这些城市品牌定位更多属于政府工程口号，而非科学系统的城市营销决策结果。例如，某城市品牌定位就一直被更改：20世纪90年代提出口号是"建设国际化大都市"，几年之后口号变成了"建设现代化大都市"，到了"十二五"规划时期又变成"国际商贸中心、世界文化名城"；最近几年又着力传播"南国花城"的城市品牌口号。这些城市品牌口号既缺乏内容连贯性，又无法实现其城市形象和其他城市有效的区隔。城市顾客（城市居民、外来投资者与旅游者）无法从混杂的城市品牌口号宣传中形成清晰的品牌形象，自然无法产生强烈的城市偏好。因此，这些城市品牌口号只能属于城市营销者——城市管理者一厢情愿的发展口号，难以在城市顾客心目中形成有价值的品牌形象。政府阶段性政治、经济工作目标不能作为城市品牌的定位依据。

在现实的城市系统结构之中，政治、经济和文化分属不同层次，城市在自身长期发展的过程中，形成了独特的城市文化。文化才是城市之魂，城市文化塑造了当地人民的思维方式、价值取向和行为方式。文化是历史的、具体的。在国内目前城镇化过程中，不少城市正轰轰烈烈进行旧城改造，推倒了数百年沉淀的历史文化古迹，同时也制造出很多空无一人的"鬼城"，这种缺乏长远发展眼光的城市形象打造，不但是对城市历史文化资源的摧毁，而且是对城市未来发展基础的削弱。在城市未来的发展中，文化的资源性、差异性特征日益凸显，城市如何整合自身文化资源，塑造个性鲜明的城市文化品牌直接关系到城市未来发展的空间。要解决这些城市营销的现实问题，需要在探讨城市文化的系统结构及其运行规律的基础上，分析有效的城市文化品牌定位原理，确立城市品牌塑造的科学决策流程。

一、 城市品牌与城市文化

当所有的城市都利用城市营销的思想和工具来发展时，城市的发展必然是趋同的，城市的品牌化建设尤其重要。城市品牌就是城市在顾客心目中形成的独特联想，城市品牌的载体是一些名称、标志、设计和象征等。构建城市品牌的出发点应立足于顾客视角。

城市文化是城市品牌的灵魂，国内外的学者都意识到了城市文化对于城市品牌化的重要性。一个城市的吸引力和竞争力取决于该城市的文化资源和文化发展水平。城市文化和城市品牌具有强联系：城市形象高度依赖于城市的历史和现在，且城市品牌高度依赖于城市潜在和已然表现出的特性。城市文化营销活动如果没有一条主线将其牵引，缺乏明确的城市品牌，价值主张，必然导致城市品牌传播低效，难以形成清晰统一的城市形象。基于城市文化的城市品牌，应该提炼出城市最核心的、不可替代的文化资源，城市通过连续的品牌化过程，在顾客脑中形成功能性、情感性和自我表现性等的品牌联想。

二、 城市文化品牌定位

城市在品牌化的过程中需要准确的定位，城市品牌定位就是城市核心价值观的提炼，使其具有区别于其他城市品牌的不可替代的个性和特色，是建立整个城市品牌的基础。关于品牌定位的方法，科特勒认为：研究者首先需要对该品牌与其他品牌的不同点有全面的了解并从中择优，选取最具竞争力的因素作为定位的基础，然后运用各种营销手段对该定位进行沟通和推介。阿克和仙斯拜则认为，在品牌定位中营销者应强调所擅长的并掩盖所缺失的。城市文化品牌将结合这两种方法来定位。城市文化各有特色，没有优劣之分，城市文化品牌定位要区别于其他城市，必须符合实际，具有可操作性。例如，我们不能因为个别重大历史事件曾经发生于某个城市，便将该城市定位为历史文化名城，这样的定位无法和城市顾客产生情感共鸣。追本溯源，城市文化品牌定位依赖于对城市文化的提炼，只有弄清楚城市文化系统结构，城市文化品牌定位才能得以进行，城市文化品牌才有文化载体，城市品牌营销决策才有依据。

三、　城市文化系统结构的维度与功能

城市文化是城市品牌发展到一定阶段后产生的一个新思路，是城市追求可持续竞争力的途径。国内外学者在城市文化内容和系统结构方面提出了形形色色的内容，但这些内容缺乏系统的抽象概括，而且没有提出不同侧面的关系。对这些被提及的城市文化系统的不同侧面进行概括，城市文化的系统结构包含以下五个维度：艺术文化、时代文化、民俗文化、宗教文化和历史文化。

艺术文化是城市文化最集中的展示系统，最能体现一个城市的性格、精神和文化特点，是一个城市的精神力和创造力。城市艺术的形式多种多样，包括美术、音乐、诗歌、舞蹈、戏剧、电影、书法、雕塑、建筑、服饰、园林等。不同的艺术文化表现形式反映了对外界一定的认识方式、价值取向和思维模式。

时代文化是一个城市当下精神追求的浓缩表现，反映出一个城市当下的主流价值观，因此时代文化也被称为流行文化。每个城市在这个文化维度上的表象是有区别的，目前我国沿海城市的时代感普遍比内陆城市要浓厚，许多时尚流行元素都是从沿海城市蔓延至内陆城市的。

民俗文化是一个城市的传统文化。民俗由普通大众创造，因某种需要，久而成俗，民俗是代代相传的民间生活习俗。民俗反映了人类先祖的生活印记，反映的是他们对外在世界的理解，表达的是他们对驱灾避难、追求美好生活的期

许，经过后辈不断的传承和发展，历经岁月的沉淀，民俗成为文化的存储器。

宗教文化这个维度也可以叫作信仰文化。宗教在中国传统文化中世俗化倾向较重，宗教对人类行为规范和思维方式的塑造作用极为强烈，华夏民族深受佛、道、儒三教文化的影响，佛为心，道为骨，儒为表，这是很多人修身克己的目标。

历史文化理所当然是城市文化相当重要的一部分，记录了城市的"前世"，城市精神不是一朝一夕塑成的，必定是无数个"昨日"积累而来的。"留住城市的历史就是留住了城市的根，城市才能成长。"城市自身就是一个历史现象，是人类社会发展到一定程度的产物。在城市发展的历史长河里，城市被不同时代的居民打上不同的烙印。城市的历史越悠久，其文化积淀就越深厚。

艺术文化、时代文化、民俗文化、宗教文化和历史文化等五个维度共同构成了一个城市文化系统。换言之，每个城市文化系统都由这五个不同文化子系统的相互作用构成，不同城市由于这五个文化子系统的不同组合作用过程，形成了不同的城市文化类型。这五大文化子系统之间存在相生相克的关系，具体如下：

首先，五种文化维度之间存在相生关系。艺术源于现实生活，艺术家将自身的感悟影射到艺术品（绘画、雕塑、音乐、建筑等）的创作上，在某个特定的时代，一旦这类创作达到大规模，民众接受贯穿其中的价值观，形成文化氛围，就能代表一个时代的文化。如前所述，民俗是由普通人民创造并代代相传的民间生活习俗，一种时代文化如果经长时间的流逝依然能保留下来，我们就可以称为民俗文化。宗教的发展不是虚无缥缈的，而是立足于人民大众的精神需要，宗教神灵的出现往往是为了满足民众的精神需要，如道教有雷公、门神、灶君、妈祖等，佛教有如来佛祖、观世音菩萨等。历史和宗教的关系更是千丝万缕，佛、道、儒三家的文化形成了中华民族几千年来的世界观和价值观，这种相生关系极为明显。

其次，五种文化维度之间存在相互制约关系。通过对艺术家价值观和思维方法的影响，宗教对艺术的发展有很强的限制作用，艺术创作本身是自由的，宗教为其提供了边界，一旦越界，将会受到宗教文化带来的阻碍。艺术文化在一定程度上是高于普通大众的娱乐方式，艺术源于生活却高于生活，艺术创新和独特个性是艺术文化的核心要素，这与强调"大众化、统一化"的民俗文化迥然不同。民俗是人民大众生活风俗习惯的总称，具有很高的普及度。民俗文化重在平民化、生活化与娱乐化。历史文化侧重对某一时期某个区域内重大事件的记录，历史往往由某一时代胜利者撰写，在一定程度上反映了历史文化与民俗文化的关系——历史侧重于对某个时代上层精英人士的描写，平常百姓难有一席之地。民俗文化在某种程度上可削弱历史文化带来的厚重感，民俗文化使得城市文化落于实地，贴近大众生活。时代文化和历史文化在同一个城市内部的关系似乎是此消彼长的，和历史短暂的城市相比，拥有悠久历史的城市在对时代文化的接纳方面显得较为谨慎，有所取舍，时代文化无法快速蔓延开来。时代文化对宗教文化有很强的冲击力：时代文化与宗教文化碰撞形成新的思潮，是对宗教文化的发展和削弱。

最后，五种文化之间相生相克关系的动态平衡构成了城市文化系统的稳定与演化。城市文化系统五大结构维度的关系可用图 8-1 表示，图中虚线表示相生关系，实线表示制约关系。

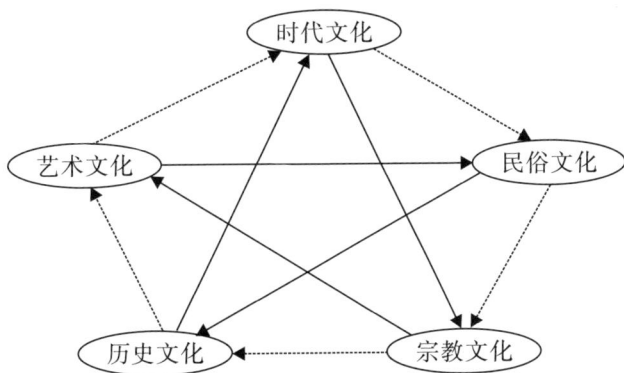

图 8-1　城市文化系统结构五维模型

四、 基于城市文化系统结构功能的城市文化品牌定位模型

城市定位过程包括识别可能的竞争优势、选择定位点、传播定位。由于不同城市的五个文化子系统强弱不同、功能作用模式不同，形成的城市文化个性特征也不同。我们通过分析城市不同文化子系统的强弱，确定城市文化定位的价值诉求和精神特质，可以有效准确地进行城市文化品牌定位，塑造强势城市品牌形象。基于城市文化系统结构功能的城市文化品牌定位模型如图 8 - 2 所示。

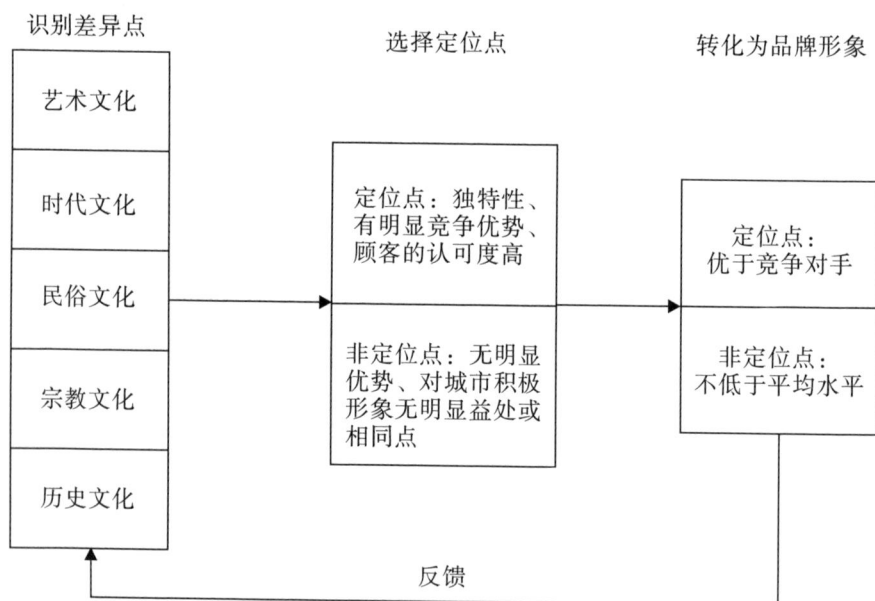

图 8 - 2 基于城市文化系统结构功能的城市文化品牌定位模型

城市文化是城市之魂，是城市的精气神，从城市文化视角研究城市品牌塑造，是将城市营销变成城市可持续发展的根本，是城市取得独特竞争优势的出发点。基于城市文化的城市品牌，是城市历史文化和特色资源长期积淀的产物。根据城市文化系统结构的五个维度提炼出城市文化品牌定位模型，可以为

城市品牌营销提供关键决策依据。

丽江是城市营销的一个成功案例。每个城市都不同程度地同时拥有艺术文化、时代文化、民俗文化、宗教文化和历史文化，丽江也不例外。如果与国内其他著名城市比较，不难发现，艺术文化最浓的是北京；时代文化最突出的是走在时代发展前沿的上海、广州与深圳；宗教文化氛围最浓厚的是拉萨；历史文化气息最浓的是历朝古都西安、南京。丽江在艺术文化、时代文化、历史文化、宗教文化四种文化资源上并不占优势。丽江选择了民俗文化作为城市文化定位的突破口，这是因为丽江的民俗文化资源非常丰富，有纳西古乐、民族服饰、东巴文化、摩梭风情等。丽江的营销者们以民俗文化为主线，整合各种文化资源，以统一的形象示人，以便在城市顾客脑海中形成一个持续的、可辨别的、同一的城市品牌形象——"人与人的和谐，古与今的融合"。丽江在城市品牌建设过程中，运用了市场细分原理，选择了高端的商旅人士作为目标客户群体，为了在古朴的纳西族文化和目标群体之间搭一座桥，将城市文化品牌定位为"和人亲近、可以让人放松、有融入感的城市"。适当的城市文化品牌就是将城市最具竞争力的文化资源演绎出来，吸引目标客户群体，找到和他们的切合点。城市定位过后，统一地传播丽江"天雨流芳，梦幻丽江"，"天雨流芳"是纳西语"读书去吧"的谐音，充分融入了其独特的民俗文化。

第二节　城市古镇文化旅游品牌塑造的文化营销战略[①]

旅游目的地品牌是"消费者对该旅游目的地所具备的区别于其他旅游服务提供者的差异化价值的综合感知和体验"。旅游目的地品牌化是一项动态的

---

① 罗纪宁，简思敏. 基于文化营销视角的城市古镇文化旅游品牌塑造研究——以广州沙湾古镇为例 [J]. 城市观察，2016（6）：149 – 160。

集体活动,它包括了大量的利益相关者。由于旅游目的地是由多个要素组成的,因此旅游目的地品牌化与一般产品或服务品牌化相比要复杂一些。文化旅游消费是一个文化价值体验过程,体验旅游着重的是给游客带来一种异于其原本生活的体验,为游客提供参与性和亲历性活动,使游客从中感悟快乐。古镇文化旅游兴起于 20 世纪 90 年代,以其独特的自然环境和人文景观成为地域特色鲜明的旅游品牌,吸引着国内外众多的旅游者。目前我国古镇旅游产品种类多样,归纳起来共有节事体验游、美食养生游、文化展示游、探幽访古游、民俗风情游五种类型。总的来看,我国古镇旅游产品开发日新月异,但仍以资源驱动型和观光型为主,在开发上缺乏深层次的文化性和体验性,简单模仿、模式雷同的古镇旅游比比皆是,导致盲目无序的低层次竞争。如何从文化营销的角度对古镇文化旅游资源进行开发升级,塑造一个个性鲜明、风格独特的旅游目的地品牌,是亟待解决的文化旅游品牌管理问题。广州市沙湾古镇旅游目的地品牌塑造就是一个典型案例。

　　沙湾镇位于广州市番禺区,2005 年被评为"中国历史文化名镇",当地政府积极地对沙湾镇进行旅游开发。沙湾古镇旅游文化资源丰富,但缺少鲜明个性的品牌形象,面临着同质化竞争的困局。要打破这个困局,还得从沙湾古镇本身蕴含的深厚文化底蕴入手,以消费者为中心,挖掘消费者物质需要背后的文化内涵,提供能满足旅游者文化享受的旅游产品,凸显旅游产品的文化价值,形成独特的文化品牌形象。具体而言,塑造沙湾古镇旅游目的地品牌可以通过以下三个层面的文化营销战略展开(见表 8-1):

表 8-1　旅游目的地文化营销战略三个层面

文化营销的三大层面	文化营销给消费者的目标价值	沙湾古镇文化旅游战略三大层面
营销文化价值观	传播文化价值观、审美观	沙湾广府文化价值观、审美观:岭南婚俗价值审美、沙湾广东音乐审美等

（续上表）

文化营销的三大层面	文化营销给消费者的目标价值	沙湾古镇文化旅游战略三大层面
营销文化品牌	传播文化情感	沙湾古镇文化品牌家族：沙湾饮食文化品牌（沙湾姜撞奶）；沙湾广东音乐名家"何氏三杰"；沙湾狮舞
营销文化产品	传递产品服务价值	沙湾文化产品线：沙湾传统美食包括姜撞奶、牛奶白饼、当当云吞、爬金山、网油春卷、鱼皮角、五代同堂、田螺焖泥鸭、沙姜猪肚等

　　沙湾古镇与广东省内其他古镇一样，都保留着以宗祠为代表的一些岭南古建筑，这些岭南古建筑都是沉淀的历史、凝固的文化。除此之外，一般古镇都会有窄小的巷道、斑驳的石阶、朴素的村民以及宁静祥和的氛围。与其他古镇相比，沙湾古镇具有两大 USP（Unique Selling Proposition，独特销售主张）：其一，是私塾科举文化。数百年来，沙湾古镇学风浓厚，重教育，兴科举，历年来出现过很多私塾及士人。过去的象贤私塾也变成了今天的象贤中学。在沙湾古镇中，可以追随先贤的足迹，了解先贤的求学经历，感受当时的学习氛围。其二，是民间艺术之乡。沙湾古镇保留着多种民间艺术，其他旅游景点所不具备的并最能体现沙湾历史文化的当属广东音乐和飘色。沙湾飘色以其精致逼真而名动省城，"三稔厅"乐韵悠扬数百年不断，都体现了沙湾古镇浓郁的广府乡土韵味。从这两个差异化卖点出发，可以把沙湾古镇定位为：民艺古镇，写意沙湾。过去，以何氏为代表的沙湾人田产丰盛，生活富足，过着舒适悠闲的生活，出现了一些"富贵闲人"阶层。他们有足够的时间去把玩飘色、醒狮、广东音乐等民间艺术，最终成就了一批影响深远的民间艺人和民间艺术，也使沙湾古镇成为成为岭南民间艺术的一块沃土。"写意"一词，源自国画，是一种不求工细，着意注重表现神态和抒发作者意趣的画法。在广州方言中，"写

意"也有随性洒脱、悠闲自在之意，恰好符合了沙湾古镇宁静悠闲的气质，因此，"民艺古镇，写意沙湾"成为沙湾古镇的品牌定位。围绕这个品牌定位，需要从以下几个方面实施沙湾古镇塑造旅游品牌的文化营销策略：

一、 以强化文化传承为核心的沙湾古镇旅游文化建设

岭南乡土文化、民间艺术是沙湾古镇旅游文化营销的内核，沙湾古镇必须加强自身文化建设，才能对外展示良好的旅游品牌形象，对内形成共同的使命感和责任心。沙湾古镇虽然有深厚的传统文化，但是，如今从事灰雕、飘色、醒狮、广东音乐等传统艺术工作的人已经越来越少了，目前的民间艺人大多是本地的老年人。如果这些民间艺术不能被年青一代传承下去，当地政府和其开发公司没有对其传统文化加以保护和培养，那么这些文化可能就会随着时代的变迁而逐渐消逝，游客来到沙湾古镇就只能看到一些"破旧的屋子"，一个空壳。事实上，游客到沙湾古镇是为了感受古镇的岭南建筑内所装载的文化。近年来，沙湾政府积极鼓励当地居民，特别是青少年参与传统文化活动，通过举办一系列节庆活动和民间艺术比赛活动：传统开笔礼、岭南中式婚俗文化、畅游美食古镇·寻味传统沙湾等"旅游＋文化体验"研学活动，激发民间群众的参与感，让这些独具特色的优秀广府文化能够薪火相传，同时也促进沙湾旅游品牌个性的塑造，让旅游文化业态日臻成熟。

二、 以消费者文化需求为中心的文化旅游路线设计

旅游产品是旅游品牌建设的基础，只有满足各个消费者不同的需求，旅游产品才有其发展的空间，才能以此带动旅游品牌的建设。多数游客希望旅游产品形式多样化、丰富化，希望能体验各种旅游产品的独特魅力。根据沙湾古镇的文化旅游资源，以消费者为中心，可以设计出几条文化旅游路线。

（1）南国书香游，该路线是为中小学生以及他们的家长而设的。中国历来都有尊崇名人的传统，特别是文化名人，所谓人杰地灵，人们通常都喜欢到名人

故乡去感受名人的文化气息。沙湾古镇精心打造了何氏大宗祠（留耕堂）、沙湾广东音乐馆（三稔厅）、何炳林院士纪念馆等多个展馆，其中留耕堂更是被评为全国重点文物保护单位，并活化广东音乐、飘色、龙狮、鱼灯等民俗文化。2022年6月12日上午，第十一届传统开笔礼散客首场活动在沙湾古镇留耕堂内举行。开笔礼活动寓意"萌娃"们志存高远、梦想闪亮，他日一飞冲天，独占鳌头。小朋友在活动中，通过司礼官教导，学会尊师重道；通过互帮互助，建立友谊；通过体验传统文化，让"人生第一课"更有意义。而用毛笔手写第一个"人"字，代表着要读书首先学会做人，这正是开笔礼要传达的核心内容，也是沙湾古镇推广"旅游＋文化""旅游＋教育"的一大亮点。此次活动提升了沙湾传统文化品牌知名度。[1]

自2017年起，沙湾古镇致力打造研学游项目，把研学路线分为三种类别：非遗文化类、民俗文化类、定向趣味类，多方位体验"研"＋"学"，让学生们在知识、视野以及个人实践能力上都能有所收获。

（2）历史寻根游，该线路主要针对广州本地的中老年人。很多"老广州"都对沙湾有所耳闻，甚至曾到沙湾古镇旅游。而被誉为"岭南古建筑综合艺术之宫"的留耕堂（何氏始祖宗祠），更是众多"老广州"心中能够与陈家祠媲美的特色景点。中老年人都有一种"怀旧情结"，对于祠堂等历史建筑有着特别的偏好。因此，把留耕堂作为这条路线的中心，连接厚本堂（何氏大宗祠）、惠岩何公祠、炽昌堂、清水井和农耕生活馆等景点，形成一条访古寻根的文化旅游路线。"老广州"能够从中体会过去名门望族的历史兴衰，或能得到一番新的人生领悟。

（3）文化民俗节庆游，这条线路主要的目标群体是趁着节日旅游的家庭。沙湾古镇仍处于发展初期，知名度不高，因而其旅客主要来自广州及其周边地区，以短期的一日游为主。针对这部分游客，沙湾古镇可以为游客设计一张

---

[1]　大洋网，2022-06-13。

"沙湾美食地图",让美食爱好者自行到古镇探寻沙湾丰富的饮食文化。此外,沙湾古镇可以利用中国农历节日举办一些与传统节日习俗相关的主题文化活动,设计一些轻松有趣的游园活动,并把沙湾的民间艺术与这些主题活动结合起来,在活动中穿插飘色、醒狮、广东音乐等沙湾旅游品牌要素。这样的主题活动不仅让更多人了解中国的传统民俗,有助于文化传承,还有利于沙湾古镇"岭南文化古镇"品牌形象的塑造。例如:2021 年 11 月 7 日下午,在沙湾古镇安宁广场隆重举行了岭南传统中式的集体婚礼,这个活动让广大街坊游客感受到精彩独特的岭南广府婚嫁文化特色和亮点,活动展示了不少婚嫁物品,如礼担、花轿、婚嫁礼品等,让市民近距离了解岭南婚嫁习俗和"添喜"道具。11 月 13 日起逢星期六、日,在沙湾古镇都可以看到抓周礼、成人礼、圆锁礼、寿礼等传统文化礼节的展示活动。此外,在安宁广场还可以参观明制婚服、礼服走秀、明制婚礼、金婚(结婚五十周年)等礼节展示活动,甚至可以亲身感受中式婚礼的魅力。沙湾古镇把岭南中式婚俗文化融合到旅游品牌,游客在体验岭南中式婚礼的同时,也可以游览八百年古镇,感受深厚的历史文化。①

(4)文艺写意游,该路线是为收入较高、文化程度较高的中青年(俗称"小资"群体)而设的。这类人群追求悠闲舒适的"慢生活",同时因为文化程度较高,对文学和艺术都有较高的鉴赏能力,可以为他们安排一条以聆听广东音乐为主线,辅以参观灰雕、壁画、岭南建筑的文化旅游路线。考虑到这部分人群可能白天工作较忙,同时也更喜欢宁静的旅游环境,沙湾古镇可延长景区的开放时间至晚上,让人们能看到夜幕笼罩下不一样的古镇。

三、营造良好的文化氛围

旅游文化营销不是单一旅游产品的文化营销,而是对文化旅游品牌的整体

---

① 广州日报,2021 - 11 - 09。

塑造。沙湾古镇应管理好旅游过程中的每一个服务接触点，并且在每个服务接触点中渗透沙湾古镇的岭南乡土文化，以在整个园区内营造一种良好的文化氛围。例如，可以用沙湾飘色的人物形象或者岭南民间剪纸图案作为厕所的男女标识，也可以在古建筑外围安装一些微型的音乐播放器来播放清雅的广东音乐，让旅客走在古旧的青砖巷道上也能有悠闲舒适的旅游感受。

四、加强文化体验营销

沙湾古镇除了可以完善原有的农耕体验馆外，还可以增设一些旧时的儿童游戏，如滚铁环、丢沙包、打弹珠、橡皮筋等。这对于中老年人而言，可以重拾儿时记忆；而对于城市的小孩而言，也是新鲜有趣的玩意。另外，可以在园区内空置的位置设置民间艺术体验区。例如，预先准备一些简单的花纹式样，让旅客尝试在砖头上进行灰雕创造，制作好的雕刻作品可以让旅客带走，也可以留作展览。这样的文化体验营销，既可延长旅客在景区的停留时间，也可让旅客享受自己动手体验的成就感，有利于提高沙湾古镇旅游品牌的满意度。

塑造古镇文化旅游品牌就是一个将文化精准而充分展示的过程。在这个过程中，文化起着凝聚和催化的作用，能彰显古镇品牌文化内涵，有效解决旅游产品同质化问题。沙湾古镇作为中国历史文化名镇，蕴含着独特的岭南乡土文化，通过实施以上文化营销策略可更好地塑造其旅游目的地品牌，提升沙湾古镇品牌资产。

第三节　旅游目的地感知风险与
品牌形象重塑的文化营销策略①

　　学者 Akureyri（2005）以"地区文化、历史和自然"三个维度为核心构建了旅游目的地品牌化的三维模型。Juergen Gnoth 把旅游目的地品牌的作用划分为功能上的（Functional）、象征性的（Symbolic）和体验上的（Experiential）三种类别。莫里森和安德森指出，旅游目的地品牌化是指形成独一无二的品牌识别和品牌特色，以便与其他竞争性目的地品牌区别开来的过程。蔡利平（2002）认为，旅游目的地品牌化是指通过积极的形象塑造活动来选择与某种品牌要素组合，从而使自身品牌显得与众不同的过程。曲颖、李天元（2011）对前人的理论做了归纳整理：目的地品牌化是支持和创造旨在识别并使目的地差异化的名称、符号、标识、文字或图形标志等，这不仅有助于巩固和强化旅游者与目的地之间的情感联系，还有助于降低消费者的搜寻成本和感知风险。文化是旅游品牌的核心，通过营销旅游地的文化内涵塑造旅游地形象以及打造旅游目的地品牌形象，逐渐成为旅游营销的新战略。

　　Mitchell（1998）认为，旅游目的地感知风险是"消费者主观确定的对旅游损失的预期"。Moutinho（1987）认为"旅游感知风险构面分别是经济风险、健康风险、身体风险、犯罪风险、恐怖主义风险、社会风险、心理风险和自然灾害风险"。李鸿飞（2009）② 认为旅游目的地感知风险是"消费者在进行旅游目的地选择时，对旅游目的地可能存在的不利后果的严重性和可能性的主观

---

① 本节内容是作者与学生张映桃合作研究成果。
② 李鸿飞. 旅游者在旅游目的地选择中的感知风险研究［D］. 石家庄：石家庄经济学院，2009。

预期"。混沌理论①可以很好地解释旅游目的地感知风险对目的地品牌形象的影响机制。该理论认为自然界总是处于不规则状态，一个微小的事件所引起的不稳定变化可对整个系统带来巨大的威胁。由于品牌形象对消费者感知价值与风险具有高度敏感性和关联性，消费者初始的一个小小风险感知，通过社会舆论和大众媒体相互加强反馈的正向过程，可能会导致巨大的负面品牌印象，最终很大程度地损害旅游目的地品牌形象。

根据心理学感知与形象理论②，风险和形象是不可分割的。消费者对于旅游目的地的感知风险与该目的地在其心中的品牌形象成负相关关系——消费者对旅游目的地的感知风险越强，该旅游目的地的品牌形象越不尽如人意。若想重塑目的地品牌形象，营销者必须从消费者感知风险的形成机制入手，通过文化营销手段改变消费者感知风险，进而逐渐在消费者脑海中重建旅游目的地品牌形象。

本书在第一章把文化营销定义为"有意识地发现、培养或创造某种核心价值观念，从消费者的无意识层面作用影响消费者，促使其改变旧有的价值观、接纳新的价值观和生活方式，最终接纳营销者的品牌和产品的企业营销活动"。在感知风险形成后，消费者观念的改变首先取决于传播信息的数量和质量。影响、改变旅游消费者感知风险的文化营销策略效果的因素包括危机本身、旅游处理过程、竞争者的营销，也包括媒体的宣传，持续的危机会对人们的主观印象产生消极影响。其中，在改变旅游目的地感知风险的过程中，通过系统的、精心计划的文化营销策略进行旅游产业、当地居民及潜在旅游者之间的沟通是恢复受损旅游目的地声誉的关键。李庚（2010）③ 与高文香（2013）④ 两位学者的研究诠释了文化营销对于旅游目的地品牌塑造的重要意

---

① 磬音．爱德华·诺顿·洛伦茨：蝴蝶效应创始人［J］．创新科技，2011（8）：38－39。
② 王九玲．基于旅游者危机感知的旅游目的地危机管理研究：以新疆旅游区为例［D］．新疆：新疆师范大学，2012。
③ 李庚．浅析我国旅游业的文化营销［J］．沿海企业与科技，2010（3）。
④ 高文香．文化营销对旅游地品牌的塑造［J］．重庆与世界，2013（3）：8－11。

义，然而他们都没有触及文化营销的核心——价值观与生活方式的改变。如果说改变旅游目的地感知风险的文化营销策略倾向于通过各种与消费者的沟通互动手段消除消费者脑海中已形成的负面印象，旅游目的地品牌形象重塑的文化营销策略则要求营销人员综合考虑旅游目的地优劣势以及消费者需求，全面地提出品牌塑造策略。后者要求营销人员通过文化营销手段，实现旅游目的地核心价值与消费者灵魂深处的渴望的良好接轨，与旅游消费者一起耕耘他们心中那片一直都在却从未开垦的净土。文化营销的最终目的是改变消费者的价值观与生活方式，旅游目的地品牌在消费者灵魂世界中成为一个不可替代的存在、一处独一无二的精神风景。随着市场进入成熟阶段，品牌也会出现老化，这时候的营销竞争主要是围绕创新行业规则，新产品的创新、品牌的复活都依靠文化哲学理念的指导。因此，成熟期的市场是文化营销的竞争，不同的文化理念营销决定了不同系列的品牌生存空间，更决定了不同的新产品开发方向和产业供应链运作模式。

当前旅游市场已趋向成熟，随着消费者对于各类旅游目的地品牌形象的差异化认识日趋模糊，单纯的欣赏风景和民俗文化的体验无法满足消费者内心深处的价值需求。因此，要重新挖掘旅游目的地的生命力，必须以文化营销思路，通过改变消费者价值观与生活方式，赋予目的地风景和人文内涵更多的深度和意义。旅游目的地品牌形象的文化营销不是唯美的品牌营销，不是僵硬的旅游套餐销售，更不是自说自话的旅游产品介绍。

旅游产品介绍——营销者的自我陶醉往往会让消费者厌恶和抵触；旅游套餐销售——即便通过理性分析向消费者证明了目的地旅游套餐与其需求的匹配，消费者也可能因为价格因素拒绝；品牌营销——虽然用感性渲染出一种消费者难以言表的唯美感觉，但很难让营销人员在一个成熟而竞争激烈的市场中真正获得消费者的忠诚度。旅游目的地品牌形象的文化营销必须是一种旋涡式的心灵共振，让消费者看清楚内心深处困扰自己已久的难题，在跟随自己内心声音的过程中不知不觉地向营销品牌靠近。文化营销在于帮助消费者踏上一条心灵的探索之旅，因此消费者自始至终没有意识到商业概念的存在。

对于目的地品牌形象的塑造，文化营销要实现润物无声地改变消费者价值观，必须营造一个足够强大的品牌感知旋涡。消费者一旦踏入文化营销设计的感知旋涡，将不知不觉从一个简单的价值点开始，逐步被引导出一条价值链条，慢慢在整个品牌氛围中接受迭代式的循环洗脑，依次品悟陷入的各个层面的品牌旋涡，最终越来越接近营销人员构建的核心主题。如果说在消费者脑海中进行文化营销的品牌塑造，是一个"点—线—阵—势—神"逐步演绎的过程，那么从营销人员的角度，则必须反其道而行之，从旅游目的地与消费者的心灵接驳点开始，确定旅游目的地品牌的文化神韵，再进行从"神—势—阵—线—点"的逐层布景和设计。品牌形象的文化营销塑造，是一个从具体局部上升到整体以至于抽象，又从抽象演绎为具体的立体和面、线、点的过程。

在这样的一个品牌旋涡中，每一个价值"点"之间彼此有千丝万缕的联系，每一个价值"链"之间有交相辉映的互补关系，价值"链"构成的"阵"与"阵"之间，看似各自独立、自成体系，却也同样有着阴消阳长、相生相克的关联。品牌内部的"阵"最终成为一种整体的"势"，一种消费者说不清道不明的"场"，这种品牌文化的"氛围"，将消费者逐步引导到品牌的主题与品牌的"神韵"上。这种与消费者内心深处声音接驳的品牌"神韵"，最终会让消费者主动选择拥抱一种新的价值观与生活方式。

文化营销是一种心的交流，旅游目的地品牌形象的文化营销传播策略要注意考虑与消费者的直接沟通和互动，尽可以多地以各种渠道打动消费者内心。要让消费者步入营销人员构建的品牌形象旋涡，营销者同时可以从文化网站、文化广告、文化论坛和文化项目四个方面进行传播，营造一种对消费者而言铺天盖地却又无声无息的品牌气场和品牌氛围。

其中，文化网站是一个内容平台，文化广告是一次抓眼球的震撼与吸引，文化论坛重点在于与消费者互动沟通，文化项目进一步从行动上加强消费者的参与度。从网站到广告，再到论坛和项目，层层递进，逐层深入，是让消费者对旅游目的地品牌形象认识逐步加深的传播过程。

（1）文化旅游网站。现代人不是被资讯包围，而是被媒体制造的"势"和"阵"包围。文化旅游网站内容可以纯粹从文化宣传、目的地品牌角度出发，尽可能减少其商业气息，全力打造其文化品牌形象。网站需要同步使用音乐、图片、视频与文字，为消费者打造一个尽可能立体的品牌形象氛围。每篇网站软文应做到图文并茂、善用对比、跌宕起伏，尽量直达消费者心灵，相关的衍生阅读亦要考虑各个板块之间具有高度交叉性和关联性。

（2）文化旅游广告。文化广告的极致是"润物细无声"的境界，其设计不在于精美，不在于华丽，甚至不在于有创意，而在于是否深刻地理解消费者，传达消费者的心声，并与之产生强烈的心灵共鸣。怎么策划话题？怎么引导价值观？怎么采用情感营销制造冲击力？这些都是一个文化广告需要完成的课题。这需要文化营销广告策划人员不断提高自身的厚度，加强对传统文化的学习，同时深入理解消费者目前最关心的问题。文化广告最忌讳有广告痕迹，最高水平的文化广告是余音绕梁的，让消费者在广告的每一个画面中有感触、有感动，甚至有启发和思考。

旅游目的地品牌塑造的文化广告，应基于文化传播和生命探讨的思路设计，尽可能回避"旅游"商业概念。消费者接触文化广告，应像在接触一部有深度的剧情片一样，围绕一个足够有深度的问题进行挖掘，而旅游目的地的图片、音乐、民俗歌舞、节庆趣事，只是"恰巧"被选中的素材。广告具有传播广泛性，它在整个传播策划中的作用在于让大家有一个深度思考的方向，随后每个人可以从自己的角度不断完善。事实上，文化广告一对多的传播与文化论坛多对多的互动过程是层层递进的互补传播过程。

（3）文化旅游论坛。文化论坛指的是一个沟通的平台，可以在多种渠道上实现，如传统的论坛、QQ群、QQ空间，或新媒体时代下人们更热衷的微博、微信朋友圈等。文化营销沟通的关键在于话题策划、讨论深度、激活民众参与以及恰到好处地使用推荐权。营销人员在沟通过程中要学会换位思考并贯彻读者思维，注意在表达自己的思想之前，先搞清楚对方的思维模式并进行循序渐进的引导。只有营销人员真正放下商业心态，以传播民族传统文化、做社会深度访谈的心态与每位网友真诚沟通，才有可能在网络世界慢慢拉近心与心的距离。无论是论坛、QQ 群、QQ 空间、微信朋友圈还是微博，讨论本身具有多样性，网友东一句西一句没有体系，而将多样性的观点有效结合起来，百川归海，需要营销人员具有很强的概括能力和组织能力。不同的网友都有自己的语言风格和思维方式，文化营销人员应该善于将别人的话糅进自己讨论的主线中，顺水推舟，"润物无声"。另外，无论讨论什么话题，最终应绕回核心主题，做到"形散神不散"的境界。这要求营销人员对于品牌形象的神韵有极其深刻的理解，并有足够丰富的视角对品牌形象核心进行全方位演绎，营销人员每次参与讨论前都应该对旅游目的地文化旅游网站的广告、文章、板块非常熟悉，时刻准备着在适当的时机推荐文化旅游网站中的内容。

（4）文化旅游项目。要增加消费者对于旅游目的地品牌的感知深度，需要提高他们的参与度，而一两个具有特色和影响力的文化活动则是很好的选择，如开展旅游目的地风光摄影大赛、民俗微电影大赛、散文大赛等，鼓励全国群众参赛。需要注意的是，各类项目的核心主题需与旅游目的地品牌定位相匹配，在内容的深度上应有所要求，尽可能成为精品项目，每年循环开展。此外，避免流俗，避免商业化，避免成为快餐文化项目，以免影响旅游目的地品牌形象。

综上所述，重塑旅游目的地品牌是一个系统工程，需要梳理出目前旅游目的地的总体品牌形象特点以及成因，并结合旅游消费者的心理情感诉求，紧扣旅游目的地的核心竞争力，为其提出品牌形象重塑的文化营销策略。在整个文化营销策略中，我们结合中国传统文化的太极阴阳思维，采用整体、关联、动态的系统思维模式，尽可能使品牌塑造的每一个着力点互补和配合，从点、线、阵、势、神的角度逐步推进，让每一个局部的文化营销策略都能为整体品牌形象的塑造造势。而品牌的神韵与主题又为各个层面的品牌塑造策略所演绎和表达，实现品牌营销与文化营销的水乳交融、浑然一体。

第四节 以新疆为例：
旅游目的地品牌形象重塑的文化营销策略[①]

以新疆旅游目的地为例，目前新疆并无一个统一的品牌形象，各个旅游景点的宣传杂乱不堪、不成体系，甚至出现互相重复、彼此竞争的现象。要实现新疆旅游品牌的塑造，需要对新疆目前的旅游资源做一个深度的挖掘与分类。从新疆的核心差异以及与消费者需求接驳的角度考虑，新疆的品牌形象可以定位为"心灵栖息地"。结合新疆的核心竞争力——自然景观与人文景观，可将品牌主题往下演绎成一虚一实的两种"势"，实势包含各种看得见、摸得着的自然景观、瓜果特产，虚势包含新疆自古流传的神话传说、中原儒释道文化在新疆地区交流传播的历史记载等。因此，品牌形象中实的部分可以从三个板块进行演绎，分别是以"景"为核心的"天边仙境，塞外风光"板块（主推新疆风景）、以"物"为核心的"天山药王，瓜果之乡"板块（主推新疆特产）和虚实过渡阶段以"心"为核心的"心之净土，神安之都"板块（主推修身养性）。同时，品牌形象中虚的部分也可以从三个板块进行演绎，分别是以"文"为核心的"上古昆仑，神话呓语"板块（主推上古文化）、以"史"为核心的"丝绸之路，重温旧梦"板块（主推人文历史）和虚实过渡阶段以"俗"为核心的"西域节庆，民俗歌舞"板块（主推节庆歌舞）。

新疆旅游品牌形象塑造的文化营销布局如图8-3和表8-2所示。

---

① 本节内容是作者与学生张映桃合作研究成果。

图 8 - 3　新疆旅游品牌形象塑造的文化营销布局

品牌的虚势与实势各由三个品牌形象的小阵所构成，虚实之间看似对立其实互补，彼此相互抗衡却又有其内部的转化关系。从实到虚的修心板块"心"，是置身于美丽天地下从"身静"到"心静"的过渡。从虚到实的民俗板块"俗"，是从厚重的文化历史过渡到具体的民俗节庆、音乐歌舞。

表 8 - 2　新疆旅游品牌形象塑造的文化营销布局

势	阵	线	点
实	"景"天边仙境，塞外风光	天—地—山—水—花	各个旅游景点风景图片
	"物"天山药王，瓜果之乡	药—蔬—果—肉—奶	各种特产，如药、蔬、果
	"心"心之净土，神安之都	止—静—安—定—清	各种修身养性的文章
虚	"俗"西域节庆，民俗歌舞	歌—舞—乐—庆—文	各类民俗音乐、节庆
	"史"丝绸之路，重温旧梦	历史—文物—遗址	各种历史故事、考古文物
	"文"上古昆仑，神话呓语	上古—中古—下古	各种神话、中原儒释道文化在新疆的传播交流

一个有深度的文化营销、品牌，必须给消费者传递足够丰富和立体的内涵，而通过文化营销，品牌沟通使不同主体之间达成心灵默契，则必须循序渐

进地唤醒消费者内心深处的感动。

上文对于新疆文化营销的品牌形象塑造，表面上看只是用六个小板块分别向消费者展示新疆的各种特色旅游优势，其实不然。每个板块，即所谓"阵"之间，有着一条潜在的心灵线索。不同悟性不同参与程度的消费者在这样一次文化旅游中感受到的震撼也是不同层次的。当消费者只是通过各种网络渠道了解新疆美丽的风景与人文历史时，他们只停留在"景"与"史"两座阵之间。他们会被新疆各种天边仙境的自然景观所震撼，在丝绸之路的历史中品味中华文明五千年的厚重历史。这时消费者所受的心灵触动主要通过远程接触，感受到新疆的"美丽"与"神秘"，对于华夏文明渊源有了更深刻的理解。然而此时，新疆对于消费者而言仍然与其他美丽而古老的少数民族景区无异，消费者处于观望状态，未必会做出旅游决策和具体行动。当消费者踏上新疆的土地，他们将更进一步迈入"景""史""物""俗"四座阵中。消费者在新疆匆匆玩了十来天，被壮美的山水震撼，被新疆深厚的历史震撼，购买了当地许多特产，尝了各类瓜果，体验了当地的民族歌舞与风俗。于是他们会面临第二重震撼，对这片独特区域孕育的生灵产生一种眷恋与喜爱，切实地感受到仙境般生活的纯粹美好，消费者此刻身临其境，亲身体验大大加深了他们内心对于新疆旅游品牌的印记。然而这个印记尚不触及灵魂深处，此时新疆在消费者心目中形成了良好的品牌形象，却不是文化品牌形象。消费者也许满意于这次旅程，却未必成为长期忠诚顾客。

如果消费者受文化营销的影响，在这片净土上静静地待上一个月，有悟性的个别消费者才有可能完全步入虚中有实、实中有虚的六座阵中——在"景""史""物""俗"的旋涡中迈向心灵深处的"心"与"文"两座核心阵。"心""文"两座阵的营造是需要消费者、营销人员、旅游目的地三者共同营造的。消费者只有在接受前面四座大阵的洗礼后，有所感悟，愿意在新疆这片"心灵栖息地"中静下来思考，叩问内心，才有可能体验到"心"与"文"的内涵。新疆是一片净土，置身于广阔天地下，每一个人都会恍然大悟——原来自己如此渺小，原来自己的苦恼如此无聊。"心"之阵的最终目的在于抚平消费者内心的浮躁，让消费者真正学会知止，学会身静，感受到身静而后的神安与心宁。"文"之阵以"上古—中古—下古"这样一条亘古悠长的文化脉络，让消费者在历史的长河、中华文明的绝对厚度面前学会承认自己的无知，承认自己在都市繁华生活中的狂妄，承认人生的短暂，那些似乎解答了人类溯源求根之问的神话故事与文化经典，会让部分消费者对自己的人生有更透彻的思考。到了这一步，消费者的人生观、世界观、价值观就极有可能因一次旅程而改变。而改变了消费者人生轨迹的这样一处土地，在消费者心目中已经不再是一处旅游目的地，而是消费者心目中灵魂的净土和最深的归宿。从营销者的角度看，只有在这一刻，在消费者"心"中，而不是"脑海"中，更不是在他们"眼前"，文化营销的品牌才真正被塑造出来。此刻的旅游消费者，已经是新疆旅游目的地品牌灵魂层面的忠实顾客。

再进一步，"景""物""心""俗""史""文"六阵之中，又分别由各自的价值链所演绎和塑造——"景"之阵，由天地、山水、花草、虫鱼、鸟兽等价值点所连接而成的价值脉络展开，最终落实到新疆各个地区不同景点的风景介绍；"物"之阵，由新疆天山各类珍贵药材、蔬果、肉制品、奶制品等价值点所连接而成的链条展开，最终落实到新疆各个地区的特产介绍；"心"之阵，劝导人们反省自身，放下虚荣的负累，知止而后有静，身静而心安，最终身心清明，以修身养性的修行阶段为线索，具体落实为各种让人平心静气的文章导读；"俗"之阵，将歌舞、民族乐器演奏、庆典等人文特色连为一线，具体落实为各种民俗节庆介绍；"史"之阵，将历史、文物、考古遗址串成一条价值链，为消费者梳理出一条新疆历史脉络；"文"之阵，将以昆仑为首的古文明按照上古时代、中古时代、下古时代的时间顺序进行梳理，并从易学、道学、佛学的源头阐释文明起源和生命文化演化，具体落实为一则则神话故事和一篇篇文化经典，给人们带来心灵感悟。

案例分析　B 站出圈，文旅如何应对?

无论《后浪》的评价如何，这肯定是一场成功的营销。未来的文旅竞争必定是深度的内容型竞争，而 B 站是一个非常好的让人关注自己主张和内容的平台，文旅应当重视起来。

【资料来源：B 站出圈，文旅如何应对［EB/OL］.（2020 - 05 - 06）. https：//www. lvfacn. com/article/31457. html】

思考题

（1）抖音的短视频营销与 B 站的内容营销有何区别？站在消费者角度分析这两个文化传播平台对消费者心理影响的差异。

（2）运用营销层次理论分析 B 站的节庆营销视频《Bilibili 献给新一代的演讲〈后浪〉》。

（3）从文化营销策划角度分析网红景区与文化 IP 景区营销的区别和联系。

（4）做一个以"泰山的神话体系"为主题的泰山文化 IP 景区的文旅策划。

第九章 文化艺术品营销与动漫文化IP塑造

开篇案例 　这款考古盲盒火了！看记者秒变考古学家挖出了啥

国内最近玩盲盒营销的博物馆有很多，"考古盲盒"的大火彰显了传统文化的魅力，通过当下喜闻乐见的"盲盒"形式，把看起来呆板的"考古发掘"从被动学习变为有趣的主动探索，让文物"活起来"，让博物馆走进千家万户，吸引着更多人通过另一个角度来了解博大精深的中华文化。

【资料来源：这款考古盲盒火了！看记者秒变考古学家挖出了啥［EB/OL］.（2021 – 01 – 09）. https：//new. qq. com/rain/a/20210109A09CXI00】

第一节　文化艺术品营销

　　一个行业的发展往往经历贸易商业、加工制造、品牌经营、资本运营四个阶段，每个阶段都有其利润密集区。每一个阶段市场需求重点不同，利润密集区也不同，商品服务完成了从无到有、从个别到产业链、从前端到后端的升级。文化艺术品行业发展第一阶段是贸易商业，利润密集区发生在拍卖和艺术品买卖等商家那里；接下来利润密集区慢慢转向文化产品服务加工制作商，如何将传统文化产品按照现代人心理需求批量加工生产，成为竞争重点；之后是文化艺术品行业强势品牌的竞争，不同细分行业都慢慢形成自己的强势品牌，具备成熟的品牌运营链；最后是不同品牌之间的兼并收购，进入金融利润为王阶段。

　　2015 年以前，中国的文化艺术品产业主要处于第一阶段——商贸为王时代，收藏拍卖市场的红火、价格被过分炒高、大量赝品的出现都反映了井喷式增长的市场需求，整个市场充满盲目躁动。这个阶段过去后就是第二阶段——规范化、成熟化艺术品商贸，这时候比拼的是真货真价，有完整的艺术品评估鉴定、合理的收藏价格和日益成熟的艺术品鉴赏。消费者对艺术品收藏鉴赏的需求、培训日益提升，这个时候培训课程应该是客户渴望需求的内容。从高端客户到普通白领阶层，对艺术品的消费鉴赏都有客观需求，鉴宝类别的电视节目红火反映了这个特征。当然从最功利的鉴别真假到系统学习基本知识再到深层次体验消费，有一个阶梯形消费需求。谁把握了这个消费枢纽，适时地推出系列培训课程和影视节目，可以达到四两拨千斤的效果，这也是接下来商贸拍卖行业快速树立强势品牌的一个关键点。因为大量赝品炒作使得消费者对艺术品经营店没有信心，谁在这方面走出一步，谁越

容易树立良好信誉。

艺术品真正值钱在于个性化原创，值钱的艺术品包含了艺术家对生命艺术的真实理解而非随意可以复制。当艺术品被大规模机械化生产时，艺术品的价值就迅速由艺术精神价值蜕变为商品交易价值，换言之，其内在包含的精神心灵价值迅速衰减，变为可以任意复制的机械工艺品，于是就成了平民化鉴赏的工艺品。因为艺术家作品少，真正能有心境品味鉴赏其内在精神价值、心灵价值的人也少，兼备鉴赏能力和购买收藏能力的人更少，所以真正艺术品营销属于窄口径的高端市场营销。而艺术家的作品、传统文化精髓的作品包含的精神价值和心灵价值又是这个时代人人需要的，尽管很多人未必能真正读懂、理解这个价值，更多人只是表现为附庸风雅、盲目崇拜。当艺术品投资收藏变为高端人群的奢侈消费时，其对普通大众往往也有很强的辐射作用，其中有大量"有钱却没文化"的暴发户有强烈欲望介入这个行业去消费。这就是艺术品营销的第二层次——限量版衍生艺术品的营销机会。通过人为控制艺术品的复制数量、通过不同艺术真品的组合形成"创新"真迹，满足大量有钱人对艺术品的虚荣消费需求。目前一些公司的跨界融合衍生艺术品，走的就是这条路子。

艺术衍生品，是艺术品应用于生活中，具有艺术附加值，由艺术家授权开发的延伸产品，包括海报、明信片、文具、服装及益智益趣的儿童产品等。艺术衍生品是从原创艺术品中派生出来的，源于艺术原作却又区别于原作。作为具有艺术家个人艺术符号的一种实用性产品，艺术衍生品既具有一定的实用价值，又具有较高的审美价值和投资价值，是对原创艺术品价值的进一步挖掘，能促进人们对艺术的认知和理解。艺术衍生品是连接艺术与大众的新媒介；艺术衍生品是艺术的再创作、再发展，是可以带回家的艺术；艺术衍生品作为一个具有"实用性"的商品，不但实用而且兼具审美性，甚至还有纪念和收藏价值。艺术家的作品原作自然具有无穷的魅力，但是原作在"原创性""唯一性"的光环之下以高昂的价格为依托。艺术衍生品使得附加有艺术符号的衍生品可以批量生产和销售，弥补了大众无法消费并享受艺术的缺憾。艺术衍生品将艺术的缩影与我们的生活紧密联系在一起，这也是艺术品作为一种文化符号被极大普及的必然结果。

衍生艺术品营销的关键在两点——其一是艺术专家认可其艺术价值，这保证了目标人群在消费该产品时，他们的心理感知会将其定义为艺术品而不是工艺品或者是艺术衍生品。其二是卖家进行人为的限量版，并且运用基金在文化产权交易市场炒作拉高价格以保证其长期投资价值，让目标受众感受到这不是工艺品而是珍稀"艺术品"。这种人造珍稀源自两点，一是不可再生资源的稀缺性和跨界融合的独特性；二是限量版和资金炒作。

其中内容原创、思想原创是跨界融合艺术品的灵魂，也是营销成功的关键。跨界融合艺术品营销与纯粹的文化艺术圈的艺术品展示营销的最大区别在于，跨界融合艺术品首先是市场导向、目标消费群体导向的艺术品，通过分析把握目标群体对艺术品投资增值、鉴赏收藏的需求特质，而策划出一系列有主题、有故事、有内涵、有心灵冲击力的文化艺术内容和精神思想，例如关于历史题材、关于成语典故、关于宗教故事、关于中医养生、关于民俗节庆的一系列跨界融合艺术的内容原创，然后才是围绕这个内容原创去寻找合适的表现载体（玉雕、木雕、陶瓷、刺绣、紫砂壶等）和艺术家的创作特色进行融合，这样才是内容和艺术形式的完美结果，突破单一艺术品的表现局限和内容局限，更重要的是把原本属于艺术家占有的艺术资源转化为公司品牌的艺术资源，其中增值的关键在于符合市场消费者消费需求的内容与思想原创。这是文化艺术品市场发展的第三阶段——品牌经营阶段。

由衍生艺术品营销转化为艺术衍生品营销就降低一个层面，其中关键是艺术品的品牌知名度垒砌达到足够高的高度，从高端俯冲下去，才能形成大量的、有市场需求的艺术衍生品，艺术衍生品的营销关键是依赖高知名度的艺术品的大范围特许复制，形成一种普通百姓喜闻乐见的工艺品，这是对民众时尚艺术消费心理的把握和高知名度艺术品的占有。文化内涵从虚的内容输出为大量实物载体的艺术工艺品。近年来，国内各大博物馆兴起的博物馆文创 IP 营销，充分演绎了博物馆文化艺术品如何转换为民众艺术消费品的文化营销原理。

一些博物馆尽管有大量文创 IP，但面临着设计资源匮乏、供应链薄弱等难题。为了解决这些难题，天猫作为拥有百万商家资源的平台，调动合适的商家与博物馆进行从设计、生产到营销等跨界合作，重建博物馆的供应链，让充满想象力的 IP 在现实中落地。如下是三个成功典型案例：

苏州博物馆拿出江南四大才子这一 IP，与天猫上的 8 款茶品牌推出春茶合作款。这一系列的茶在天猫上线首发后大受年轻用户欢迎，"有趣"一词频频出现在天猫和各大种草社区平台的评价中。苏州博物馆天猫旗舰店开店至今，四大才子泡澡系列茶包就一直是最受欢迎的一款产品，茶包入水后呈现的唐伯虎、文征明泡澡图令人忍俊不禁。苏州博物馆也通过这次跨界，拉近了与年轻人之间的距离，实现了文创品牌复活。

【资料来源：阿里发布新国货计划　博物馆文创大玩跨界实现逆生长 [EB/OL]．（2019 – 05 – 09）．https：//baijiahao．baidu．com/s？id = 16330236 41951088993&wfr = spider&for = pc】

继故宫彩妆、故宫火锅、故宫咖啡等众多文创跨界之后，故宫旗下"朕的心意·故宫食品"与天猫国潮联合推出新品：故宫初雪调味罐，把故宫红墙、太和殿前的仙鹤以及"烫卷发"的紫禁瑞狮，连同紫禁城的雪景一同收纳于这方寸之中，轻松挥洒出这近 600 年的飞雪之美。

【资料来源：天猫×故宫食品推出调味罐，把紫禁城的初雪带回家 [EB/OL]．（2019 – 01 – 01）．https：//www．digitaling．com/projects/91237．html】

奇人匠心是一家专注于传统文化领域的多频道网络（MCN）机构，截至 2019 年 8 月，这家成立刚满 1 年时间的企业，全平台粉丝突破 500 万，共合作 50 余位大师。它涵盖油纸伞、陶瓷、刺绣、风筝、鼻烟壶内画、扇艺、灯彩、皮艺等非遗技艺，其在传播领域的全平台、多维度、线上线下相结合等的实践值得借鉴。在合作品牌方面，奇人匠心拥有全平台矩阵，其中主营抖音、快手、美拍、微视、微博等。除了线上推广外，各个非遗手工艺大师也与品牌进行广告合作，融入中国传统文化元素，让传播更有意义。这些活动褪去了非遗"高冷"的外表，让工匠们的技艺走入现代化的日常生活，也让大众感受到传统文化的魅力。

【资料来源：奇人匠心一周岁！成为国内最大传统文化 MCN！［EB/OL］. (2019 – 08 – 22). https：//www. sohu. com/a/335616710_100271253】

第二节　如何塑造一个能打动消费者的动漫 IP①

文化是精神财富，需转化为有形的产品，形成产业生态，产生实际经济效益，并反哺文化的传承、弘扬与发展，这个转化过程有一个关键环节——把文化资源转化为文化 IP。中华文明延续几千年，最不缺的就是文化，古代的、现代的，未来的还在不断创新和形成；发达地区的、少数民族地区的；大众的、地域性的、专业领域的；等等。文化本身就是源于生活并且服务于生活，人们常常喜欢对文化追根溯源，文化源远流长的生命力在生活中再现，这个再现就要转化为产品或产业，应该是人文内涵与精神的二次活化。进行文化产品创意和开发的时候，需要让文化走出书本、走出历史、走出传说，回到当代消

---

① 本节内容曾在《国际品牌观察》2020 年 11 月刊上发表。

费者心里。通过文化内容的景观化和具象化，从交互化、情境化和沉浸化感受角度提升消费者对文化的体感，实现文化的产品化、产业化和品牌化系列开发运营，把处于野生、沉睡和散漫状态的、天然矿产式的文化资源，转化成具有较强传播力、可以进入主流文化消费平台的文化 IP 和产品，培育出有品牌、有实力、可持续的文化企业，走向更广阔的市场。

近几年，"国产动漫"的搜索指数明显上升，在各大社交平台一度成为热门话题。《西游记之大圣归来》《哪吒之魔童降世》《白蛇：缘起》等一批优质国产动漫一经推出，便受到消费者的追捧。前瞻产业研究院发布的数据显示，2019 年中国动漫产业高达 1 941 亿元产值规模，同比增长 13.38%。这个数据是 2013 年的 1.2 倍，其间中国动漫产业每年的产值规模均呈现递增趋势。不断扩大的动漫产业规模一方面反映了中国动漫产业内容生产实力的壮大，另一方面也折射出消费者对于动漫 IP 的痴迷。但为什么有的动漫 IP 无人问津，甚至不断受到谩骂；有的动漫 IP 却能一路高开，吸引消费者不断地为其投钱。这不禁让人好奇：小小的动漫竟能有如此大的本事，能够摄了观众的魂，其背后的奥秘和规律到底是什么？

消费者崇拜动漫 IP，甚至不惜一切代价收集、消费与该动漫 IP 相关的所有产品，不只是因为动漫有趣，更重要的是动漫 IP 是承载他们精神意义的象征符号。从本质上讲，消费者进行的不仅仅是产品消费，更是一种符号消费、象征消费。正如鲍德里亚在《消费社会》所说的："消费并不是一种物质性的实践，也不是'丰产'的现象学，它的定义，不在于我们所消化的食物、不在于我们身上穿的衣服……而是在于，把所有以上这些'元素'组织为有表达意义的东西……要成为消费对象，物品必须成为符号，也就是外在于一个它只作意义指涉的关系。"简单来说，就是物品只是作为一个符号，消费的关键在于物品符号所承载的象征意义。如中国国旗——五星红旗就是作为一种象征符号，象征着中国人的爱国情怀，体现了中国人灵魂深处对归属感与安全感的渴求。

同样，从当前的热门动漫身上，我们也能看到动漫 IP 作为象征符号的影子。《西游记之大圣归来》中动漫 IP"孙悟空"便是很好的例子。该动漫讲述的是被压在五指山下的齐天大圣孙悟空经小和尚江流儿解救后，为了报答恩情，一路降妖除魔，护送江流儿及小女孩的故事。片中通过完整的故事线，展示昔日威风凛凛的齐天大圣孙悟空虽在江流儿的解救下逃出五指山，但因法力尽失，无力抵挡妖怪，只能选择用"管不了"来自我逃避和退缩，到最后重新唤起初心，实现涅槃重生的历程。正如导演田晓鹏所说："孙悟空"形象是按照一个中年危机的男性来刻画的。处于中年危机的男性在现实挫折下也会怯懦逃避，否定自己，但最终还是会像"孙悟空"一样选择直面困难，实现自我价值。剧中所刻画的"孙悟空"形象正是大部分成年消费者灵魂深处的"自我"写照。故当消费者消费与"孙悟空"这个动漫 IP相关的产品时，实际上是通过动漫 IP 符号获取精神力量，并向社会系统中的其他人展示"真正的自我"。从本质上看，动漫 IP 甚至是所有品牌 IP 的消费都可以归结为消费者为了在社会系统中实现自我身份建构所进行的符号消费。

在国产动漫市场上，也有不少制作方以功利为导向，所制出的动漫作品粗制滥造，抄袭成风，忽视了对消费者深层心理的挖掘和剖析，导致消费者对最终上市的作品不感兴趣。有的甚至还招致了消费者的谩骂和恶评，还有的国产动漫因为作者所塑造的角色和传递的价值观与大众不契合，而受到消费者的诟病。

可见 IP 只有成为消费者心中意义感的象征符号，才能获得消费者的推崇。那么到底什么样的动漫 IP 才能成为消费者心中意义感的象征符号？要成为具备象征意义的符号，品牌方需要解决两个重要问题：①动漫 IP 符号中所蕴含的象征意义具体是什么？从何而来？②怎样才能把某种特定的象征意义赋予某个动漫 IP？动漫 IP 符号中所承载的象征意义来自对消费者深层心理的挖掘和分析——对消费者的"无意识自我"的解读。心理学家荣格曾说过：人不仅具有"意识自我"，还存在"无意识自我"。一般来说，"无意识自我"难以被意识所感知，只有通过"梦"等象征物，才能捕捉到"无意识自我"的蛛丝马迹。但这并不意味着"无意识自我"没有作用，相反地，"无意识自我"是人内心深处一股强大的力量，任何人都无法阻止它通过象征进行自我表达。因此，要为动漫 IP 符号赋予象征意义，首先要挖掘出目标受众的"无意识自我"，通过分析、了解目标受众内心深处"无意识自我"的价值追求、生命意义，然后以此为根据进行相应的动漫 IP 形象设计、脚本策划等内容生产，并通过完整故事线，让动漫 IP 得以在角色演绎中向观众传递一种价值追求和生命意义。当观众接收到动漫 IP 所传递出的价值观以及生命意义时，将会从内心深处产生一种价值认同和情感共鸣。这种消费者的价值认同又会反过来赋予动漫 IP 强大的号召力。其通过 IP 强大的号召力，呼吁广大消费者突破"意识自我"和种种现实环境的限制，勇敢地听从内心深处的声音，做回真正的自我。正如前面所分析到的，《西游记之大圣归来》中"孙悟空"的人物形象及其所传递的价值追求和生命意义正是消费者心中"无意识自我"的投射。

不仅是动漫 IP，延伸至其他品牌 IP 也是遵循同样的规律。如目前当红的"李子柒"超级 IP 之所以能大获成功，是因为其制作团队能够从人性的内核出发，捕捉到在竞争残酷的今天，人们内心深处对于返璞归真的自然生活的向往与追求，并在此基础上策划推出了一系列记录"李子柒田园生活"的短视频内容。其通过视频内容展示了一种追求恬静、平淡的田园生活方式，将人们暂时从快节奏的生活旋涡中解救出来。在这里，"李子柒"超级 IP 所象征的是"一种简朴自然的田园生活方式"。因为这种"田园式生活"是许多人内心深处渴望但又无法企及的理想，所以观众在消费与"李子柒"IP 相关的产品时，通过角色代入，感觉仿佛是自己已经远离现实社会残酷竞争，正在过着陶渊明式的隐居生活，以此来抚慰自己的心灵。

反之，如果 IP 的制作方缺乏对消费者心灵深处的解读，没有以一定的价值内涵作为支撑，则其创造出的 IP 必将缺乏号召力和影响力。IP 与消费者之间的关系也只能停留在短期的交易层面。这可以解释为什么当前的流量明星、网红过了一段时间就会消失在观众面前，被观众遗忘。因为其个人品牌 IP 缺乏价值内涵，无法持久地打动消费者的内心。

当品牌 IP 上升成为消费者心中意义感的象征符号时，消费者对于其所持有的态度将与普通 IP 存在天壤之别。一般来说，消费者对品牌 IP 的态度存在从低到高的三个层次差异：信任—信赖—信奉。当一部动漫具备选材新颖有趣、故事情节突出、人物个性鲜明、画面制作精美等特征，能让观众在消费后感觉到物有所值时，消费者会对动漫 IP 产生信任感。而当动漫 IP 成为社交圈层链接的工具，逐渐与消费者建立情感上的联系时，消费者对 IP 的态度将升级到信赖层次，这时消费者就会开始在心理情感上对动漫 IP 有一定依赖，并愿意花费时间、金钱等资源来购买和消费 IP 衍生产品。当动漫 IP 所承载的象征意义与消费者心灵深处的价值观高度契合时，消费者对动漫 IP 的态度就会到达最高层级，即信奉 IP。这时，消费者将会完全按照动漫 IP 的价值观标准做出决策，并消费与动漫 IP 相关的一切产品或服务。

与动漫 IP 一样，要想让消费者信奉品牌 IP，同样要遵循以上规律。要从消费者人性的深处出发，通过挖掘消费者内心深处"无意识自我"的价值追求，并通过一系列 IP 宣传和塑造，向消费者传递 IP 符号所蕴含的价值内涵，使得消费者与品牌 IP 产生心灵上的感应，从而最终信奉品牌 IP。

案例分析 文化营销让中国礼物走向世界

2019 年被称为新文创元年，伴随着博物馆热和文化跨界的营销热潮，各大电商平台和文化机构都加入其中，仅在天猫上就有 16 亿人次在关注博物馆、艺术家相关的主题和货品。2020 年文化营销成为各品牌走近年轻消费者的趋势营销方式。12 月 18 日，人民日报人民文旅携手天猫、联动、银鹭等 8 大品牌，推出全新动作——中国礼物计划。该项目致力于推广中国传统节日和二十四节气相关文化，携手全球品牌和中国文化 IP 跨界合作，打造一系列文化主题推广活动和有创意的中国礼物。

【资料来源：文化营销让中国礼物走向世界［EB/OL］. (2019 - 12 - 19) . http：//share. gmw. cn/whcy/2019 - 12/19/content_ 33414662. htm】

思考题

（1）文创产业节日营销对于文化 IP 塑造有何作用？

（2）如何将中国传统节日和二十四节气相关文化资源转化为文化 IP?

下 编

营销中国文化

第十章 如何营销中国文化

开篇案例　　传承东方美学，花西子将非遗文化引入时尚彩妆

中国传统文化如何与现代的时尚巧妙结合，是国货彩妆品牌面临的一个难题。而这个难题的答案，在花西子的品牌中得以诠释。以花西子推出的"雕花口红"为例，与其他仅在外部包装下功夫的口红产品不同，这款口红将微雕工艺搬到了口红膏体上。至2020年10月末，这款口红月销量超过10万件，并且保持天猫4.9分高分好评。在解读传统文化时，花西子也着重挖掘传统元素中的"东方美"，并以独到的见解将"东方美"融入产品的设计过程中。以花西子的爆款产品之一空气蜜粉为例，它沿用唐朝太平公主专研养颜方——桃花红肤膏，在继承传统养颜配方的同时，用先进的生产技术让古老的配方焕发新生。

【资料来源：传承东方美学，花西子将非遗文化引入时尚彩妆 [EB/OL].
(2020 - 10 - 22). https：//www. sohu. com/a/426565551_136866；花西子×盖娅

传说：东方大美亮相 2021 春夏中国国际时装周［EB/OL］．（2020 – 10 – 28）．http：//business. china. com. cn/2020 – 10/28/content_ 41340435. html】

思考题

中国传统文化内容如何融入公司品牌营销之中？

第一节　营销中国文化的内涵与层次

营销中国文化，有广义与狭义两种不同的理解。狭义的理解，营销中国文化是指营销中国文化产业的产品和品牌；广义的理解，营销中国文化不仅要营销中国文化产业、文化产品和文化品牌，而且要营销中国的中医、武术、书法、饮食、园林建筑等中华传统文化领域产业、品牌和系列产品，更要营销传播易经、儒、道、释家等中华文化的思想精神和哲学智慧，通过文化营销的方法将中华优秀文化融入中国各行业的品牌与产品的营销传播活动之中，提升中国企业的国际竞争力。营销中国文化是一个循序渐进的过程，包含如表 10 – 1 所示的三个层次。

表 10 – 1　营销中国文化的层次和方法论

人体三宝	企业生命系统三宝	营销中国文化的层次与内涵
精	物质能量	营销中国文化产品
气	品牌气场	营销中国文化品牌
神	文化精神	营销中国文化精神

花西子品牌与产品在彩妆界的迅速崛起，印证了这个营销中国文化的层次

和方法论模式，结合本章开篇案例介绍，可以概括出花西子营销中国文化的三位一体方法论模式（见表10-2）。

表10-2 花西子营销中国文化的层次和方法论

人体三宝	企业生命系统三宝	营销中国文化的层次与内涵	花西子营销中国文化的三层内容
精	物质能量	营销中国文化产品	将微雕工艺搬到口红膏体的"雕花口红"；苗族印象系列的蜜粉饼雕花；源自唐朝太平公主专研养颜方——桃花红肤膏的空气蜜粉；西湖礼盒系列产品；洛神赋礼盒
气	品牌气场	营销中国文化品牌	传承中国传统文化的"以花养颜"古法，用东方魅力雕刻时尚属性；花西子不断跨界舞蹈、歌曲、纪录片以及其他中国传统文化品牌：携手朱洁静推出舞蹈《百鸟朝凤》，携手品牌大使周深推出歌曲《花西子》，再到携手《人民日报》新媒体推出纪录片《非一般非遗》打造苗族印象系列产品，携手服饰品牌"盖娅传说"登陆中国国际时装周，共同诠释开幕秀——"乾坤·沧渊"
神	文化精神	营销中国文化精神	演绎东方文化审美，印证"扬东方之美，铸百年国妆"的品牌愿景

营销中国产品相对简单，中国制造已闻名于当今世界，但中国仍处于全球产业链的中低端，产业附加值较低。中国产品要走向世界高端市场，获得高于生产利润的市场利润，需要建设强势的品牌，塑造强大的品牌气场。这就是营销中国文化的第二个层次——营销中国品牌。强势品牌气场的建构离不开品牌精神的塑造与传播，品牌精神是企业精神在市场营销的浓缩表现。品牌竞争的深层是企业精神、企业文化的竞争。向世界营销传播中国品牌与中国企业精神，其实就是向世界营销传播中国文化精神，是源于中国本土企业管理文化的

总结和提炼。跨国公司在世界市场的全球化营销也就是营销它们的企业精神和国家民族精神，例如，可口可乐营销的是美国文化精神，奔驰营销的是德国文化精神。同样，华为精神体现的是中华民族的精神，华为在世界市场的营销就是中国文化的营销。企业如何在营销活动中融入中国文化以提升自己的品牌竞争力？华为"芭蕾脚"国际广告案例给予我们很好的启发。

案例分析　苦难点亮未来：华为"芭蕾脚"广告如何打动世界？

当商界所有人热衷于"找风口、猪会飞"的时候，华为老人任正非却在2015年1月4日将"烂脚"的广告推到我们面前。2015年3月19日，《人民日报》为此发表评论："这其中（芭蕾脚）有华为引以自豪的艰苦奋斗、以苦为乐的企业文化，也折射了中国品牌在海外筚路蓝缕、努力开拓的不懈精神。"华为的这个"芭蕾脚"故事，可以进入地球人的内心，具有普世价值。这个广告曾深深打动了尼日利亚电力部部长，他主动请缨为华为做宣传。

【资料来源：华为新版芭蕾脚：有一种风光叫沧桑！［EB/OL］．（2020－05－07）．https：//www. sohu. com/a/393586113_479829】

图 10－1　华为"芭蕾脚"中文版

正如华为拓展国际市场的第一位驻外代表梁国世先生在其著作《土狼突围》中写道："在相当长的一段时期，中国公司拓展国际市场非常难，最困难的有三点：国家品牌尚不够强大、产品没形成被国际市场认可的品牌和缺少专业的拓展国际市场人才。在全球经济一体化的时代，一个国家综合实力的大小和其拥有的被国际市场认可的产品品牌是息息相关的。在国际市场要出现几个被广泛承认的中国企业品牌，至少需要一到两代人坚持不懈的努力。"梁国世先生的这段话点出了中国文化营销的现状和困境，大国崛起、中华民族的复兴离不开强大的经济实力，更离不开强势的国家品牌和企业品牌。品牌的背后是文化，品牌营销的深层是文化营销，文化营销不仅仅是向世人展示一些文化元素和象征符号，更本质的是通过营销传播一种文化价值观和人生观。中国的强盛不能停留在"世界工厂""中国制造"层次，更需要我们通过营销中国文化价值观和人生观，向世界展现中国人的文化自信，实现从中国制造向中国智造的转型升级。

第二节　营销中国文化 IP

一个真正的文化强国需要具备文化软实力，让民族文化走向世界。中国是世界文化故事资源最丰富的国家之一。各地的神话传说、历史典故、现实故事可谓俯拾皆是。要把中国文化故事资源转化为强大的文化 IP，营销者要的往往不只是简单的视觉审美，还需要故事、情节、节奏等与现代观众对话的知识构架和系统化的体验。文化 IP 开发是一个长期的过程，具有知名度的文化 IP 最重要的价值是持续开发能力，而不是一次性消费、一次性开发。在塑造文化 IP 的时候，无论是人物、形象、地理、时间、空间，还是故事的设定，其实都要检验营销者对当代生活中观众所处的文化身份、价值和期待的深入了解，并通过对处于不同文化自觉、价值、审美、知识和生活中的角色进行有逻辑、有特色的描绘，使之形成对比、冲突、互动和融合，才能让这个虚拟的世界更加合理可信、便于理解、引人入胜并且富有特色，进而在目标消费群体心中形成文化消费需求。

在移动互联网时代，信息传播与受众都呈现明显的碎片化特征，以互联网为载体，大量使用轻体量、短小精悍的传播形式，可以让中国文化节目更易于传播，让更多消费者发现传统文化的魅力，放大文化 IP 的价值，这是中国文化营销的重要工作。综艺节目《国家宝藏》通过集合国内顶尖级博物馆的文物资源，采用情景剧的方式演绎了文物背后的故事，让冰冷的文物"活"了起来，让观众在轻松愉快的观看氛围中，感受到中国古代工匠的智慧、文物所承载的文明和中华文化延续的精神内涵。《如果国宝会说话》用五分钟一集的讲述方式，深入浅出地将每一件国宝背后的故事及其承载的厚重文化向观众展现出来。《国家宝藏》和《如果国宝会说话》两档节目热播，成了"大 IP"，成为传播中华优秀传统文化的重要载体。

游戏领域原生 IP《王者荣耀》是运用现代技术诠释传统文化的一个成功案例，不仅英雄大量取材中国历史，还融合昆曲、敦煌打造了"游园惊梦""遇见飞天"等含有中国传统文化元素的角色皮肤，其"数字供养人"计划主题 H5 发布仅两天，曝光量已过亿，其间"敦煌"的百度指数达到自然月最高峰，让传统文化更鲜活。一个真正的 IP 应该能够凝聚用户情感，在兼顾文化价值与产业价值中获得消费者长期消费的忠诚。腾讯奉行以"IP 价值"为核心的开发理念，在游戏、文学、动漫、影视等多个领域布局；在关注 IP 价值内涵的同时，立足长线，耐心推动 IP 的多元化开发；还与长城、故宫博物院、敦煌研究院等众多非商业组织机构合作，持续沉淀文化价值；对文化的深耕，不仅获得游戏"现金牛"，其动漫的产业价值也逐步释放，2017 年总体分成1.4 亿元，月活用户达 1.2 亿人次。

对文化 IP 来说，在开发中过于强调文化价值或者商业价值，都不是好事。

"文化 + 商业"价值有机融合，才是让文化 IP "活下来，活得好，活得久"的重要因素之一。"西游""三国"等中国传统文化 IP，都是在极高的文化价值基础上，沉淀了一批国民级粉丝后，才有后期游戏、周边衍生品、游乐园等多种变现。近年来，多部以《西游记》为题材电影的上映，屡次刷新各类纪录，孙悟空已成为中国文化 IP 史上的"丰碑"。传统文化 IP 的衍生作品既会受到消费者的喜爱，又可以传递正能量的文化价值观。我国古代花木兰的形象家喻户晓，现在已有很多改编的影视、动漫、游戏作品，向人们传达勇敢、孝顺、正义的价值观；纪录片《我在故宫修文物》中静谧的文化氛围深受观众喜爱，影片所传达的匠心精神也影响了很多人。此外，戏曲、雕塑、书画等文化艺术形式和一些非物质文化遗产，同样具有很大的挖掘价值。

第三节　营销中国文化的方法论

按照由低到高、循序渐进的层次排列，企业运用文化营销理论营销中国文化有三重不同水平的方法论：元素论（文化元素粘贴）、体系论（文化体系呈现）、神韵论（文化神韵传递）。

一、元素论

初级水平的文化营销只能在过程中简单套用、粘贴中国文化元素，这只能触及中国文化外显性的文化象征元素，比如在产品设计、包装、广告、促销以及品牌传播过程中套用、粘贴京剧、脸谱、中国结、长城等中国文化元素，以彰显自己的产品和品牌具有中国风特色，跟上国潮热。近几年，联名产品大规模爆发，具有不同优势的企业完成强强联合，一个负责提供文化表征，一个负责完成商品制造，这些品牌跨界、品牌混搭策划，都属于元素论层次。例如植根于传统文化元素的故宫口红、国家京剧院的脸谱面膜、借助品牌情怀的"大白兔＋气味图书馆"香氛系列，就是这类粘贴中国文化元素的品牌跨界案例。再如，支付宝2020年集五福春节促销活动，贺岁短片传达"一家人　全家福"主题理念，抽中的"花花卡"升级为"全家福卡"，寓意"福传万家"。耐克运用中国传统剪纸文化艺术元素推出了"2020新年不承让"系列产品。这类品牌本身并非系统传播中国文化，只是暂时投机性借用中国文化元素，以打开大众的国潮消费欲。

在中国社会消费升级大背景下，随着国人消费意识的觉醒和自我价值的回归，消费者不再盲目追逐潮流，对部分"伪国货"抄袭成熟品牌设计、品质良莠不齐等问题的质疑声也屡见不鲜。殊不知，这本不是"国潮"的错，而是盲目跟风的"伪国潮"惹的祸。事实上，这些伪国潮产品和品牌，并没有在产品设计、质量、品牌文化内涵上下功夫，也没有研发产品新功能，而是盲目跟从"中国风"的热度，或邯郸学步，或东施效颦，靠设计上简单套用中国传统文化元素，甚至抄袭成熟品牌文化营销策划，简单粗暴地捆绑上国潮，试图依靠"国潮"带来的情怀效应"博眼球"，让消费者为情怀买单，收割市场。然而，从国货到国潮，情怀只是一个链接消费者的契机，情怀最终的落脚点，是消费者自我表达欲望的升级和自我价值观的认同。当产品本身的设计与质量不足以支撑消费者内心的文化认同时，最初的情怀会迅速破碎。盲目跟风的结果，只能是潮起潮落，昙花一现。

目前营销界容易忽视对传统文化及现代生活美学做深度挖掘，导致"国潮"文化营销停留在表层的元素粘贴。国潮品牌对于中华文化和中国元素的挖掘，应当有创新、有创意，不能只是元素的简单叠加，更不能让中华文化成为符号化的"贴标"。不能徒有其表地只停留在视觉升级层面，要深入开发，探索东方美学的灵魂和意境，注重文化灵魂和商品、服务的相融。

二、体系论

体系化文化内容输出，属于中级水平，营销者对中国文化比较了解，能够

在产品和品牌营销策划中融合系统化中国文化内容，透过产品和品牌给消费者
呈现中国文化的内容体系。这种以中国文化为核心的内容营销活动进行多次，
就能沉淀为一个品牌 IP，借助中国文化系统内容塑造一个强大的品牌气场。
2019 年花西子火爆海外市场的"西湖印记定制礼盒"（见图 10 – 2），就是一
个典型的体系化文化内容输出案例。这款礼盒以"西湖十景"为灵感，选取
西湖十景中的五景：苏堤春晓、柳浪闻莺、曲院风荷、南屏晚钟、花港观鱼，
抽象出景色中的代表性元素，以窗取景，将西湖之景印入产品，并复刻江南纸
雕工艺，定制五款花西子热门产品，呈现一整幅立体的西湖画卷。

图 10 – 2　花西子西湖印记定制礼盒

　　"国潮"品牌的塑造，绝不是蹭热度简单地推出几款品牌联名产品，也不
是开展几次品牌跨界营销活动，而应当是从企业品牌灵魂层面挖掘文化特色，
切中消费者的情感需求，用品牌灵魂为消费者带来人文关怀，增加品牌的文化
附加值。因为令人着迷的绝不是文化元素和符号，而是文化的气韵与精神。我
们只有通过体系化文化内涵策划与营销传播，才能持久吸引忠诚消费者，打造

更具生命力和持久力的国潮品牌。

三、　神韵论

文化意蕴表达得"形神俱备"，属于高级水平。营销者深谙中国文化神韵，在其产品品牌营销传播中能不拘泥于某种文化内容和格式化形式，自由挥洒传播中国文化精神，整个营销过程实现了产品、品牌与中国文化的水乳交融，浑然天成，达到"形神具备、形散神不散"的艺术水平。华为 P8 似水流年的品牌营销，就是一个"神韵论"应用的典型。围绕似水流年这个主题，华为 P8 从手机高科技行业跨界京剧、苏绣、景泰蓝这三个中国传统文化领域，拍摄了系列微电影，演绎"以德造物"的中华文化精神，反映了两代人接力实现中国文化薪火相传的心路历程。这一系列品牌微电影选取文化题材信手拈来，不拘一格，但又是形散神不散，从不同角度演绎了共同的文化价值，又具有文化个性，引起观众强烈的心灵共鸣。①

案例分析　于小菓：未来死去的品牌都是没有文化的

在很多企业和品牌营销者看来，中国文化传统看起来像是博物馆中的展品，不知道如何赋予它现实的生命力并将其融入产品与品牌营销之中。但将品牌文化根植于中国传统文化的企业也有非常成功的案例，比如国潮食养点心品牌——于小菓。于小菓点心模具博物馆内现收藏了 1 万多块可追溯到唐、宋、元、明、清等多个时期的传统点心模具，在这些模具中可以看到中国的民俗文化、宗教文化、祈福文化、中医养生文化等。于小菓的初衷是希望从复活传统文化、中式点心文化切入，整理、创新、再设计中式传统点心，做贴合市场需求的全国性新中式点心品牌。于小菓的爆款花想容唐风双色月饼创新性地把月饼做成双色，这在中国几千年的月饼造型上是一种创新。用白色和彩色相结合

---

① 详细内容可查阅：华为 P8 似水流年系列广告，https：//v. youku. com/v_show/id_XMTMxOTEyO-DcyMA = = . html？ spm = a2hbt. 13141534. 1_2. d_5&scm = 20140719. manual. 114461. video_ XMTMxOTEyOD-cyMA = = 。

的设计是为了逐渐固化消费者的产品认知,让他们产生记忆。于小菓愿意在线下投入大量精力,其目的是希望通过主题丰富的线下活动聚集有文化认同感的人,大部分愿意花费时间到线下来的是认可品牌的人。于小菓通过这种区别于以往商品推介式的招商活动,即文化交流,找到经销商和合作商。基于文化认同,经销商也会积极推进讲座、展览等线下联合活动。基于共同理念和文化诉求的合作伙伴会脱离完全的生意概念,产生联动。于小菓的 B 端客户主要聚集在文旅板块,比如与颐和园、宽窄巷子这样的知名旅游景点,还有多地的博物馆或者文旅项目合作进行特产升级。

【资料来源:曹亚楠. 忠于才华〔J〕. 销售与市场(营销版),2020(10):22 – 25】

思考题

(1)于小菓营销中国文化属于哪一个层次水平?为什么?

(2)于小菓如何通过营销中国文化打造品牌生态,形成自己的品牌 IP?它营销什么中国文化?

(3)于小菓如何从品牌 IP 升级为文化 IP?方法路径有哪些?

第十一章 《易经》智慧透视营销的变与不变

河南春晚节目《天地之中》为何能打动观众消费者?

2020 年 12 月 17 日太极拳申遗成功。太极文化不仅仅是一种强身健体的拳术,从河图洛书到易经出世,从伏羲创世到老子出关……再到今日的方方面面,无不隐藏着太极博大深邃的智慧。2021 年河南春晚太极表演节目《天地之中》惊艳出圈,时长不到两分半,太极八卦、宇宙星辰、飞天梦想以及我国的航天事业尽在其中。这个节目让观众看到了一场极具未来感的太极表演,它不仅是为了庆祝太极拳申遗成功,还是对大国飞天国力的集中体现。节目以"太极圆""阴阳鱼"为基本队形,演员们穿着宇航服打太极,站在浩瀚的星河宇宙之间,太极推手一来一回交战,与此同时,背景还出现河南登封观星台、浑天仪,最后,画面中写着"中国航天"的发射器缓缓升向宇宙星海。画面绝美,内容震撼,有网友说:"这个绝了!这才是文化和科技的完美融合!"

太极蕴藏着太多自然奥秘、民族智慧和哲学思想,能不能在太极表演中传达出这些文化呢?《天地之中》给出了答案,这个节目首次尝试用太极表演阐释中华民族千百年来的"飞天梦",以太极拳为载体,传扬的是太极智慧,讲述的是中华民族千百年来的飞天梦!网友说《天地之中》体现了中国文化几千年来一脉相承的浪漫,从上古传说到神话故事,从宋词的"不知天上宫阙"到敦煌壁画的"飞天",从古至今中华民族乃至全人类都在幻想假想猜想甚至实现"飞天"的梦想。这个节目彰显的不仅是国人的科技自信,更是国人骨髓中的文化自信。

节目命名"天地之中"是一语双关,一方面暗指太极文化从天地之中的中原大地诞生,有中原之"中"的地域意义(节目背景的"观星台"是目前中国现存最早的天文观测建筑)。另一方面,"中"也寓意中华民族自古就在探索怎么连接天地,寻求天地人合一的中间力量之意。太极文化体现的是天地间"中"的智慧——"有无相生,难易相成,长短相形,高下相倾,音声相和,前后相随","挫锐解纷、和光同尘"……这些《道德经》名句,阐述了大道无形、顺势而为、万事万物和而不同、求"中"存异的哲学意义。

当太极拳回归古人太极文化,中国航天科技回归宇宙探索的初心,古今两种文化在天地之中的中原,进行人类对世界由来的对话,这是《天地之中》节目编导想表现的深邃哲学内涵。河南春晚《天地之中》节目的出彩,是《易经》太极文化营销成功的一个典型案例,这个节目的好创意、好内容、好形式,深深打动了千千万万中国观众的心。

《天地之中》的幕后创意与制作人员,除了是技术流外,更是中原文化的狂热爱好者。舞台总监苏伟坦言:"只有了解了自己的文化,才知道如何通过创新的思路展现出来。作为河南媒体,我们有责任去讲好它。"

【资料来源:惊艳!河南春晚《天地之中》出圈,导演回应〔EB/OL〕.(2021-02-14).https://www.cqcb.com/headline/2021-02-14/3726106_pc.html;解读河南春晚"出圈"密码④"活"起来的视觉盛宴 科技赋能背后是电视人的探索〔EB/OL〕.(2021-02-18).https://www.hntv.tv/daxiangku-plpd/article/1/1362209550274531328?source=mobile】

第一节 《易经》与中国文化源流

从古至今，一个真正意义的中国人，首先基于他（她）对中华文化的价值认同而定义。

中华民族，不只是同宗同族、血缘相同的民族概念，更是标示着在文化心理层面接受、认同中华文化价值，融入中华文化圈。《唐律疏议》卷三《名例》的"中华"一词释文如下："中华者，中国也。亲被王教，自属中国。衣冠威仪，习俗孝悌，居身礼仪，故谓之中华。"当代史学家范文澜认为，华夏这个名称，最基本的含义在于文化。对文化高的地区即周礼地区称为夏，对文化高的人或族称为华，华夏合起来称为中国。而对文化低、不遵守周礼的人或族，按其方位称为东夷、南蛮、西戎、北狄。秦汉时期，各民族文化的交流十分频繁。随着"中国"范围的扩大，华夏文化也随之发展扩大，凡是接受华夏文化的各族，大体上都纳入了华夏族的范畴。华夏，遂成为中华民族的称号。"华夏"与"中国"是一个文化集合体概念，而绝不是单一的血缘民族概念。①

文化认同是人们对于文化倾向性的共识与认可，包括文化形式认同、文化规范认同、文化价值认同三个层次。中国人的文化认同是中华民族安身立命之本，文化认同的本质是价值认同。② 营销中国文化，本质上就是营销传播中国文化价值观，促使消费者对中国文化的价值认同。要营销中国文化，首先要搞清楚中国文化的源流，参悟中国文化精神。谈及《易经》和中国文化，很多现代人都有这样的感慨——博大精深。中华文化绵延几千年，留下的经典浩如烟海。在卷帙浩繁的经书之中，《易经》是群经之首，位列诸多中国文化经典

---

① 唐世贵，唐晓梅.《山海经》与华夏文明 [J]．攀枝花学院学报（综合版），2009（1）：18 - 25。
② 佐斌，温芳芳．当代中国人的文化认同 [J]．中国科学院院刊，2017，32（2）：175 - 187。

第一位，是学习了解中国文化的枢纽，也是学习中国文化营销的必修课。

认识中国文化首先要从汉字开始，例如，"易"字上面是日、下面是月，易就是日月交替运行变化之道。古人讲一阴一阳谓之道，《易经》最早是从观察日月阴阳变化的自然现象开始的。古人曰：形而上谓之道，形而下谓之器。什么叫形而上，什么叫形而下？从字面上讲，就是有形的东西的上面不能够说出来的那个规律，就叫"道"。那么有形下面的具体的那些看得见摸得着的东西，就叫"器"。这个"道"字有什么内涵呢？"道"如何写？一阴一阳为之"道"，"首"字上面有两点，左为日，右为月，左为阳，右为阴。阴阳怎样来？两点下面是一，说明阴阳之二来自一。再往下看是一个"自"字，两点加一再加上"自"字，合起来就是"首"字，再加上走之旁，就成为"道"字。这包含的意思就是无极是阴阳未分之混沌，是一；太极是阴阳，是二，无极生太极，太极阴阳化生万物。正如《道德经》云：道生一，一生二，二生三，三生万物。自己搞明白万事万物是如何从无到有的演化规律，按照这些道理去做人做事，就是"道"，只是追求"术"而忘了本源大道会舍本逐末，迷失方向，正所谓"乱花渐入迷人眼"。明白阴阳产生万物的道理，就是做人最"首"要的事情，明白了这个道理之后，按照这个道理去生活和实践，那么条条路都是坦途大道。这就是"道"一字深刻的内涵，这就是为什么说"道可道，非常道"，真正的道已经超越语言表达范畴了，只能用心去体悟。

道，是宇宙天地之道，是普适性规律，属于方向性的内涵。术，就是具体领域具体问题的解决方案，是工具和技巧，回答具体如何做的问题，是专属性具体性的内涵。道与术是两个不同层次。韩愈在《师说》一文谈道，"师者，所以传道授业解惑也"。传道就是要把规律本质的东西传给学生；授业是排第二位的，教学生一门专业知识技能谋生；解惑就是解答各种各样的问题，是排第三的。这句话点出了师道尊严的内涵——老师在某种程度上是"道"的宣讲者，是"道"之外化，为人师表首要任务是要传道，这事关启发学生智慧的问题。

第二节　易之演绎与《易经》三重内涵

万法归一、一本万殊，这两个成语就是指万物本源归于"一"，谈阴阳之"二"离不开无极之"一"，无极之"一"演变成太极阴阳之"二"（两仪），阴阳之"二"（两仪）继续演绎变成四象、八卦，以至八八六十四卦，如图11-1所示，这是"一本万殊"的具体演绎过程。

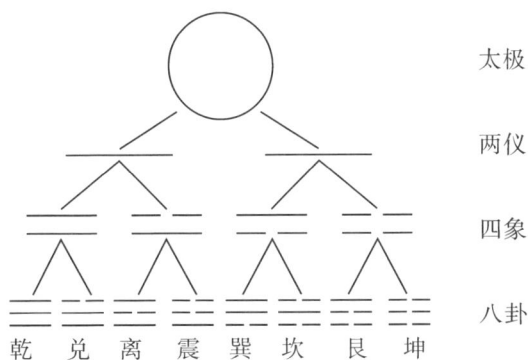

图11-1　太极—两仪—四象—八卦演绎图

八卦是阴阳两仪四象的展开和进一步深化，根据取类比象原理，把万物概括归纳为八类基本的能量场（见图11-2）。每一卦阴阳爻的不同排列形成不同的"场"，不同的场有不同的效应。同一种场可以因不同的结构形式、不同的方法产生，可以代表无穷多个具有系统能量特征的具体形质事物。八卦研究的是物象，而非物质。《说卦》云"雷以动之，风以散之，雨以润之，日以烜之，艮以止之，兑以说之，乾以君之，坤以藏之"，就是说明事物之间的联系和作用，而不是重点研究雷、风、日等物质实体。

155

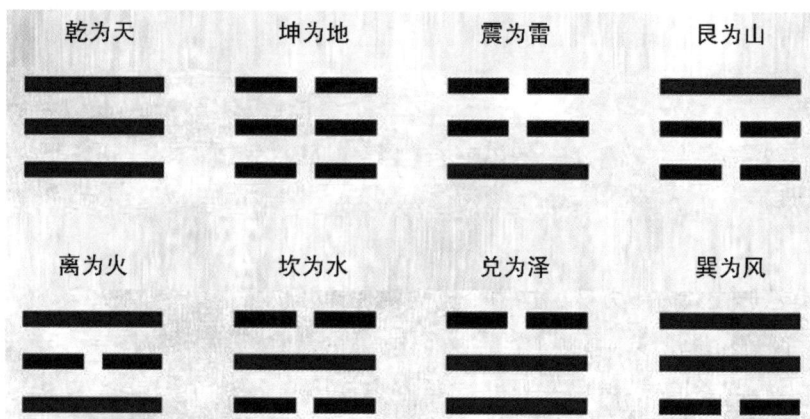

图 11 - 2 八卦对应八类能量场

五行统一于阴阳太极，是阴阳的展开与具体化。五行各具不同特性：水曰润下，指向下、润下的特性，有寒冷特点，代表液态、流动性、周流不息的作用，即↓。火曰炎上，指升腾向上的特性，代表生发力量的升华，到达光辉而有热力的性能，即↑。木曰曲直，指生命态，代表向四方伸展的特性，具有生发力量的功能，即←↑→。金曰从革（顺从人的要求变革形状），指收敛、凝固态，代表凝缩结晶之性，可以伸缩延展，具有清静、肃降、收杀的特性，即→↓←。土曰稼穑，土（大地）生养万物，土指综合态、平衡态，具有承载、生养、化育功能，代表调整平和而不偏执之性，即—。

阴阳五行代表时间与空间，具体如下：木代表东方、春季，万物处于生机勃勃的生长态之中。火代表南方、夏季，万物处于最旺盛发展的状态之中。土代表中央、长夏（夏向秋的过渡时节），万物处于化养状态之中。金代表西方、秋季，万物处于成熟阶段。水代表北方、冬季，万物处于萧索归藏状态——老的死亡，同时又孕育着新的生命，因此，水既是万物的终点，又是万物的起点。

五行学说的具体内容包括五行相生、五行相克、五行乘侮、五行承治、五行制化等几个方面，用于指导并探求万物之间的相互关系。

五行相生的规律是：木生火，火生土，土生金，金生水，水生木，木又生火……

五行相克的规律是：木克土，土克水，水克火，火克金，金克木，木又复克土……

五行乘侮："乘"为胜，欺凌之意；"侮"是恃强凌弱之意。相乘是相克太过而产生的非常危害的作用。如金能克木，木坚金缺。木能克土，土重不折。土能克水，水多土流。水能克火，火炎水灼。火能克金，金多火熄。

承治是互相承受、治用、中和的意思，《难易寻源》曰："抑强扶弱，损多益寡，泄有余，补不足，制太过，化不及。致中和之要诀耳。"五行承治的关系为：金旺得火，方成器皿；火旺得水，方成既济；水旺得土，方成池沼；土旺得木，疏通生物；木旺得金，方成栋梁。强金得水，方挫其锋；强水得木，方泄其势；强木得火，方化其顽；强火得土，方止其焰；强土得金，方制其壅。

制化是五行中三者之间的关系，《类经图翼》曰："母之败也，子必救之。如水之太过，火受伤矣，火之子土，出而制焉。火之太过，金受伤矣，金之子水，出而制焉。金之太过，木受伤矣，木之子火，出而制焉。木之太过，土受伤矣，土之子金，出而制焉。土之太过，水受伤矣，水之子木，出而制焉。盖造化之机，不可无生，亦不可无制。"

古人云："得用以制其克者，其凶可免；得恩以化其克者，反凶为吉。虽定于生克而吉凶之变，实迁于制化矣。"

阴阳与五行、八卦的关系如表 11-1 所示。

表 11-1　阴阳与五行、八卦的关系

阴阳（太极两仪）	阴阳（四象）	五行阴阳		八卦
阳	少阳	木	阳木	震
			阴木	巽
	太阳	火	阳火	离
			阴火	

（续上表）

阴阳（太极两仪）	阴阳（四象）	五行阴阳		八卦
阴阳平衡与转换		土	阳土	艮
			阴土	坤
阴	少阴	金	阳金	乾
			阴金	兑
	太阴	水	阳水	坎

阴阳五行八卦是古人在把握宇宙万物的时空节律性、全息性、系统性的基础上，概括抽象出来的宇宙万物的变化规律。天人相应、取类比象等整体全息动态思想方法，是《易经》和道家认识万事万物的方法论。《易经》告诉我们两个重点：做任何事都要注意把握"时"与"位"——时间与空间。时空变化可以用阴阳五行八卦进行抽象概括，不同时空对应不同的能量场，对应不同人、事、物的相互关系。从管理角度，行业类别、工作岗位、上下级关系及管理模式等都可以抽象分为五行八卦，各自的关系符合五行相生相克关系。

《易经》有三重内涵。第一重内涵是指变易，万事万物都处于变易之中，没有不变的东西。俗语"死脑筋、一根筋"就是对于不懂变通的人的蔑称，中国文化里崇尚变化。但是变是不能随便乱变的，任何事物的变化都有一个规律，而这个变化规律是不会变的，这就是《易经》的第二重内涵。中国的《易经》没有升级版，也不需要升级，而西方各种各样的教材都不断升级，例如，科特勒和凯特编著的《营销管理》已经升级到第15版了。古往今来就一本《易经》，中国文化营销需要用《易经》智慧阐释营销不变的规律，不能停留在追逐、捕捉"变易"现象上，要透过"变易"之表象把握"不易"之本质规律。如果学到了"不易"的变化规律，就能以不变应万变，做人做事就简单多了，所谓"掐指一算，手中自有乾坤"，这就是《易经》的第三重内涵——简易。

第三节　《易经》的五种学问

学《易经》阴阳、五行八卦这一套思维方法有何用处呢？这要从《易经》中五种学问"象、数、理、通、变"说起。《易经》六十四卦不管如何变，都可以通过象、数、理三个方面来进行理解和阐述。一个卦，有什么样的象，它背后一定有什么样的数，两者没有先后，天生融合在一起，有数必有象，有象必有数。

1. 象

象，就是一个卦呈现在你面前的图像。图像的背后往往蕴含着自然世界某种基本的客观规律和道理，人们通过观其象，可领悟人生处事应当遵循的基本原则和方式方法。古人是如何参悟《易经》的道理的？古人流传下来的一种说法概括了《易经》学问的形成与传播次序：伏羲画卦、周文王演卦、孔子学卦。伏羲是怎么画卦的呢？他是仰观天文、俯察大地、中观人事，把天地人之具象背后共通的规律抽象出来，形成了卦。"卦"字左边是"圭"，右边是"卜"，圭是指看太阳直射点的变化，卜，就是预测，合起来的意思就是透过天象预测地面气象节气变化。《易经》里的"象"分两种，具体之象与抽象之象。比如穿的衣服颜色不同，绿色、红色、白色等，都是具体之象。抽象之象就是卦象，比如穿衣服的颜色跟性格之间有何关联，与身心的状态有何关联？一般人困于局部、碎片思维而无法看懂其中内在能量信息的隐形联系。学了《易经》之后我们可以看到什么呢？从具体的现象能够看到抽象的现象，比如说绿色属于震卦，白色属于兑卦。一个卦可以代表很多意思，在不同层次系统里面，它有不同的内涵。举个例子，震卦在天之气象系统代表雷，在地之植物系统代表大树，在人体脏腑系统代表肝，在家庭系统代表长男，在情绪系统代表生气发怒……不同系统之具体事物，在能量场上都具备了震卦特征，因此它们属于同气相求，同场共振。天上打雷，雷风相薄，地上大树很容易被雷劈、被风刮，所谓树大招风，就是指《易经》里同气相求的能量规律。

《易经》的卦象最基本的象就是"太极"（也有的称"无"），太极"两仪"，"无"中生出"有"。这句话源自道家经典《道德经》第一章，参悟其中道理就是一通百通。这一点不通，整个易学的大门是无法进入的。两仪即"阳和阴"，古人以"一长横来代表阳""二短横来代表阴"，这是大自然从"无"到"有"的最初阶段，也是能量向物质转化的最初阶段，对于"阴阳"，可视之为二"气"。两仪生"四象"，即太阳、少阴、太阴、少阳。这个阶段已经处于能量向物质转化的高级阶段，阴阳二气相互交融，形成了大千世界万事万物诞生前的四种基本形态。四象进一步相互交融，形成八个经卦，分别代表自然界最基本的八种自然现象，即所谓的天泽火雷风水山地，各有各的图像，万事万物基本形成，能量彻底转化成了物质，"无"彻底变成了"有"。三连乾象为天、上缺为兑为泽、中虚为离为火、仰盂为震为雷、下断为巽为风、中连为坎为水、覆碗为艮为山、六断坤象为地。而且上古圣人们（主要代表是伏羲）又根据这八种基本自然现象的特性，分别用八卦代表不同的空间方位，形成了先天八卦图，这是易学的基石。

八个经卦两两相重，代表了宇宙中八种基本自然现象的组合，共组成六十四种更为复杂的自然现象，代表大千世界六十四种基本的宇宙密码。比如"山上有火"象征着火在山上逐草而行、过而不留的现象，人们由此现象可以想到人生在世如同"旅者"，应当顺时应势而知止。六十四卦里的每个卦象都是直接展现在你眼前的自然现象或事物图像，人们要做的就是根据卦象的启示，指导人们日常行为符合天地大道。

2. 数

《易经》的第二种学问就是"数"，每一种变化都有特定的数，河图洛书包含《易经》对万事万物变化之数的演绎。数，就是一个卦所包含的各种

"数据"。

（1）最基本的数据是阴阳，"长横代表阳"，其数为1、为奇，"短横代表阴"，其数为2、为偶。

（2）与"象"之推演相同，太极（1）生两仪（1、2），两仪生四象（11、12、22、21）、四象生八卦（111、112、122、121、222、221、211、212）。这一推演与老子所述的"一生二，二生三，三生万物"殊途同归，都是生成"八卦"。其中，"两"仪生"四"象，进一步推演就是"四"象生"八"卦，这是从"象"的变化来阐述万物形成的过程。而"一"生"二"，"二"生"三"，则是从"数"的推演来解释万物形成的过程，具体是2为底的不同次方：$2^0 = 1$，$2^1 = 2$，$2^2 = 4$，$2^3 = 8$，…，$2^6 = 64$。

1为太极，既阴亦阳，生出2，即是阴和阳，为"2"个爻，天地万物阴阳现象是站在人之立场去区分的，2离不开1，阴阳这2个爻再加上1个爻，即为"3"个爻，构成可以代表一种自然现象或事物的"卦象"，2的3次方是8。反观"象"的演变过程，四象生八卦，每个卦也正是"3"个爻。因此老子说"二生三，三生万物"，是从数的角度解释"两仪生四象，四象生八卦"的万物生成过程。

（3）八个经卦的卦象分别以相应的数字代表，"天泽火雷风水山地"八种自然现象、八种空间方位，分别以"12345678"八个数字代表。这些数字之间隐藏着很多复杂关系，但又有非常清晰的规律可循。比如凡是通过中心点的两卦，数字相加一定为单位自然数之最大者，也是阳数之极者——9；从1至8依序连接，恰好构成一幅阴阳太极图。这些数字背后的规律，在学习《易经》六十四卦的过程中会反复用到，不可不牢牢掌握。

（4）八个经卦各有三爻，相重而成六十四卦，各有六爻。"初二三四五上"各爻，不同的位置以不同的数字代表，用之于人事，其背后往往蕴含了"初难知，上易知，二多誉，四多惧，三多凶，五多功"的道理，非常符合人们现实生活的写照；一个卦只要改变一个爻的位置，就是一个新卦的诞生；六十四卦分别处于上下两经，上经三十、下经三十四，看似不平均，但以组成六十四卦的八经卦数量来"约分"归纳，则正好上下经各十八，更为体现了《易经》"变中不变，不变亦变"的易理逻辑；从《易经》原文六十四卦排列顺序看，上经从乾坤开始到坎离结束，基本上反映了从天地交合开始，各种自然现象的递进演变过程，即天地之道；而下经从咸恒开始到既济未济结束，基本上反映了从夫妇交感开始，各种人事伦理的发展变化过程，即人伦之道。孔子在《易传》中以卦序传的形式进行了归纳整理。同时，既济之后又变为未济，也恰好体现了《易经》周而复始、大道循环的道理。

3. 理

理，就是根据易卦的卦象及其数据，以《易经》的思维领悟或推论出来的"道理"。象跟数合在一起，它背后一定有说得通的理。在实际运用中，有的"理"侧重从"象"所得，称为"象理"，有的"理"侧重从"数"所推，称为"数理"，但更多的"理"则是象数结合而得。

《易经》是不能凭空说理的，一定是根据象和数的结合来说理的。如果只看卦象，或日常生活中只看外部现象、表现，那很可能被眼睛所蒙蔽。一定要看象后面的数，也就是我们日常生活生产中的"数据"，并结合起来推断其中"道理"。数一变，则整个卦象和卦理就会改变。把《易经》基本"道理"和规律熟练掌握，并学会举一反三、灵活运用，能如此，易之玩味，其乐无穷。中国有句古话："有缘千里来相会，无缘对面不相识。"任何出现的现象、发生的人事，背后都隐藏必然性，这个缘分和必然性就是易理。

4. 通和变

《易经》是先从变易各种具体现象中进行抽象，抽象到里面不变的那个规律，再把这个规律用于平时做人做事的各种情境，那么就变得很简易了。学了《易经》之后，人会变通达，通达了之后才能善于变，而不是路越走越窄，因此《易经》五种学问简称为象、数、理、通、变。走不通叫困境，困字反映了"木"局限在一个"口"框之中不能生发，非常形象告诉我们：当我们遇

到各种各样困难的时候，学会《易经》道理能让我们善于运用变化规律去寻找出路。

第四节　参悟《易经》分合变化之道，把握零售业态变化

学习《易经》文化，能给营销管理者带来什么样的智慧启发？道和术两个概念给营销人带来什么样的启发呢？什么是营销之道，什么是营销之术呢？如何判断市场大势，如何根据大势提前进行营销布局？这些问题都与《易经》文化在营销领域的应用密切关联。

通过前一节从天地人不同层面对《易经》太极阴阳规律的系统学习，我们可以明白《易经》思维，掌握这些思维对于营销者把握市场的变化很有帮助。例如，运用《易经》智慧可以看出零售业态变化的关键点。

所谓业态就是一个行业的基本态势。改革开放前，零售业主要分为两类，一类是百货商店，另一类是小商店。改革开放一直到 20 世纪 90 年代中期，在中国零售业中出现了一些专卖店。从单一的大而全的百货商店、小商店，到后来 80 年代末 90 年代初出现的专卖店，再到后来 90 年代末的大超市、大卖场，再到大型购物中心，再到现在淘宝天猫、京东、拼多多等网购平台，整个零售业态的变化具有以下特点：第一是多样化。从百货商店到专卖店，比如说家电专卖连锁店，就是从原来大而全的领域发展为专业的一个领域。第二是大卖场的出现。大卖场的特征：价格低、商品种类多。这是最前面一个阶段的否定之否定。百货商店的特点是大而全；小商店的特点是灵活，价格优惠；专卖店的特点是集中、专业、有专属优惠。大卖场把百货商店的大而全的优点以及小商店的特色融合在一起，超市大卖场的出现是零售业态的第一次变迁。

连锁超市向大型购物中心的转变又是一次否定之否定。这是再次由大而

全、廉价定位回到特色定位，又是原来的否定之否定。网上又有一个趋势，从大众的分销向个性化定制演化——C2M（Customer-to-Manufacturer，用户直连制造）模式将越来越受推崇。C2M 一方面帮助制造商进行柔性生产改造，提升生产能效，同时将消费端数据同步到制造企业，让其能够实现产品像软件一样快速升级迭代。而对于消费者，C2M 提供了"大牌品质，工厂价格"的产品，并支持定制需求。数据显示，C2M 定制成为消费者选购年货的新潮流。2021年京东年货节期间，C2M 年货礼盒销量整体增幅达到 249%，高端礼盒销量增幅为 205%。其中，最受消费者欢迎的年货礼盒品类前五名分别为：贝/参、乳品冷饮、营养健康、鲜花、香水彩妆。① C2M 定制备受消费者欢迎，这与其个性化和高性价比的特点密切相关。这个新的零售业态以后会成为主流。

另外，随着线上电商零售的迅猛发展，线下零售门店将会被重新定义。传统的零售功能将日渐退化，慢慢变成配合线上电商提升顾客黏度的服务平台，社区配送、产品展示体验以及社区团购将成为未来线下门店主要的角色定位和发展趋势。

综上所述，各种演变包含一个趋势：合久必分，分久必合，万变不离其宗。刚开始的时候，人们都希望省钱，买东西的时候能够满足基本生活保障就足够了。但是钱多了的时候，首先是希望有更多可选产品种类、品牌，因此要求多样化、齐全化。然后又到了一个分化的过程，合久必分。专卖店的运营成本比较高，品牌经营商专卖店的服务很集中，集中到了一个极端之后，消费者要求一站式满足多种需求。消费者的要求导致超市卖场模式的出现。通过大卖场实现的多品牌的大聚合，给不同喜好的消费者一个选择的天地。各个厂家进驻大卖场这个平台给消费者提供个性化服务，提供一些售后服务等特色服务。同时兼顾价格和特色产品服务、融合线上线下的 C2M 模式以及社区团购模式，成为最新潮流。这验证了一个规律：分久必合、合久必分。分分合合的事情常

---

① 京东发布 2021 春节消费趋势大赏：C2M 年货礼盒销量整体增幅达到 249%［EB/OL］.（2021 - 02 - 01）. https：//baijiahao. baidu. com/s? id = 1690486 198219629883&wfr = spider&for = pc。

有，关键要把握何时分何时合：分到什么时候出现什么拐点开始走向合；合到什么时段再分？分析业态和盈利模式，首先得高度抽象清晰地分析这个业态，接着再去研究每一个阶段不同商店的盈利模式的特点。

第五节　透视营销变革浪潮演变轨迹，解读直播电商的本质

2020 年突如其来的新冠肺炎疫情给传统线下实体经济带来了沉重一击，但同时也加速了营销变革浪潮的到来——以直播电商为核心的新零售、新广告、C2M 的产品开发模式蓬勃发展，推动了传统营销体系和运营模式的全面革新，"直播电商"已成为当今营销界最热门的词语之一。直播电商顾名思义，即由主播 KOL 通过视频直播的方式向观看直播的消费者推荐介绍商品，以促使消费者在线购买的一种新型电商模式。与传统电商相比，以实时动态的形式进行信息传递的直播电商，具有互动性更强、体验更直观的优势特征。5G 技术、大数据、人工智能等一系列新技术的迭代升级为整个直播电商产业蓬勃增长提供坚实的技术基础，各地政府为减少疫情负面影响、加快经济复苏，出台一系列鼓励政策与优惠措施，助推当地直播经济的发展。伴随当前这股直播电商快速发展的浪潮，以互联网技术发展和社会化媒体广泛应用为核心技术基础的全新营销运营模式呼之欲出，以 S－T－P－4P 为范式的传统营销运营体系正在被颠覆、改写，传统营销范式的 4P 决策——产品、价格、渠道、促销均被重新定义，由此带来的是消费者与厂商之间关系的重塑。2020 年双十一购物狂欢节走红的 C2M 模式，昭示了消费者取代厂商成为了营销价值链上的主导者。基于厂商决策主导的传统 4P 营销理论显然已严重滞后，不能解释以直播电商为代表的诸多营销新现象。营销理论亟须变革，为直播电商以及营销的未来发展提供理论支撑。

"直播电商"是当今营销变革发展的新浪潮。正如以往，每一波营销变革浪潮背后均有"变"与"不变"的一面。只有从整体上回顾营销变革历程，才能透过不断流变的营销表象，去把握潜藏其中的营销"不变"规律。

科特勒所提出的 S – T – P – 4P 范式营销理论框架，更多的是概括传统的线下营销模式：厂商在市场调研的基础上进行市场细分、目标市场选择以及市场定位后，从产品、价格、渠道、促销四个维度入手进行顾客价值创造、传递与交付（科特勒等，2009）。而在该模式下，消费者主要通过广告、线下促销等接收产品信息，再到附近的实体店进一步了解、体验产品，最终完成购买。在整个营销价值链中，商家始终处于主导地位，而消费者更多处于被动地位。随着互联网技术的升级发展，部分传统的线下渠道逐渐被新崛起的"电商平台"所取代，这标志着第一波营销变革浪潮的到来。不同于传统的线下营销，电商平台突破时空束缚，汇聚来自全国甚至全球的商品图文视频信息，并将其展示给消费者，充分解决线下营销信息不对称的难题，提高消费者对商品信息的透明度和商品选择的自由度，赋予消费者在消费中更多的主导权（黎志成等，2002）。与不断升级发展的互联网技术同步，社交媒介也在发生根本性变革，以微信、微博、小红书等为代表的社交媒体平台逐渐取代移动电话，成为消费者交流互动的重要工具。而社交媒介的变革和消费流量的转移也驱使着第二波营销变革浪潮——社交电商的到来。

第二波浪潮的变革核心在于通过社交平台联通终端消费者（C2C），打通消费者之间的信息通道，方便了不同消费者间信息的传递和分享。以社交媒体平台为中心点联通各节点上的用户形成广阔的社交网络，并通过社交网络上不同用户之间的"口碑相传"和"情感互动"，提高产品及品牌的知名度和影响力，最终实现产品的传播和销售（刘伟等，2016）。比如社交媒体平台上的微博、微信意见领袖推荐，小红书上经验帖的分享，等等。

继第二波变革浪潮之后，近几年高速发展的直播电商引发了营销变革的第三波浪潮。不同于以往静态的图文信息展示，直播电商是主播通过实时的动态视频实现了网红（意见领袖）与粉丝（消费者）的交流互动，并在互动过程中向消费者全方位展现产品，因而直观性和体验感更强。品牌商可以绕过中间商，直接利用电商平台、社交工具等连接消费者。在直播电商浪潮下，传统的中间商环节被大大压缩，主播取代传统中间商成为厂商与消费者之间唯一的连接人，C2M 模式逐渐成为主流（崔德乾，2019）。

第六节　营销变革浪潮的"变"与"不变"

回顾中国营销过去三十多年的变革历史，不难发现以下几个标志性阶段模式：首先是"厂商—渠道商—零售商—消费者"的传统线下营销模式；其次是依托第三方电商购物平台进行交易的初级线上电商模式；再次是围绕微信、微博等社交平台形成的社交电商模式；最后是发展到现在的"直播电商"模式。以拥抱互联网技术为特征的每一波营销变革浪潮，都是在对传统线下营销模式的渐进式颠覆，具体表现如下：

首先是产品策略。在传统营销模式中，新产品设计和生产的主动权更多掌握在厂商手中，厂商通过小范围的市场调研发掘消费需求痛点，并围绕消费需求痛点进行相应的产品设计开发、生产与上市。这种以"厂商为主导"思维的存在导致供需不匹配的现象时常发生。而在"直播电商"模式下，C2M 首次成为热点，直播平台利用大数据技术，描绘粉丝群体的用户画像，挖掘粉丝群体的消费者偏好，汇聚终端消费者产品需求信息，最后厂商根据该消费者偏好开发出新产品，并通过快递公司将产品送达消费者手中，整个周期快的只需七天。大数据技术的应用使得厂商能准确地把握消费需求的同时，将产品设计生产的主导权真正转移到消费者手中，做到真正的"以需定产"。此外，电商模式下的"预付定金，后付尾款"的销售方式本质上也是"以需定产"的表现。由此可见，在新营销变革下，产品环节的主动权已经从厂家转移到消费者手中——消费者掌握着产品设计的话语权，并依托大数据技术和意见领袖（主播）直接向厂商表达消费需求，从而推动新产品的设计生产。

其次是价格策略。在线下营销模式，由于时空环境约束形成了信息不对称，商家掌握着产品定价的决定权，而消费者只能被动接受商家的"定价"。随着电商平台的出现，由时空限制所带来的信息不对称逐渐被打破，消费者对于产品信息的透明度和产品选择的自由度大大提高，商家的定价主动权逐渐被削弱。另外，传统营销模式下因产品价值传递需多个中间商环节，致使消费者最终接受的价格是中间商层层加价的结果。随着营销模式的变革，"直播电商"模式下，传统的中间商环节均一一被打破。主播为了以更大的优惠折扣吸引消费者，选择绕过过多的中间商环节而直接对接厂商，并以其背后所聚集的庞大消费流量作为议价条件，要求厂商降低产品价格，之后再将多余的利润以优惠折扣的方式让利给消费者，从而实现引流的目的。在议价后，主播将最终根据同质低价原则从不同厂家中选择最优的供应商。这说明在"直播电商"时代，商家已经基本失去了对产品的定价权，而消费者真正成为市场价格的主导者。

最后是促销组合策略。在传统营销模式下，商家主要依靠电视、报纸等广告进行前期的产品推广和消费市场培育，后期再结合线下促销手段进行最终销售转化。但随着营销变革浪潮的到来，基于4P理论的促销组合策略模式已逐渐被改写。尤其是在"直播电商"时代，产品的宣传已不依赖一对多式的电视广告，而更多是通过以意见领袖为中心的社交网络进行网状式传播。产品价值的传播不再依赖商家"自卖自夸"式的生硬推广模式，更多转向意见领袖推荐的消费者主导模式，意见领袖扮演了消费群体代言人的角色。产品价值传播的主动权同样已经从厂商转移到消费者手中。此外，由于产品价值传递是建立在意见领袖与粉丝之间的信任基础上的，其产品价值传递效率与传统广告传播模式相比大幅提升。

互联网技术与社交媒介的变革，不仅颠覆了传统营销模式的产品、价格、促销策略，还重塑了传统的营销渠道。由于时空间隔存在，传统线下营销模式中的厂商与消费者之间的连接需经过多重中间商才能实现。在直播电商模式下，依托更成熟的互联网技术，厂家只需要通过网红主播这一意见领袖便可联通其背后庞大的消费流量，并在以网红主播为中心的高信任度的社交网络中实现产品广告宣传和销售转化。对比之下，传统线下门店所能覆盖的地理范围和消费群体均是有限的，并且渠道商与消费者之间的关系更多地停留在表层交易上，消费者对渠道商的信任度和黏度不高。从收益角度来说，传统线下门店作为销售网点所能产生的价值已经明显逊色于网络直播间。在优胜劣汰的商业原则下，传统线下门店规模的生存空间将会大大缩减，传统线下门店中销售展示功能也日渐被直播间所取代，在强大的竞争压力下，不少现存线下门店为了生存已开始重新定位——传统线下门店充当线上电商以及新兴的社区电商的线下物流配送点。

综上所述，互联网技术与社会化媒体的广泛应用引发了整个营销运营模式的连锁反应，颠覆了传统线下营销模式，消费者取代厂商成为整个营销价值链的主导者。从厂商价值出发阐述营销运作模式的 S－T－P－4P 这一传统营销理论体系不但无法解释，而且不能指导当前的营销变革。我们需要从营销变革浪潮变化趋势中提炼营销流变与永恒，才能以不变应万变：基于营销中不变的规律去把握直播电商甚至整个营销领域未来的变化趋势。

纵观中国营销过去三十多年的变革浪潮，不难发现这样一个不变规律：每一波颠覆传统营销模式的营销新浪潮后面，都隐藏着一个推动变革的主导力量——消费者需求层次不断升级。根据马斯洛需求层次理论，人的需求主要分为五个层次，从下到上分别是：生理需求、安全需求、社交需求、尊重需求、自我实现需求。而人的需求是不断迭代升级的，在金字塔底层的需求被满足后，消费者需求将进一步向上升级。基于消费者需求层次演变规律，我们可以提炼概括出营销演变发展层次理论（见图 11－3）。

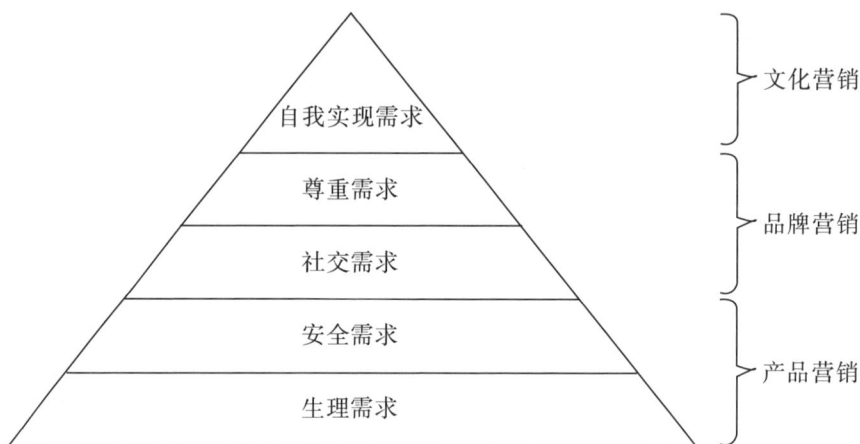

图 11 - 3 消费者需求层次与营销演变发展层次

营销发展的三个层次——产品营销、品牌营销与文化营销，不是相互取代关系，而是渐次演化升级的关系，是从营销核心内容、作用层面，以及对消费者行为的理解等维度进行区分的。

当消费需求处于金字塔需求层次的底层时，消费者会更加关注生理需求和安全需求的满足，因此在选择产品时会更加看重产品的功能特点，并最终选择那些能够更好地解决其某方面需求的"产品"。基于消费者需求特性，这时厂商营销应当以消费者需求为导向，通过一系列营销手段向消费者充分展示产品的功能特点，以促使消费者做出购买决策，即通过产品营销促进消费者购买。而当生理需求和安全需求被满足后，消费者需求将升级到第二层次，这时消费者关注点将从生理需求和安全需求扩展到社交需求和尊重需求的满足，并期望能通过消费获得一种情感上的满足。这种情感满足源于消费者的社交活动，通过与其他群体、品牌及产品进行情感交流互动，消费者可收获认同感和尊重感。因此，在该阶段，商家在保证产品服务基本功能的前提下，还需为消费者提供一定的心理情感利益，以满足消费者社交需求，从而逐步与消费者建立信任关系，在消费者心目中塑造特定的品牌形象，即品牌营销。在情感需求被满足后，消费者又开始转向更高层次的需求——自我实现需求，消费者在该阶段期望能表达自我、充分发挥自我潜能，从而最终实现自我。当这种自我实现无法在现实世界中得到满足时，消费者会转向以产品作为表达自我的象征符号。这时商家则要采取文化营销的方式，深入挖掘消费者的"无意识自我"，并通过营销手段赋予产品一定的意义感，使得消费者在消费产品和品牌时产生一种心灵的共鸣和价值的认同。

总之，无论技术和媒介发展如何颠覆整个营销模式，在每一波营销变革浪潮中均可看到这样一个始终不变的规律——消费者需求层次演变与营销发展层次相互匹配对应。我们按照这个发展演变逻辑，可以清晰预判未来直播电商的演化方向。

第七节 直播电商未来发展趋势与运作路径

消费者需求层次演化推动了营销发展层次演化升级，产品营销—品牌营销—文化营销渐次更替的演化路径，是整个营销发展变革潮流不变的规律。我们回顾过去几年直播电商发展演变轨迹，不难发现这一规律同样发挥作用——早期的电商仅仅依靠图文信息介绍产品功能特点，后期出现了微信、微博等社会化媒体，突出情感交流互动的社交电商成了主流，营销层次亦由早期电商的产品营销层次升级到了品牌营销层次。近两年来火爆的直播电商同样会遵从营销发展层次规律。直播电商运营模式包括以下几个环节：网红塑造—网红与粉丝互动交流—网红作为意见领袖给粉丝传递消费价值—网红直播带货—网红与平台以及厂商销售分成，这个模式关键点在于网红给粉丝进行价值观念灌输（俗称"洗脑"），粉丝作为消费者最后买单。一场网红直播带货，甚至超越了一个线下门店一年的营业额，这充分显示了直播电商利用意见领袖给消费者

"洗脑"的文化营销手法的巨大威力。当前直播电商尚处于初期的粗放生长期，整个直播电商产业野蛮生长的背后危机重重，按照前面提炼的营销流变与永恒规律，依据直播观众的消费者需求层次升级演化轨迹，我们可准确预判直播电商未来的发展趋势和发展路径。

1. 主播垂直化细分，深耕品类领域

纵观直播行业的竞争格局，可以发现直播电商行业层级分化明显，市场高度集中，头部效应突出。头部主播凭借先入为主的优势以及独特的个人品牌几乎垄断整个渠道的流量和行业的利润，而众多腰部及尾部主播只能通过分割剩余流量在夹缝中求生。未来，随着加入直播浪潮抢夺垄断利润主播的增加，行业竞争激烈性将不断加剧，层级化将更加明显。此外，由于主播界鱼龙混杂，专业性主播"短缺"，许多"路人"主播因缺乏产品知识，专业水平差，难以获得消费者的认可和信任。主播频繁出现翻车事件，如李佳琦的"阳澄湖大闸蟹事件""不粘锅事件"就是最好的例证。而根据营销变革中的"不变"规律可知，当前直播行业仍处于产品营销层次，未来随着主播的增加，需进一步扩展到更高的营销层次。当行业竞争加剧，主播必然要放弃全面产品覆盖战略，转而选择特定品类领域进行垂直化深耕，并凭借扎实的专业知识成为该品类领域的专业代言人，打造个人"专家品牌"，并以品牌为中介不断与消费者进行情感交流，建立信任关系，才能在现有的垄断局面中，找到自己的立足之地，打造自我专属的流量。

2. 植入品牌故事，增强情感交流和价值感传递

当前直播带货的方式更多地还是停留在对产品功能的生硬推荐上，以此来满足消费者对产品的基本了解。如大部分网红主播在直播期间主要介绍产品功能特点、适用场景以及优惠折扣力度。其中优惠折扣是直播电商引流的核心手段。可见，当前直播电商营销层次仍停留在产品营销层次上，主播更多是充当产品导购员的角色，通过为消费者提供功能价值来达到引流转化的目的。但仅专注于对产品的生硬推荐将会带来以下两个问题：首先是引流困难，物质需求

得到满足的消费者将会开始追求更高层次的需求，并更加认可和信任能为其提供匹配价值的主播。而以介绍产品功能和提供优惠折扣为主要手段的产品营销显然不能满足消费者更高层次的需求，最终将不利于主播与用户建立信任关系。其次是主播和商家利益博弈，虽然有少部分主播关注与消费者的情感互动，但这仅有助于提高消费者对于主播个人的黏性，却无益于价值链上最关键的一方——商家品牌价值的提升。而要保障直播电商长久发展，必然要协调各方的利益。因此，仅靠对产品功能的"生硬推荐"并不能真正增强用户黏度，且难以与消费者构建更深层次的关系。未来，直播电商带货需求从生硬带货转变为品牌营销，通过剧本编写，在内容生产中植入商家品牌故事，丰富镜头语言，让消费者通过品牌剧本更好地感知商家品牌的形象和个性，从而与品牌形成共鸣，最终信赖、信奉品牌。

3. 增强内容生产能力，主播形象 IP 化运营

在直播电商模式下，网红主播之间的竞争实质上是彼此背后的网红 MCN 机构之间的较量。网红 MCN 机构的运营能力，如网红形象设计包装、内容生产制作、商家商务谈判等能力是关乎整个直播营销链条成功与否的关键环节。在直播电商模式下，产品更新换代的速度加快，要求网红 MCN 机构也能同步地策划并制作出优质内容。但实际上，大部分的 MCN 机构内容创新后劲不足，直播市场内容同质化现象突出。在竞争日渐激烈的直播行业，如何提高 MCN 机构内容生产创新能力，持续不断地产出消费者喜闻乐见的优质内容是当前 MCN 机构及其背后主播群体生存发展面临的关键瓶颈问题。基于营销发展的不变规律，笔者认为未来在品牌营销方面，MCN 机构除了要协助主播做好在垂直化细分领域的个人品牌定位和建设，促进主播与消费者之间的情感交流互动外，还应围绕消费者的自我实现需求策划并生产出具有象征意义的优质内容，通过内容背后所传递的意义与消费者达成心灵上的共鸣，使得主播与消费者的关系从简单的信任关系上升到信赖关系，才能真正做到引流存量。如 MCN 机构可以借用大数据技术充分挖掘、分析目标群体的"内在自我"，然后

基于目标群体"无意识自我"的价值观和生活方式等特征，为主播规划、设定 IP 人设，通过策划相应剧本故事，打造特定的主播品牌 IP 形象，使得主播品牌 IP 形象与消费者内在无意识自我相一致，并使得主播推荐的产品成为消费者自我表达的象征符号。

第八节　营销的流变与永恒

　　毫无疑问，直播带货已经走在当今营销变革的最前沿，这股方兴未艾的浪潮，不仅颠覆了过去传统线下营销运营模式，还开启了虚拟与现实、网红与粉丝、消费者与生产者高度融合的营销新纪元。在越来越多传统营销运营的厂商跑步入场加入直播电商这一全新的营销战场的时候，我们更需要冷静观察发展态势、把握未来直播电商演变方向。否则，只能在这样一场营销变革大潮中被市场海浪吞没。

　　直播电商一边是疯狂圈地，另一边是乱象频现。中国消费者协会 2020 年发布的《"双 11"消费维权舆情分析报告》显示，2020 年双十一监测期内共收集有关"直播带货"类负面信息 334 083 条，日均信息量在 12 373 条左右，其中 11 月 11 日舆情信息量最高。直播带货的"槽点"主要集中在明星带货涉嫌刷单造假、售后服务满意度低、体验感较差等方面。参与直播活动围观的真实用户较少，其他观众是花钱刷出来的，而且评论区"粉丝"与网红互动的评论，绝大部分也是由机器刷出来的。在直播带货领域，观看人数吹牛、销售数据"注水"等"影响力"指标造假已形成一条产业链。

　　以直播带货等为代表的新技术、新业态在用脚投票的消费行为选择面前，迭代更新的速度或将加快。既要拿出真招实劲儿严把商品质量关，又要摒弃那些已经严重背离互联网开放共享精神的优惠促销套路。既要有保障消费者安全权、知情权、选择权和公平交易权等相关权益的维权机制，又要有优化提升消费体验与品质感知的人性化设计。

传统商超在重塑品牌理念、商品结构及零售体验方面的创意活动和各种本地服务正加速线上"购客"的线下回流，线下线上的优惠力度趋同、边界模糊等新变化、新趋势，也预示着更接地气、更聚人气消费新模式已开始"攻城略地"，更有智慧、更具理性的"新消费时代"或将开启。

消费升级的重要驱动力是观念升级，当下中国消费者正由物质型消费转向精神、体验型消费。比起过去，现在的消费群体更愿意为产品功能属性以外的独特体验、文化认同和精神共鸣买单。可以预见直播电商的下一轮竞争焦点将在于优质内容的升级上，直播内容营销影视化是直播电商的必然趋势。而随着5G技术的发展，直播电商营销必然要从简单粗暴的产品营销层次升级到追求情感的品牌营销层次，向着给消费者提供意义满足感的文化营销迈进。

内容营销的影视化与场景营销的精准化，是未来营销发展的两大趋势。两者合流构成全新的营销范式。内容营销的影视化，属于阴，运用影视剧本内容从无形心理层面影响消费者决策。场景营销的精准化，属于阳，运用人工智能等IT技术从有形行为层面影响消费者决策。

直播电商的快速迭代与传统商超变革试图引领新消费时代，这些交替出现的营销热点很好地诠释了营销世界的流变与永恒：互联网技术驱动下的社会媒介变革正在颠覆和改写传统的营销运营体系，不断流变的只是营销方法和手段，是传统营销4P（产品、价格、渠道、促销）组合策略范式的重新定义，但是消费者需求层次的升级演化促使营销发展层次升级演化这一规律是不变的，这是营销的永恒。透视直播电商热潮本源，可以让我们参悟营销的流变与永恒……

案例分析　ZARA 等待救命

ZARA 的转折点出现在 2016 年，从这一年的下半年开始，盈利和毛利率都不断出现下滑。2017 年 2 月，ZARA 关闭了位于成都市区核心地段总府路乐森购物中心的旗舰店，这应该是 ZARA 首次关闭在中国的门店。衰败的迹象一旦开始，往往一发不可收拾。2018 年第一季度，ZARA 的销售额增幅从上一年同期的 14% 一下跌至 2%；2019 年上半年，净利增幅跌至 3%；再到 2020 年第一季度净亏损 4.09 亿欧元。在服装这个市场竞争激烈的赛道上，上有很多国内外的设计师品牌，下有速度更快、性价比更高的淘宝，ZARA 也感受到了这种压力。据时尚头条网此前的统计，自 2016 年以来，ZARA 在中国市场销售的衣服售价平均下降了 10% 至 15%。放缓门店扩张速度、关闭门店倒也不意味着公司不重视实体零售业务了，而是在门店扩张上更加精细化了，这也与 ZARA 的模式有关。ZARA 一向以"快速、少量、多款"著称，这三点加起来意味着高成本。拿供应链来说，ZARA 的供应链遍及亚洲、欧洲、南美洲、非洲等地。而 ZARA 将其产品分为基本款和流行款两部分，把基本款放在欧洲之外的地区生产，而一些需要快速更新的流行款，则基本都在 ZARA 的欧洲工厂生产，因为这些工厂靠近总部，可以根据流行趋势快速执行生产决策。这就意味着一家店的货品可能来自世界各地，这种特有的模式，使得 ZARA 不同于其他快时尚品牌，对单店的销售额十分敏感，因为库存积压会直接导致成本的攀升。如果一家店的营业额无法达标，ZARA 自然就会选择关闭它。而关闭小店、反开大店的逻辑可能在于，反正 1 000～1 200 家小型门店也只贡献销售额的 5% 到 6%，于业绩而言贡献不大，于影响力而言就更加微弱（这类门店一般都位于社区商场内，地理位置不甚优秀），倒不如花十家小店的钱换一家体验更好、影响力更大的店。

不过我们也看到在王府井旗舰店里，大量本因用于商品展示的面积都让给了体验，位于王府井的大独栋租金自然不菲，这样一来坪效①如何真是不好说，毕竟围观的不会天天来，而且也不见得真的会消费。但可能开这样一家店，ZARA 本身看中的也不是坪效，而更多是形象展示和示范效应，毕竟 ZARA 一向深谙此道。ZARA 一直坚信，门店就是 ZARA 最好的展示广告，把资金花在顶级的选址上非常值得。与大牌"做邻居"，一直是 ZARA 最喜爱的开店策略。众所周知，ZARA 在广告上的投入一向十分抠门。比起花钱打广告，ZARA 更喜欢挨在大牌旁边沾沾"贵气"，经济又实惠。于是，全世界奢侈品牌林立的地方，都能看到 ZARA 的身影。而如今在危急之下，在王府井开出这样一家店，也十分符合 ZARA 的开店逻辑。

不过这沿用了几十年的套路还好不好用，放在如今，尤其是竞争如此激烈的中国市场，还真是不好说。看一个品牌到底是不是大牌，就看它在线下有多少露出，这样的时代早已过去，在如今新媒体的语境下，被教育得越来越精明的消费者，更习惯去用户口碑里找答案。

"洗一水就完蛋"早已是老生常谈，更要命的是，ZARA 最引以为傲的"快"在如今也被比下去了。2019 年，中国服饰总零售额超过 2 万亿元，其中电商份额过半，这使得国内的服饰市场发生了巨大的改变，行业高度细分化、产品的生命周期变得更短。我们就拿红人带品牌的模式来举例，原来做服装靠赌，每年的流行趋势、生产的款式和数量，全靠服装老炮们的经验，而一旦赌错就会产生大量的库存。而在如今，红人们都会在自己的社交媒体挂上商品的预售链接，通过收藏、加购、粉丝反馈等维度去评估商品的设计是否需要调整以及对生产量做一个大概的预估。而且在过去，很多品牌的设计、生产周期是很长的，而到了电商时代，又到了网红直播时代，爆款的整个更新周期被缩得越来越短。同时，网红式快时尚还有一点与传统快时尚不同，就是更加追求打造爆款。以单品爆款来快速打造爆款，这意味着更低的成本，当然网店本身就

---

① 坪效：店铺实用面积每平方能产生的效益。

因为没有店面成本而比传统快、成本低很多。这反映在产品上就是更低的价格和相对还不错的质量。在淘宝上搜一搜ZARA，大量价格低不止一半的仿款，销量比ZARA还高。此外，网红式快时尚还很懂这届追求个性化、新鲜感的消费者，因此在更新、反应速度上十分卓越，一个电视剧还没播完，淘宝上就已经出现了女主同款。一个新流行元素出现，淘宝的快时尚卖家就能够将设计到打样，再到批量制造和快递发货时间压缩到3~7天。在这种情况下，这意味着淘宝快时尚的上新速度会更快，同时在一个个爆款带品牌的模式下，也造就了高度细分化、小品牌百花齐放的情景。

这些竞争对手们让ZARA陷入了一种尴尬：从质量到价格再到时尚程度都被对手摁着打，而对手们还成本更低、利润更高。而现在ZARA能做的也只是先增加电商渠道、收缩线下渠道，通过减少零售占地的方式来节约成本，先保障其母公司的长期收益，然后再通过翻新店面，提升购物体验，来把形象再往上拔一拔，以期获得更大的影响力和消费者好感。不过这些显然都不是解决问题的根本方法，而一家亚洲旗舰店，就更加不是灵药了。

【资料来源：ZARA等待救命［EB/OL］.（2020－10－19）. https：// 36kr. com/p/931156196067719】

思考题

（1）从《易经》思维出发分析ZARA在中国市场陷入困境的根源。

（2）ZARA在中国市场如何进行营销变革?

第十二章 道家文化与营销的自然之道

开篇案例　**非遗情怀传承中国文化：衣尚羊绒品牌融合二十四节气文化**

衣尚羊绒首次采用跨界融合思维，将二十四节气非遗概念注入 2018 年秋冬羊绒新品中，引导消费者通过节气变化，择衣体验衣尚羊绒舒适度——"26℃恒温"魔力。衣尚已经开发出二十四节气相关的羊绒系列产品。比如，2018 年秋冬新产品就是根据"立秋、霜降、立冬、冬至、大寒"五个节气的特点来做研发、推广的。希望通过"节气"认知，分波段向消费者推荐不同厚度、款式的羊绒服装，使消费者着装后体温始终保持在舒适的 26℃，最终实现产品的精准营销。衣尚羊绒既可以传承弘扬中华优秀传统文化，又提高了品牌的文化内涵，增加产品附加值，为此受到越来越多消费者的青睐。

【资料来源：人民网. 衣尚羊绒：非遗情怀，传承中国文化［EB/OL］.
(2018 – 05 – 23）. http：//fashion. people. com. cn/n1/2018/0523/c1014 – 300
08536. html】

思考题

（1）衣尚羊绒品牌融合中国二十四节气文化如何塑造差异化品牌价值？

（2）衣尚羊绒品牌营销传播了中国文化什么的世界观和价值观？

道家文化创始人老子在《道德经》写道：有物混成，先天地生，寂兮寥兮，独立而不改，周行而不殆，可以为天地母。吾不知其名，强字之曰道，强为之名曰大。大曰逝，逝曰远，远曰反。故道大，天大，地大，人亦大。域中有四大，而人居其一焉。人法地，地法天，天法道，道法自然。

道无形无象，但又时刻作用于天地万物。如何从天地人万象之中去理解无形之道？道家思想核心包括"道法自然、致虚守静、无为而治"等，大家对道家的哲学思想、辩证法、养生理念耳熟能详，但是如何在营销实践之中运用道家智慧，体会营销的自然之道？这是本章需要回答的问题。

第一节　中国文化的根底在道

鲁迅说过，中国文化的根底在道。道家、儒家和佛家，是中国传统文化三大支柱。佛教传自古印度，自然不是中国之根底。两千年来儒家文化一直是中国文化的主流。儒家发端于尧舜，长于文王、武王、周公，大成于孔子，化导百姓之教也。道家之前身是黄老之道，出自史官，炎黄一脉相承，自是悠久。而黄老之道者，君人南面之术也，既帝王之学也。儒学者名教也，道学者自然也。本末分明，先后了然。儒家敦人伦，重教化。道家重自然，贵生命。以此观之，中国文化之根底全在道教。诚不虚也。况孔子问礼于老聃，真实不虚。黄帝问道于崆峒，千古美谈。①

儒道之源，溯及《易经》。《易经》是中国文化之源头，百家之宗。相传，伏羲氏是中华民族的人文始祖，生活在大约距今七八千年的原始社会末期。《易经·系辞传下》说："古者包牺氏之王天下也，仰则观象于天，俯则观法于地，观鸟兽之文与地之宜，近取诸身，远取诸物，于是始作八卦，以通神明之德，以类万物之情。"以此可知，道者，中国文化之根底也。道者，万物之奥，善人之宝，不善人之所保。对于现代人而言，《易经》的经文太晦涩难懂，本土文化之根——道家与道教更是玄奥、深不可测。我们需要用现代语言，结合现实世界天文、地理与人事等不同系统的现象案例，阐释《易经》与道家关系、讲解道家文化智慧如何应用于营销实践。

第二节　天人合一：日华光华是华夏先祖得名的天文图腾

中国文化营销，就是传道。营销传播中华文化智慧，首先要搞明白以下几个称谓内涵：

其一，何谓中？为何中国和中医都跟"中"字有关？"中"字有什么内涵？

其二，我们为何叫中华民族？汉族何意？我们所在的这块土地为何叫神州大地？

---

① 纪录片《问道楼观》第二集"百经之首"，介绍了"孔子问礼于老聃"这段典故。详细请观看网页：https：//tv.cctv.com/2016/07/12/VIDEWAA3Ho3d84c7lEAL8Ig7160712.shtml。

中国一词的来源，不但有地区居中以及政治经济文化的中心国两层意思，更有其深层的天文内涵。中华得名源于日华，所谓重华、神华，华者，日月之光华。中华者，光明之源，旭日东升，普照大地。"汉"字称谓来自天汉，天汉指天上银河。

图 12－1　银河系

图 12－1 跟太极图一样是旋涡状，现代天文学家看到的天文现象与中国古代太极图是暗合的。所谓"星汉"是指天上银河、银河中心。银河系包含了很多像太阳系这样的星系。日华光华是华夏先祖得以得名的天文图腾，刘邦建立汉朝以汉为帝国本名就是上应天汉（天上银河中心），是一个太极，其对应在地面就是汉朝、汉族，也是一个太极。这是中华民族、汉族称谓的内涵。

"中"字口中间有一竖，不偏不倚之意。所以中庸之道，"庸"者，用也，就是用中之意。那么中是什么，实际上是阴阳和谐，阴阳和谐的源头就是"一"，就是无极：万事万物形成之前是没有"极"的，故称无极，又叫混元一炁。炁，是一种无形无质，形而上的存在，其大无外，小而无内。"炁"强调一种先天属性，是先天之精。先天之"炁"需要后天之氣来养，先天炁后天氣相互依存。"氣"与"炁"这两个字都发 qì 这个音，两个字透露了道家对于生命现象演变规律的认识智慧。我们吃的五谷杂粮其实都是一种能量，道家称为"氣"，气中带有米，它是日月天地的精华。人体吃米之"氣"滋养五脏六腑之"炁"，脏腑之气都是先天混元一"炁"的不同形态，源于宇宙天地之混元一"炁"，汲取生命的"氣"滋养了先天一"炁"再发挥出来，因此生命实际上是"氣"与"炁"（后天与先天能量）的转化。

　　大到宏观的宇宙，小到一个人、一条小虫子、一根小草……其实都遵循从无到有的过程。阴和阳在我们身体上随处可见：男性为阳，女性为阴；上肢为阳，下肢为阴；上肢两只手下肢两只脚，合起来就是四象，上肢两手代表阳，与天地的春夏两季相应，下肢两脚跟秋冬相应。因此，"天人合一"是指人身小宇宙，宇宙大人身，天人同构，人体跟天地宇宙息息相关，遵循共同的规律，头顶着上天，脚踏着大地，人和天地宇宙时刻有信息能量沟通。人体十二经络在一年里面的一进一出，恰好对应着二十四节气。天时二十四节气见图12－2，还对应脊柱二十四节。人体的每一块脊椎骨都对应着一个节气。经络上有365个穴位，而自然界一年有365天，这也是天人合一的一个表现。

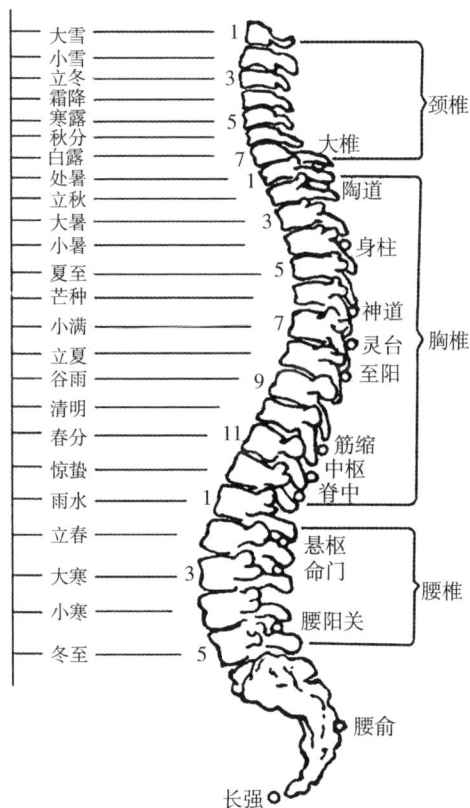

图 12－2　二十四节气与颈椎、胸椎、腰椎对应图

再看以下这几个字：一、人、大、天。这几个字有内在微妙的关联：道生于一，万事万物表面上有差异，其实本源统一于"道"，都是"道"之混元一炁能量的不同衍生物。人是天地阴阳二气交合综合的产物。两脚自然开立站着，就是一个"人"字，再张开两臂就是"大"字，"人"字到"大"字的演变包含什么意思？人与天地万物时刻存在着信息能量交流，天为阳，地为阴。张开双手，拥抱天地，敞开胸怀，由"人"变成"大"字——打开心胸，拥抱天地，宇宙万物都能够包揽，"人"才是"大"，"大"的人才能够悟道，参悟形而上之道"一"与"人"之间的内在联系。《道德经》云："昔之得一者：天得一以清；地得一以宁；神得一以灵；谷得一以盈；万物得一以生；侯王得一以为天下正。""一"就是混元一炁，就是"道"的能量形态。宇宙由混沌状态的混元一炁演化而成，道造化天地万物。人的生命，也是由道（虚无之能量态）产生的。道生神，神生炁，炁生精（父母交媾），精形成人身；或无极而太极，又太极而阴阳，由阴阳而五行。

"大"之上还有"一"，"一"加在"大"之上就是"天"。中国人把人体看成一个天地，所以有一句话叫"人身小宇宙，宇宙大人身"。人身小天地，天地大人身。人身与天地是同一本原、同一运转规律、同一构造的，人体小天地与宇宙大天地在各方面均有对应、协同关系。

"天人合一。"所谓"天"并非指神灵主宰，而是"宇宙自然"的代表。"天人合一"有两层意思：一是天人一致，天人均是"道"之本体演化，宇宙自然是大天地，人则是一个小天地。二是天人相应，天人相通，人和自然在本质上是相通的，故一切人事均应顺乎自然规律，达到人与自然和谐。《道德经》说："人法地，地法天，天法道，道法自然。"即表明人与天地、与道自然一致相通。《礼记·中庸》说："诚者，天之道也，诚之者，人之道也。"认为人只要发扬"诚"的德性，即可与天一致。

第三节 太极阴阳与天之道

《易经》的规律是怎么总结出来的？我们追随祖先智者伏羲的方法——仰观天文，参悟天之道。下面是哈勃射电望远镜传回的银河中心图片，是一个巨大旋涡，浩瀚的宇宙星球形成一个巨大的太极旋涡。

图 12 - 3 哈勃望远镜传回的银河系中心图片

　　以上是天文学拍到的图片，像太极阴阳鱼图在天文上的具象投影。再看下面的图 12 - 4，里面是一个圈一个圈，最里边那个圈是北斗七星，北斗七星外面是四神兽：东青龙，西白虎，南朱雀，北玄武，往外是二十四节气，再往外是十二生肖和十二地支了。一年有十二个月，每一个月有两个节气，十二乘二，所以就有二十四个节气。这个图其实就是把宇宙天文的信息做了一个高度的浓缩。

图 12 - 4　古代天文干支与十二生肖二十四节气对应图

　　三垣四象二十八宿，这是中国古人对星空的区域划分。中国古代星象学家认为，星空是天帝行政、生活的场所，于是有了三垣四象二十八宿的划分。三垣是北天极周围的三个区域，即紫微垣、太微垣和天市垣。古人把东、南、西、北四方每一方的七宿想象为四种动物形象，叫作"四象"。四象在中国传统文化中指青龙、白虎、朱雀、玄武，分别代表东西南北四个方向。在二十八宿中，四象用来划分天上的星星，也称四神、四灵。

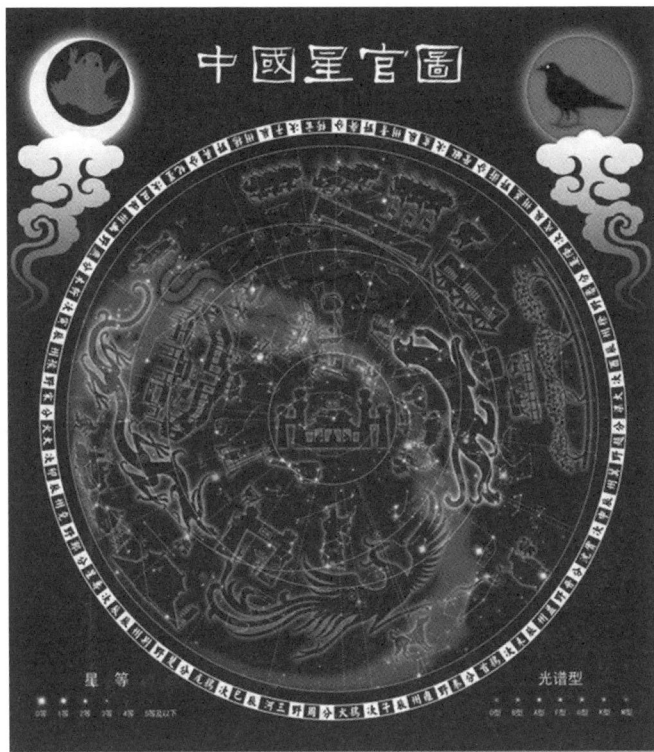

图 12 - 5　三垣四象二十八宿

　　古人发现，北极有颗星星是不动的，因此把这片天区选作皇宫，即紫薇垣。将那颗不随天球旋转而转动的星星称为天极星，把它当作皇帝的象征。我们看到其他星星都围绕着它转，就象征着人间百姓绕着皇帝转。正如孔子在《论语》所说："为政以德，譬如北辰，居其所而众星拱之。"

图 12 - 6   紫薇与二十八星宿

要把这个浩瀚宇宙星象图看成一个立体图，不能看成平面图。宇宙能量从里边的紫薇中心开始一圈一圈往外旋转，然后形成一个浩瀚的宇宙立体具象图。在这个宇宙图里面紫薇坐中间，为天帝，中间有两个宰相，外围有四象，每一个象有七颗星连起来，变成二十八星宿。看这张图不难发现，好像各颗星星不是无序的，它背后隐隐约约是按照特定的规律排列组合的。北京有一个紫禁城，紫禁城的结构其实就是对应天上的紫薇设计的。所谓"地上紫禁城，天上紫薇垣"。天上的紫薇垣映射到人间，就是紫禁城，即北京故宫。时光流逝，斗转星移，古老的紫禁城与紫薇垣将永远是中华民族灿烂文明的极致体现。

图 12 - 7　北京紫禁城的平面图与实景图

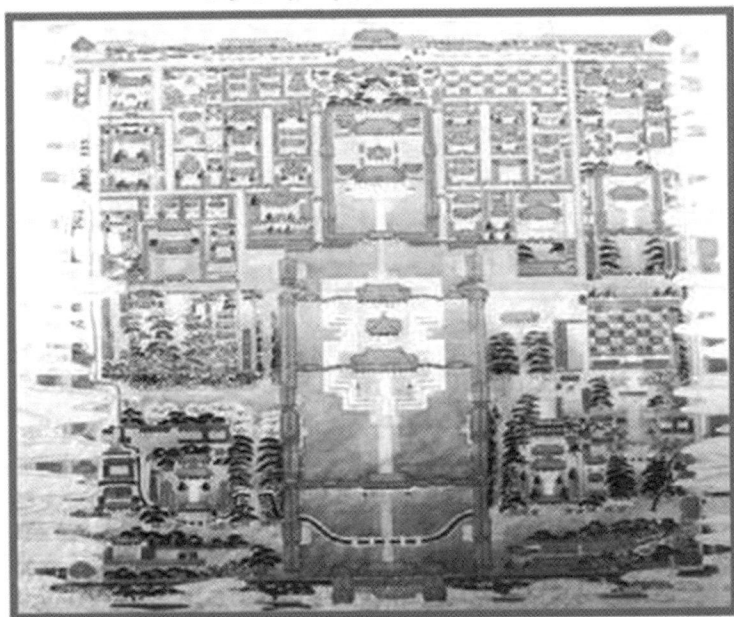

武当山是道教名山，也是明朝皇家道场，武当山整体宫观建筑群设计参照的也是天上的紫薇垣格局，故称为"云中紫禁城"。

图 12 - 8 武当山整体宫观建筑群实景图

上述这些模仿天文星宿结构的中国建筑瑰宝充分体现了"天人合一"的中国文化的世界观。二十八星宿在人体有什么具体映照？伸出双手数数每只手的手指有多少节？每只手有十四节，两只手一合就是二十八节。这是古人"指掌乾坤，天人合一"的内涵：天上有二十八星宿，人手上有二十八指节，人身对应天上二十八星宿。如果多一只手指或者少一只手指都是畸形怪胎，不是天地阴阳正气交合的产物。

据天人合一道理，天上有二十八宿，人体有一系列相对应的二十八。具体表现为：

（1）当我们伸出双手，粗看是十个指头，细看有二十八个指关节。

（2）一般人有二十八颗牙齿，智齿全部萌发则共计三十二颗牙齿。

（3）人体督脉二十八个穴位和二十八星宿相合。

（4）妇女怀孕是二百八十天，是天上的二十八星宿转十圈，通过这二十八星宿转圈的反复运动，人体成熟而降生，造就人体督脉二十八个穴位，手指二十八个关节，牙齿二十八颗。

概括以上内容，不难得出一个结论——天上日月星辰，都遵循太极阴阳规律，星象排列是太极中心能量往外甩出来的结果。

第四节　太极阴阳与地之道

喜马拉雅山是世界最高峰，我国青藏高原是世界屋脊。在中国传统文化中，昆仑是地球龙脉祖庭，新疆和青藏以前统称为古昆仑。这个古昆仑从一个起点往外旋转，形成的太极阴阳鱼，就是今天的青藏高原和新疆，正好是一阴一阳。新疆地理还可以再分阴阳，新疆的地理特征是三山夹两盆，北部的阿尔泰山是太极阴阳鱼的阳鱼部分，中部天山是太极阴阳鱼 S 部分，南部昆仑山是太极阴阳鱼的阴鱼部分，北部的准噶尔盆地与南部的塔里木盆地分别是阳鱼的鱼眼和阴鱼的鱼眼。古昆仑是大的太极阴阳鱼能量场，里面包含小的太极阴阳鱼，新疆地理就是一个小的太极阴阳鱼，古人就是这样去研究整个地理的规律。

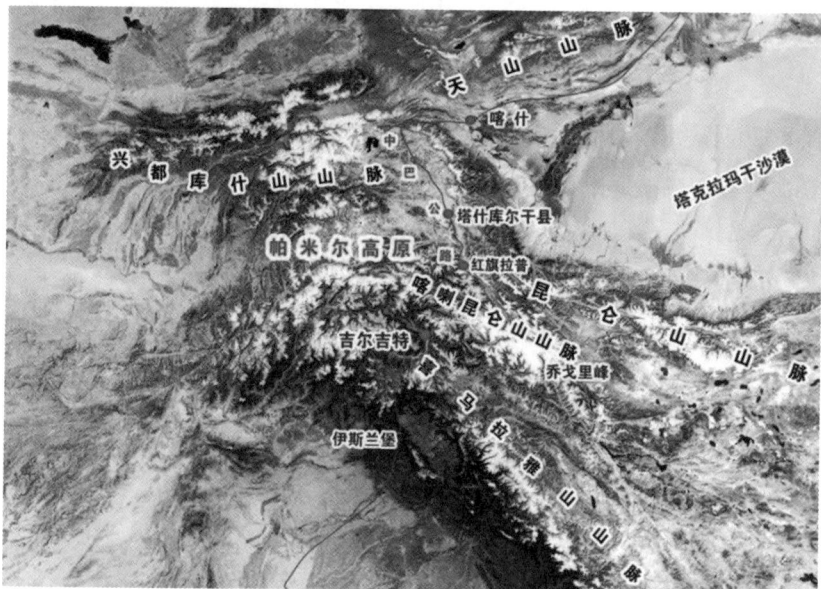

图 12 - 9   昆仑山为诸山之祖

帕米尔高原作为地球龙脉的中心，为产生源气之所。全球所有龙脉均发源于昆仑山，天下所有的山脉均发源于昆仑山，发源于昆仑山西端的帕米尔高原。所以帕米尔高原便成了世界诸山之祖。帕米尔高原是昆仑山的一部分，昆仑山又位于诸山大脉之中央，犹如人之脊梁，其他的山脉好似从脊梁——昆仑山发出去的分支，犹如人之脊梁所生出的四肢及肋骨。塔吉克语"帕米尔"意为"世界屋脊"，拥有许多高峰，中国古代称不周山、葱岭。现在地理学认为，该高原是地球上两条巨大山带（阿尔卑斯—喜马拉雅山带和帕米尔—楚科奇山带）的山结，也是亚洲大陆南部和中部地区主要山脉的汇集处，包括喜马拉雅山山脉、喀喇昆仑山山脉、昆仑山山脉、天山山脉、兴都库什山山脉五大山脉。它群山起伏，连绵逶迤，雪峰群立，耸入云天，号称亚欧大陆地区的屋脊。从卫星地图上我们可以很容易看出，在整个亚洲区域，以及东欧所在地，由五条主体山脉组成的巨龙汇聚于此，而龙头所处的位置正是位于地球之巅的帕米尔高原。

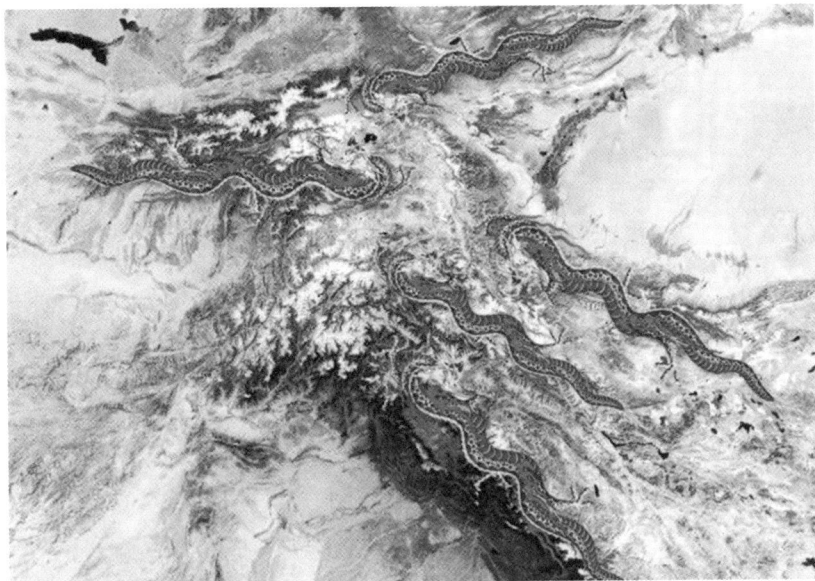

图 12 - 10　五条主体山脉组成的巨龙

中国的地势西北高东南低，形成三个阶梯。第一阶梯是青藏高原和新疆，第二阶梯是祁连山、秦岭、云贵高原一带，秦岭往外进入太行山后再往下走，就变成了华北平原、华东地区长江中下游平原以及珠江三角洲平原，这是地势第三阶梯。在地势逐级下降的过程中，中国的龙脉也是慢慢一圈圈往下走的。比如说大家看祁连山下来是秦岭、太行山，再过来就进入到华北平原，经过山东半岛龙头入海再翘起来变成辽东半岛。龙再抬起头就建成了大、小兴安岭，继续往北走就进入北极方向，往东经过了白令海峡，进入北美洲成为落基山山脉，洛基山山脉继续往南走就变成南美洲的安第斯山山脉，再绕过来就变成南极洲的大山山脉。古昆仑山龙脉经过天山往西边走进入伊朗高原，再往西边走进入欧洲就变成了阿尔卑斯山山脉。古昆仑山龙脉另外一支进入中东，再经过红海、埃及进入非洲。综上所述，不难看出，全球地理结构其实都是以古昆仑作为能量中心点一圈一圈往外旋转形成的，这是宏观的地之道。

图 12 - 11　慕士塔峰（上）与天山群峰（下）

　　从宏观的地理再缩小一下，看图 12 - 11 这两张山脉图，图中的山脉里面能量一圈一圈往外旋转，这个旋转是圆的。俯视雄伟的天山山脉，这个山脉就是地球龙脉能量一圈一圈往外旋转形成的，是宇宙太极阴阳鱼能量场在地面山脉的一个表现。

图 12 - 12　塔里木河（上）黄河九曲十八弯（下）

　　再看地面河流，这是塔里木河，黄河九曲十八弯，呈现弯弯曲曲的 S 形，这也是太极图的能量运动轨迹。《道德经》的"曲则全"就是对太极运动曲线规律的最好概括。太极拳里面的云手也是走曲线的。不仅地球上山川河流如此，地球植物动物生长遵循的也是太极能量演化规律。图 12 - 13 所示的植物叫桂圆，也叫龙眼。

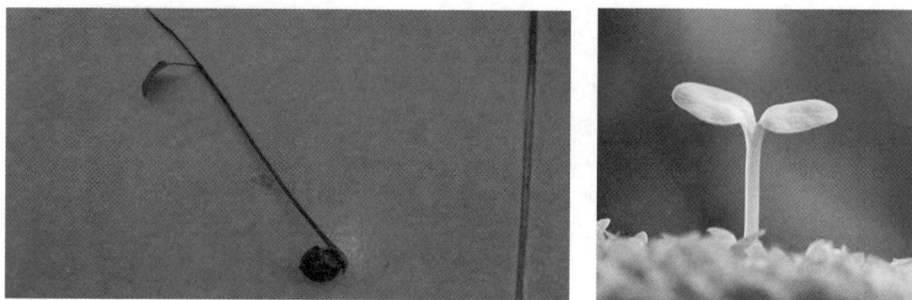

图 12 - 13　桂圆（龙眼）及其芽

　　龙眼树是从一个龙眼核慢慢发芽长出来的，它从核里一圈一圈往外长。长这么高的龙眼树其实是从这个嫩芽开始的。再看看蜗牛和牵牛花，它们也像太极中心能量，一圈一圈往外旋转形成。

图 12 - 14　牵牛花

图 12 – 15　蜗牛

　　牵牛花的能量源头就是它的顶，其生命能量也是从顶部由小到大慢慢一圈圈往外甩，这个源头、顶点，就是太极图中心不变的那个点，它的能量是通过阳鱼和阴鱼的相互运动往外甩出来的，太极无处不在。

第五节　太极阴阳与人之道

　　讲完天、地，再来讲人的太极，人的眼睛是一个太极图，黑白分明，围棋有白子黑子，围棋其实也是阴阳鱼，是阴阳里面再分阴阳。

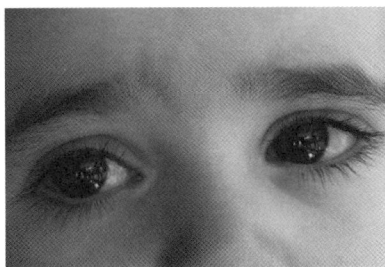

图 12 – 16　人眼

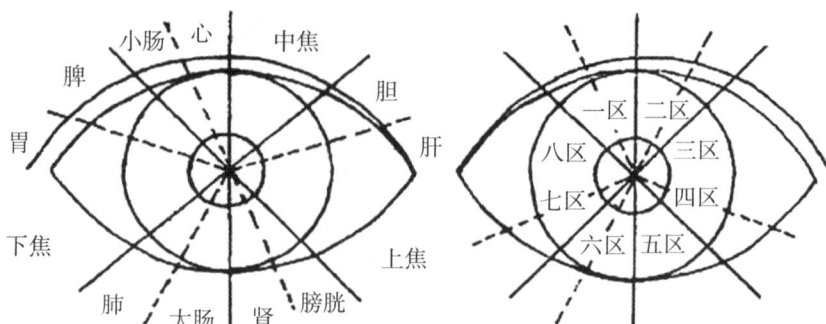

眼球经区划分方法

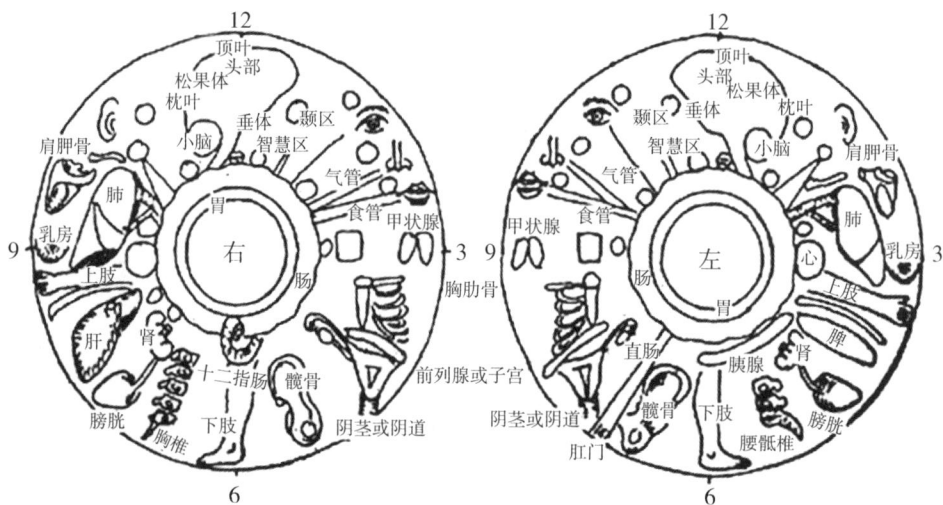

双眼黑睛反射区

图 12 - 17　眼睛太极阴阳八卦全息对应图

　　中医眼诊对应的分区是将眼球分成八个区，就像无极混元一炁演绎太极阴阳八卦一样，不同的区对应人体不同的脏腑部位，中医望诊中的眼诊就是根据这个原理进行的。除了眼睛是阴阳外，耳朵也是阴阳。耳朵的形状就像一个婴儿在母胎里面蜷缩，生命能量由里面一圈一圈往外旋转。中医耳针的原理就是扎耳朵不同的部位能刺激对应躯体不同脏腑。耳朵也是太极阴阳能量团慢慢旋转出来的，此外，人体太极阴阳旋涡能量旋转随处可见：每个人

的头顶旋、手指的指纹、肚脐等部位，都是太极能量场一圈一圈往外旋转形成的。手腕、耳朵是有形的，心念是无形的，但人的心念也分阴阳，例如想笑就为阳，想哭就为阴，激动为阳，忧愁悲伤为阴。身心就是一个太极阴阳整体系统，中医就是太极阴阳和道家文化在人体生命系统的具体应用。

天、地、人能量相互贯通，这是从能量流动层面看到的"天人合一"：地气通过脚底两个涌泉穴进入人体系统，走完了奇经八脉与十二经络，汇聚到头顶的百会穴，再升到天上。然后能量再下来地球，再次形成了一个新的能量流动循环。古人云：天地阴阳交合，生命生生不息。由此可见一斑。

第六节 "天人合一"的全息论、
系统观、整体观、动态观

现象是我们感知世界最直观最容易理解的东西。《易经》是在把握宇宙万物时空的节律性、全息性、系统性的基础上概括出来的宇宙万物共通的规律。《黄帝内经》云："夫五运阴阳者，天地之道也，万物之纲纪，变化之父母，生杀之本始，神明之府也，可不通乎？"这段话向我们展示了通达宇宙万物变化的规律，弄清楚万物是怎么样从无到有变化的规律。如果用全息观点看《易经》，很多疑问便迎刃而解了。什么叫全息？小局部包含大整体信息，并可以重演再现原形，由此发展而来的理论被称为"全息论"。胎儿既是局部又是整体。胎儿在母体中发育的过程，生动地再现了人类数百万年演化的过程。人的耳朵像倒着的婴儿，耳穴包罗了全身部位。

总而言之，八卦、乾坤、阴阳、两仪均储存着六千年文明进化的全部信息，是中国社会、文化及宇宙规律的全息缩影。在自然界中，每一片树叶的形态，就是整株树的形态。在人体中，一个受精卵包含了男女双方系统的全部资料，这是令人惊奇的大自然杰作。

太极阴阳五行跟人体密切相关。阴阳和五行的关系如图 12 – 18 所示。

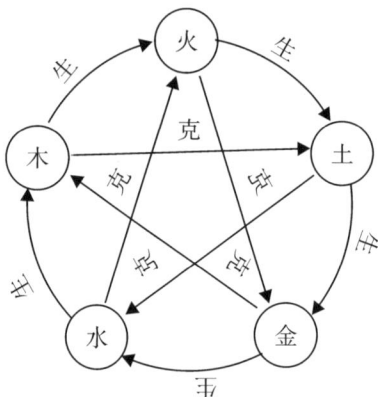

图 12 – 18　五行相生相克图

阴阳运动细分就成为五行——能量往下走的过程称为"水"；能量从一个中心到四面发散的过程称为"木"；能量从四面往上升起的过程叫"火"；能量处于平衡状态叫"土"；能量从四面八方往一个中心点挤压的过程叫"金"。阴阳初始状态是水往下走，潜藏能量态，走到一定程度就往四周伸展生发的是木，木生发到极点就聚焦成火，火一烧就恢复到平衡变成土，土继续往里边收缩就成了金，收缩到极致变柔就再变回水。这个过程就是水生木，木生火，火生土，土生金，金生水的五行相生关系。

五行的核心内涵在"行"一字，行就是生生不息的运动。国内某些中医教材把五行错误定义为五种基本元素，这是典型的用西方思维去揣度、分割中国系统整体思维的文化。中西方思维方法完全不属于一个层次，中国《易经》思维要比西方局部、静态、机械论、还原论思维高出很多层次。中国文化讲万事万物都是一体的，五行其实就是混元一炁在运动变化过程中的五种能量状态、五个不同阶段的能量场特征。不要把它理解为五种相互独立不相关的

元素。

　　木和火属于阳，金和水属于阴，土就是阴阳之间的过渡平衡。要把这个图理解为动态立体图，这个图往上转到极点就往下走，有一个力拽着往里走，这个力来自中心那个点——球心，就是如如不动之混元一炁。往上走的能量走到一定点就开始往下走，根源在于系统中心有一个力量把它往回收，这个能量回收平衡后就变成了"土"，"土"能量场继续变化——再往里收敛就变成了"金"，"金"气收敛能量场发展到极点就变成了"水"。俗话讲"金生丽水"，是指石头多的地方必有水源，全是泥巴的山往往是找不到水的，这是五行规律。

表 12-1　五行在不同系统的全息对应表

五行	木	火	土	金	水
八卦	震巽	离	艮坤	乾兑	坎
时间	春天	夏天	长夏	秋天	冬天
空间	东方	南方	中	西方	北方
天五行	岁星	荧惑星	镇星	太白星	辰星
气象五行	雷风（云）	电（彩霞）	雾霾	露	雨雪
地五行	树草	火	土	石	水
人五行	木型人	火型人	土型人	金型人	水型人
身五行	肝胆	心心包小肠	脾胃	肺大肠	肾膀胱
五官	目	舌	唇	鼻	耳
五神	魂	神	意	魄	志

　　表 12-1 把天地人不同层次的系统按照阴阳五行罗列出来，比如说天有阴阳，阴阳把它具体拆分就变成木火土金水，八卦其实就是五行的具体演绎。震和巽就是一个阳木，一个阴木；艮和坤就是一个阳土，一个阴土；金就是乾卦为阳金，兑卦为阴金。坎和离，水和火是两个极端，木和金正好是中间的过渡。离卦、坎卦在一年代表夏天和冬天，属于两极，春天和秋天属于两个过渡

季节。在时间和空间方面也可以变成金木水火土阴阳，比如说春天属木，木主升发，春回大地雷声轰轰，雷之后有风雨。地上万物苏醒——动物从冬眠中醒来开始活动；植物种子开始发芽；人经过漫长的冬天后在户外活动，一年之计在于春。春天对应秋天，秋天天地人能量收敛，秋风飒飒，秋风偏凉，春风偏暖。还有一个季节叫长夏，就是七月和八月间，该季节较多雨，潮湿高温，在南方尤显闷热湿气重。为解决南方长夏季节湿气重问题，广东人都会做一些中医养生食疗：喝一点木棉花茶以及冬瓜薏米汤以达到消暑祛湿目的，这是中国人顺应自然的中医节气养生文化。

综上所述，太极阴阳与五行生克是宇宙万物共通的规律，道生出万物，万物都遵循太极阴阳五行生克规律，道不生不灭，一切如其本然，这就是道家文化所讲的"道法自然"的原本内涵，这也是中国文化思维方法论——"天人合一"的整体观、系统观、动态观与全息观。①

第七节　营销的自然之道：为而不争、不争而争

太极阴阳规律无处不在，所谓其大无外，其小无内。阴阳可以再分阴阳，大到宏观宇宙，小到我们一个指纹里面都是太极旋涡能量圈，这些都是从无极混元一炁到太极阴阳演化出来的。营销作为人类社会一项管理活动，其发展变化也必然遵循此规律。但现实中的营销是充满竞争的有为世界，在竞争社会里，如果我们不争必然会被淘汰，道家的清静无为就是消极，注定是要被消灭的。持这些观点的人很多，证据似乎也很充分。殊不知，争了半天，把自己搭进去了：身体垮了，家庭离婚了，公司高层内讧……何谓为而不争？何谓不争

---

① 深度解析"天人合一"：宇宙螺旋全息气场！［EB/OL］.（2019 - 12 - 25）. https：//baijiahao. baidu. com/s？ id = 1653869632044254434&wfr = spider&for = pc。

而争、不营而销？以下师生关于营销自然之道的对话交流，也许能让营销人的工作生活多一份洒脱超然。

学生：老师，在日常工作中怎么把我们学到的道家文化跟现实结合起来呢？现在社会经常讲究"竞争"。

老师："竞争"的社会这个说法是很肤浅的，因为它只看到竞争的一面，没有看到合作的一面，市场经济本身就是互相关联、利益共存的。如果厂家把利润都拿走了，没有经销商、没有零售商，那么，厂家怎么能把产品销售到千家万户？怎么生存？那零售商、经销商把利润扩大了，挤压了生产商的利润，那生产商没钱了？怎么赚钱，怎么生产？最后都是一种动态平衡的过程。首先要把这个道理搞清楚了。你不能光看竞争，要弄清楚这个"竞争"的本质是什么。实际上是不断发现新的东西。最大的竞争是什么，是没人跟你争。为什么没人跟你争？是因为你总是把好的东西给别人，你发现了别人没有发现的东西。超越竞争的点在哪里？是寻找更多更好的机会。什么是更多更好的机会？损有余而补不足。《道德经》原文第七十七章云："天之道，其犹张弓欤？高者抑之，下者举之；有余者损之，不足者补之。天之道，损有余而补不足。人之道，则不然，损不足以奉有余。"

参悟《道德经》里的这句话，就是做别人没有做的东西。你跟别人做同样的产品不是不行，但你要做得比别人好。比如说最明显的竞争就是相互杀价，杀到最后肯定要亏本的，亏本能持久吗？人为了竞争开始不择手段的时候，肯定各种恶念就出来了，因此过分强调竞争就是自私的表现。强调善的，更多看到的是善、阳光的一面。但是只看到合作而忽视竞争，这个人就很幼稚。阴阳是相互依存的，找到阴阳平衡点，就是合理的系统和谐稳态。

更多看到阳光的一面，路会越来越宽。比如说这个领域，我是比别人早发现的，肯定马上有人跟。你的市场不大，利润不厚，别人肯定不跟。这跟过来以后你的心态是怎么样的？你的思想、思路就是把别人踩死，这个就是竞争表面下的概念。而你的心变宽，让更多人进入这个市场，市场可能会变大。这个市场更多人去做的时候，某种意义也在帮你推广，你的机会就会更快形成。而笨的人、短视的人，老盯着别人那块利润厚的。那么利润呢？它肯定是从厚到薄的，但是市场机会总是在变化。那么这个产品呢？这个市场慢慢地从厚到薄是不可避免的，那么你能不能发现新的市场、新的产品，发现新的窗口呢？如果可以，那么你就永远走在市场风浪的前头，你的路就永远是宽的，因为你总看到的是积极、阳光的一面，而不是消极的一面，这就叫不争而争。你不跟它争，自然有你不争取的道理。属于你的那个市场自然是属于你的，因此我说营销的最高境界是不营而销。

你不要总是那么钩心斗角，老想着什么技巧，只需要顺道而行。如果你真的有内涵，有本质好的东西，不愁没有需求。但关键是你有没有多想想别人的困惑是什么，别人的难处在哪里，若尽我所能，能不能帮到人家的难处？把别人的困难解决了，他肯定会找你合作。但是这个事要量力而行，你帮他解决的这个难题你能不能承担得起？你承担不起就换个角度去做，去做力所能及的事，而这个力所能及的事就是能够有益于他人、帮助他人的事情，自然你的路就越走越宽。我认为这没什么复杂的。

不争而争，争而不争。我存在于市场，肯定有竞争，但是我的心态是我不跟你争。有好东西，我希望你也来，但是我比你看得更远，在这个产品市场饱和之前，我已经转行去开发新的产品、寻找新的市场机会了，因此叫不争而争。我不跟你争，但我给自己争到一个合理的市场、合理的利润空间。

"长短相形、高下相盈"，竞争跟合作是相辅相成的。因此要上善若水，水利万物而不与万物争，水一来你把它堵住，它拐个弯，你又跟着堵，你最后会变成一个大坝。你虽然把水堵在大坝内，但是水积累的能力，肯定把你的大坝给冲毁，这个道理你要看清楚。你没有办法跟水争。水是自由的，它有那个力，这个力是什么，就是积蓄的能力，就是积累你的智慧。你有没有观察到这个细微的规律：你若能把握市场的本质，不管你做什么事都是顺的，所以一个人不能偷懒，要愿意吃亏，愿意帮助别人，那么他去哪里都有人缘，他有人

缘，人家就会帮他，给他机会，你处处跟人家竞争，就是把你自己的机会堵死。你走到哪里都是积累恶缘，不知不觉就带着一脸凶气、杀气，带着一种蛮横之气，人家和你合作也不会持久，跟你合作也是无可奈何，迫于生存压力。不要得势不饶人，不要以为自己的资本很雄厚就不可一世、为所欲为。有的老板有了钱，飞扬跋扈、觉得没有他搞不定的事，最后栽了很大的跟头。现实中不乏一些满脸杀气的商人，他们不知不觉已违背了和气生财的基本原理，其生意能否长久值得打个问号。待人处事多一分善缘，多一分宽容理解，也是给自己的生意多一次机会。

学生：老师今天给我们讲了一堂高层次的营销课。

老师：古人云，上知天文，下知地理，中通人事，方为达人。作为通达道家文化智慧的营销人，应该未雨绸缪，提早预测天地运行变化趋势，在恰当的行业、恰当的市场与恰当的时机进行恰当布局，静待消费者人气的到来，得天时、地利、人和之"天人合一"，此谓营销的自然之道，不争而争，不营而销。正如道家经典《阴符经》所云：观天之道，执天之行，尽矣。

学生：道家文化在营销之应用确实玄之又玄，唯有顶尖高手方能把握其玄妙。

第八节　大数据的泡沫与零售业的未来

从实体店到互联网再到线下体验线上消费，面对未来消费者主导的购物模式，需求千变万化，手法层出不穷，零售业到底该怎么做？不同行业和地区未来的发展和趋势又将如何？下面师生一段对话透露出如何从五行八卦、天象气运来分析解读。

学生：在百货行业，能搞出名堂的都是所谓千万级的策划。比如有领导觉得优衣库试衣间不雅视频能博人眼球，带动销售，还特地加了点击率，销售数据增长等作阐述行业业绩的数据滋生了一批道具租赁和新媒体运营公司，确实很赚钱呢。老师还看到什么信息？

老师：从长远来看，零售日后迟早被 KOC 与 KOL 构成的消费顾问所替代，消费者与厂商之间无缝对接的 C2F（Customer-to-Factory，消费者对工厂）模式是大趋势。至于你说你们的领导推崇曝光优衣库试衣间不雅视频这类营销手段，说明这个领导为了短期营销业绩鬼迷心窍了，依靠这种跨越社会道德底线的营销手法博取的业绩注定是短命的，而且给品牌造成负面影响。"道具租赁和新媒体运营公司赚钱"都是暂时的。因为互联网电商第一把火暂时告一段落，日后物联网大数据盛行，这些环节就不火了。倒是那些互联网的大 V和自媒体可以忽悠一群粉丝去买东西赚钱。

学生：业内没人敢讲公开讲这个，都说实体店能创造就业岗位、纳税、为制造业提供出口，只要拥抱互联网就不会消亡。

老师：实体店日后主要作为配送服务点而保持其存在价值，新鲜食品、快消品等需要快速响应消费，因此小区周围的零售店就作为网上下单的配送中心。

学生：现在送快递、送外卖的也在兼职送其他东西，都在争"最后一公里"的配送权。

老师：因此日后零售店需要再定位，比起送快递、送外卖，还是有优势的。

学生：现在行业都在购物中心化，压缩商场面积，在物业中增加餐饮娱乐商户，还偶尔弄些"时尚"事件，有资本的搞个网站做电商，好像没什么其他动作了。在商业选择上，基本上是厂商主动找上门，招商人员提出各种收费项目后，向他们推销位置，然后要赠品、要人员，谈好了就上架，卖不好大不了再换。整个过程基本上没怎么跟消费者互动，招商人员有自己的考核指标，比如收费、毛利，这些利益指标也会在一定程度上维护目前这种模式。

老师：商业本质就是倒手买卖，中间差价利润的形成是因为消费者和生产者之间存在时空间隔。

学生：确实存在信息不对称。

老师：互联网，尤其是移动互联网的出现，加上未来的物联网、人联网等的形成，将会把消费者和生产者之间的时空间隔压缩到最小，这个大趋势的第一波浪潮就是最近几年的网上购物热。当淘宝、京东这样的电商平台，以价格透明、低价、竞价打折等手法积聚人气的时候，也是线下零售店的第一轮死亡冲击波。这轮冲击波最直接的受害者是线下各种批发市场和没有区位优势的零售店。目前的O2O热，就是第二轮死亡冲击波的前奏和过渡。

学生：全行业，包括上市的实体零售商，销售量和利润都在下滑，连当年WTO请进来的外资大鳄，在优惠政策到期后的今天也非常难受。现在零售大佬们都在谈O2O，看的年报都是负增长的。

老师：淘宝、京东不过是把销售人气从传统的卖场拉到了线上，用物流快递去解决仓储配送问题，但价格战透支了消费者信任，而无法做到真正的个性化需求满足。最重要的一点，这种大而全的庞杂的线上卖场，只是触动了消费者贪便宜的一根神经。面对铺天盖地的低价商品，消费者对打折低价亢奋之余，往往茫然无知——对假货泛滥完全无法自保，这种现状的最直接表现就是假期出国游的疯狂购物、跨国代购的海外购热潮。

学生：国内跨境电商这两年也很猛，体验店如雨后春笋。

老师：这些现象都是浮云，属于暂时的。因为未来即将迎来的商业购物洗牌是彻底的消费者主导的模式。所谓O2O体验店，也是零售店苟延残喘的一种救命稻草提法。商品一旦变为日常用品，何须天天体验试用？

学生："以消费者为核心""市场导向"等理念倡导很多年了，但好像能做到的并不多。

老师：消费群体的体验已经从逛街转为网购，实体体验让位于虚拟，这在80后、90后、00后这三个未来主体消费群体已经很普遍。"以消费者为核心"的理念，在未来真正落地之时，就是消费者主权时代的到来，过量的供给能力追逐有限的消费需求。移动互联网出现后，传统的依靠大生产、大批发、大卖场、大广告的商业模式必然要发生彻底改变，因为消费者的心理行为已经变得碎片化、瞬间即变化。

学生：现在上层领导都在谈"供给侧"改革，可作为新常态下的众多厂商，面对那么复杂的情况，要调整自己以满足高度个性化的购物需求，难度可想而知。现在主流是"精准"，精准推送、精准促销，通过大数据采集与挖掘，把东西精准推送给特定群体。

老师：大数据只是一个粗犷的概念而已。面对海量的信息数据，当然可以从中淘金，但不要忘了一点，这种大数据分析依赖的逻辑是什么？历史数据可以直线类推未来，这是当下最普遍的大数据逻辑。但这个逻辑能适用多久呢？

学生：大数据分析依赖的逻辑是每个消费者具体的历史消费行为。

老师：人心善变，消费者本人未必都知道自己为何喜欢这个东西，就那么一瞬间点了一个网页就动心买了，当下那些大数据分析师们，把消费者那些因瞬间心理而点开的网页以及购物的行为，当成未来推送的全部依据，只会导致另外一个极端——消费者抵抗。精准推送的前提是必须理解消费者内心世界的变化图谱，并且预测消费者的命运起伏及其带来的心理需求变化。做不到这点，搜集再多的大数据，都是暂时的。不断的精准推送，日后必然带来不断的精准抵制。这个问题在我十多年前写博士论文（详见 2004 年 10 月山东人民出版社出版的《消费心理藏象论初探》一书）的时候就已经考虑到了。

学生：还是老师有先见之明，提出消费藏象理论。

老师：当初选择从《黄帝内经》和《易经》这些大智慧经书中汲取营养，就是要修正西方消费者行为理论范式的刻板、机械、割裂的思维方法及解决其存在的问题。

学生：商品千变万化、营销层出不穷，智者求同，以不变应万变。

老师：当下时髦的大数据营销，就是典型的西医思维——不断研制新药对付新的病毒。这是典型的刻舟求剑思维，用局部信息武断判定消费者的整体特征，这种"瞎子摸象"能摸到啥？

学生：对待同一批数据，比如一个人一年内的消费记录，现在的操作思路大概就是统计每个部类买了多少钱（偏好）、所买商品的关联性、购物频率……然后再给他贴个标签，比如冷冻食品、当天配送、重度消费者等，然后通过微信、短信、邮件等手段给他发促销信息、优惠券、样品等。老师的理论就是根据他的消费记录，判断他是哪一类消费属性的重度消费者，然后根据该类消费的八卦五行属性特征将同类（同场）的消费信息推荐给他。前者可以借助 IT 实现，后者目前好像没有有效的手段能够帮助操作人员归纳庞大会员的消费场类，也没有多少人能够准确区分什么是乾类消费、离类商品等八卦属性。

老师：我的论文用八卦对消费者和消费品进行分类，但这些消费者和消费品的具体描述是流变的，因此营销者要是不懂《易经》与《黄帝内经》的动态辩证思维，是无法按照我的研究结论实施精准营销的。消费记录可以通过 IT 技术进行归类统计，但如何透过这些数据对消费者心象进行辩证，这才是最难的。因为消费者心象是其命运禀性在具体某一时空的表象，正如中西医本质区别一样，如果不懂中医的望闻问切方法，指望通过西医那套高科技机械检查去给消费者号脉，那是缘木求鱼。给你举一个现实案例——缔元信：态度营销的科学方法。缔元信公司接到过一个红酒品牌广告主的数据挖掘请求，"广告主之前根据经验去找一些时尚类的网站投广告，感觉买红酒的人一定是时尚人士，这个时候他们的平均转化率基本是在千分之五左右。后来我们通过分析和挖掘，发现在这家网站买红酒的用户最大的内容偏好不是时尚，而是军事，因此我们建议、推动甚至帮助他去找一些军事媒体来做红酒推广。转化率是原来的 17 倍。"①

这家公司是典型的大数据营销分析公司，但是它们的研究是知其然不知其

---

① 详细内容可以查阅：http://www.le.com/ptv/vplay/23943518.html；http://www.cbdio.com/html/2014－12/31/content_2148643.htm。

所以然。红酒重度消费者跟喜欢浏览军事网站之间到底有何内在逻辑关联？他们并不清楚。

学生：这些营销分析公司很牛，一个项目费用可以轻松过百万。

老师：这个演讲只是在兜售它"瞎猫碰到死老鼠"式的大数据，这个演讲核心结论就是："通过大数据发现红酒重度消费者跟喜欢浏览军事网站有关联！看看大数据分析多厉害！"

学生：我记得统计学上也明确说过数据只能呈现结果，不能解析原因，特别是关联分析，一般通过主观解读。很多零售企业也在追逐这些东西，太渴望了解消费者了。

老师：按照我博士论文研究的结论，按照中医的阴阳五行结合我的消费心理藏象理论，很简单就能得到这个结论——红酒属于西方舶来品，喜欢喝红酒一类消费场景、喜欢这类西方舶来品的中国人都是些什么类型的人？按照阴阳五行气质分析非常简单，就是金型人。金型人特别喜欢西方的东西。

学生：是的。但"上海人属于木中之金"这一结论，老师您是怎么得出的？同声相应同气相求，一方水土养育一方人，在属性为木的区域里面，为什么能养育出一批属性与其相克的人？

老师：这个疑问源于你的机械唯物观，用西方僵硬死板的思维看人事。在中国文化思维里，时间空间不可分，时间空间都处于运动变化中。上海在地理空间属于木中之木，但上海在1840年以来的一百多年里，处于西强中弱的运。特别是进入了兑七运，上海成为最强的金运主宰。因此在兑七运（1984—2003）期间，上海这个地方事业发展顺利的人，"木中之金"气质类型的最多，中国证券交易所在上海，上海金融圈也是风生水起，最得意了。

学生：目前这个阶段行艮运，艮是山，属土，木克土，上海位居东方属木，土运能否主宰这座城市？上海人的消费之象会随之发生怎样的变化？是否会逐渐从红酒、军事之类的偏好中转移？金融人士能否继续意气风发（土生金）？

老师：艮运当然主宰上海，因为艮运是天运，对地球任何一个地方都一样，艮为止。习近平总书记上任后第一件事就是反腐、扼制官场奢靡腐败。过分时尚奢华已经被制止了（艮为止，本身就包含整肃之意。木土相克）。中国为中土，中国风将在时尚季重新兴起，国潮热已经形成。上海人的消费之象亦会随之发生变化，这是必然的，中医养生类消费必定增加。

案例分析　道家武当文化为何让外国人如此青睐？

杰克·平尼克今年（指 2020 年）29 岁，是美国伊利诺伊州人，2009 年来到武当山，拜在武当三丰派第 15 代传人袁修刚门下，如今晋级为教练。"我的目标是回国开一家武馆，让更多美国人学到原汁原味的武当功夫。"杰克的中文很流利，他说，太极拳在美国很受欢迎，1 小时 1 节课，收费 50 美元，还需预约。杰克的两个师兄，大卫·维和杰夫·雷德，都回美国加利福尼亚州开了武馆，"大卫的武馆规模较大，常年有 200 多名学员。每逢周末，大家驾车到国家公园打坐、练拳，场面壮观"。袁修刚从 1995 年开始教授洋弟子，正式拜师的有 60 多人，其中约 40 人开办武馆。今年 41 岁的法理中也是袁修刚的弟子。法理中原名托马斯，是法国波尔多人，2014 年来到武当山，练功之余，在紫霄宫旁承包十几亩茶园，自己动手采茶、炒茶，除了自己喝外，还卖到法国、奥地利。"道茶很受欢迎，道服、太极剑、拂尘也有很多买家。"法理中说，在欧洲，武当武术相关产品非常畅销，一套养身功法，学费从几十欧元到几百欧元不等。和追求力量、肌肉的西方格斗术不同，武当武术以柔克刚、以静制动，充满东方色彩，这是最吸引外国朋友的地方。武当山现有武馆 20 多家，洋弟子累计约 3 万人，其中 5 000 余人回国后或开馆收徒，或组织研学交流团队，或销售武术周边产品，吃上了"武当饭"。

【资料来源：外国人在中国：杰夫的武当情 [Z/OL]．（2013 - 06 - 22）．http：//tv. cctv. com/2013/06/22/VIDE1371883201496636. shtml；荆楚网．武当武术国际影响力越来越大 5 000 余洋弟子吃上"武当饭" [EB/OL]．（2019 - 03 - 27）．http：//news. cnhubei. com/shehui/p/10490426. html】

思考题

1. 道家文化与武术文化有何联系?

2. 营销武当武术文化可以分哪几个层次?

3. 如何营销武当武术文化 IP?

4. 如何塑造武当旅游品牌 IP?

5. 武当文化产品线包括哪些? 如何营销武当文化产品?

第十三章 兵家文化与营销战略

开篇案例 **华为公司集中优势兵力打歼灭战、聚焦主航道的战略**

在华为创业之初，当时的中国城市市场已经被各大国际电信巨头占据，华为要是与它们争夺城市市场，可以说毫无胜算。面对这样的局面，任正非选择了一条后来被称为"农村包围城市"的营销战略，最终以弱胜强，成为当今世界5G技术的引领者，其中贯穿一个重要的战略思想，就是集中优势兵力打歼灭战、聚焦主航道的战略。

【资料来源：任正非的忠告:不赚钱的产品就关闭压缩 [EB/OL]. (2017－09－22). https：//tech. hqew. com/fangan_1929241】

在企业营销界，华为的创始人任正非毫无疑问是中国最优秀的企业战略家之一。他带领华为从一个2万元注册资本起家、20多人的民营企业走到了今天营收突破8 500亿元、员工规模近20万人的跨国公司。研究任正非思想和

213

华为战略，不难发现其中充满着中国兵家文化的辩证思维和战略睿智。学习中国兵家文化思想可以帮助营销管理者提升战略思维层次和战略指挥能力。

兵家文化是中国传统文化体系的重要组成部分，其中杰出代表是《孙子兵法》。从哲学方法论和思维方式看，孙子兵法战略思想是《易经》和道家文化在战争体系的具体应用，与中国传统文化智慧密切关联，构成中国太极阴阳文化的"体""用"体系。中国兵家文化战略管理思想与西方的战略管理思想截然不同。学习《孙子兵法》这部中国兵法文化智慧经典、了解中国兵家文化，对于从事营销管理工作具有重要指导意义。

第一节 《孙子兵法》与中国文化道统

在中国文化体系里，道家强调"道"，儒家强调"仁"，佛家强调"禅"，兵家强调"全"，要全胜、全身而退，要尽可能实现"不战而屈人之兵"。诸如"上兵伐谋，其次伐交"等思想，都是围绕着"全"字内涵具体展开。《易经》是群经之首、诸子百家思想之源。道为兵之体；兵为道之用。兵家文化处处体现了《易经》太极阴阳规律。《孙子兵法》强调：兵无常势，水无常形。这就是道家"上善若水"智慧的具体应用。《孙子兵法·虚实篇》云："故形兵之极，至于无形。无形，则深间不能窥，智者不能谋。因形而措胜于众，众不能知。"这段文字充分说明，《孙子兵法》的智慧来自道家的思想。

"道"是宇宙万物之源，太极阴阳变化是万物运行规律。道家名篇《道德经》云："曲则全。"曲线是宇宙的本质，也是太极运动规律的体现，这在地理与人事中随处可见（见图 13－1）。

图 13 - 1　"曲则全"规律的地理呈现

老子"曲则全"的思想在《孙子兵法》中也有详细深入的应用——《孙子兵法·军争篇》讲"以迂为直",意思是用迂回曲折的途径达到近直的目的。打仗做事要选择从最容易取胜的地方下手,先从阻力最小的地方突破,用迂回曲折的方法最容易达成目标。

《孙子兵法》包含道家哲学思想,关于道家与《孙子兵法》的关系,详见纪录片《问道楼观》第四集以奇用兵。

《孙子兵法》有十三篇,内容一气呵成,从第一篇的《始计篇》讲战略谋划到第十三篇的《用间篇》讲信息收集,反映了战略从策划到运用过程中如

何对自然环境、社会环境，再到人、事、物各个方面做一个统筹规划部署。《孙子兵法》是中国《易经》阴阳太极思维在军事上的具体应用，里面包含很多中国文化思维特征，可以在以下几个方面得到充分体现：

太极的思想："形兵之极，至于无形。"

慎战的思想："兵者，国之大事，死生之地，存亡之道，不可不察也。"

全胜的思想："不战而屈人之兵""上兵伐谋，其次伐交，其次伐兵，其下伐城。"

先胜的思想："昔之善战者，先为不可胜，以待敌之可胜。"

形兵之极，至于无形。用兵需要变动不居，变化万千，到了极致，就没有具体的形状和形态可以让竞争对手捕捉控制。再如，孙子说"上兵伐谋"，意思是上等的用兵策略是破掉对方的谋略，让对方看不清我方的谋略，做到这点意味着在没有真正交手打仗前已经赢了对方。因为打仗必然有人员伤亡，要耗费巨大财力，所以尽量不打仗。如何用最小的成本去获得战争的胜利？孙子说，"不战而屈人之兵"，善之善者，这是全胜的思想。从太极的思想，到慎战的思想，再到全胜的思想，再到先胜的思想，是中国文化在军事用武领域的浓缩。武字的结构写法：止戈，中国文化强调不能随便发动战争，战争动武的目的是止戈，战争的目标是和平，不是为战争而战争。中国文化强调"和为贵"的思想，经商要和为贵，和气生财。不到万不得已不发动战争，真的要开始参战，也要尽可能争取在外交上有更多的同盟，更多地分化瓦解敌人的有生力量，这就是孙子所讲：上兵伐谋，其次伐交，再其次是伐兵，其下才是攻城。

《孙子兵法》以"道"为核心主轴，以权谋为经线，以战争的一般进程为纬线编织而成。十三篇脉络清晰，结构严谨，内容博大精深，构成一个有机整体。孙子的战略思想内容篇包括：①始计篇（战略经营），②作战篇（战略效益），③谋攻篇（全胜策），④军形篇（先胜策），⑤兵势篇（势胜策），⑥虚实篇（稳胜策），⑦军争篇（军争辩证法），⑧九变篇（领导者的修炼），⑨行

军篇（以动求胜策），⑩地形篇（料敌制胜策），⑪九地篇（因势利导策），⑫火攻篇（军争借助策），⑬用间篇（信息收集策）。

《孙子兵法》的先胜的思想值得学习："昔之善战者，先为不可胜，以待敌之可胜。"善于打仗的人在战前先要假设我要是打不赢怎么办；我有没有退路；我首先要把这个问题考虑清楚，然后再去等待敌人出现怠机漏洞，再乘机击败他。如何捕捉战机与排兵布阵，这些思想都是"慎战"——不随便动武思想的体现。《孙子兵法》以道作为最高层次和最高境界，利危、先知、先胜、易胜、速胜构成了它全胜的战略思想。第一部分分析战争的利益和危险，要先搞清楚战争有没有可能取胜；要想获得先胜机会，先从容易打赢的地方下手；打仗要速战速决，不能拖得太长；如果战争时间太长，即便赢了实际最后也是输了。这些战略思想对于指导市场营销竞争战略有很多借鉴指导意义。

第二节　道胜思想是《孙子兵法》的核心

如何在战前预判胜算多少？《孙子兵法·始计篇》云："故经之以五事，校之以计，而索其情：一曰道，二曰天，三曰地，四曰将，五曰法。"也就是说，只要从大的要素去衡量比较，就可以提前预判战争胜算多少，这五大要素的排序如下：一是道——是否上下齐心；二是天时；三是地利；四是将领；五是法令制度。孙子特别提到，衡量将帅有"五术"——智、信、仁、勇、严五点，衡量将帅是否合格的第一因素是"智"，如果统帅只是勇敢蛮干而没有智慧，战事指挥是很危险的。

道，在决定战争胜负的五大要素中排第一位。为何？《道德经》第五十一章云："道生之，德畜之，物形之，势成之。是以万物莫不尊道而贵德。道之尊，

德之贵，夫莫之命而常自然。"这段经文的意思是，道化生万物，德养育万物，用不同形态区别万物，在各种环境形势下成就万物。所以万物没有不尊崇道而珍贵德的。道受到尊崇，德受到珍贵，是因为道和德没有对万物发号施令而是永远顺应自然。《孙子兵法》云："道者，令民与上同意也，故可以与之死，可以与之生，而不畏危。"意思是说国君施行仁政，恩信道义，亲民爱民，则一国之民便与一国之君同心同德，愿意为国君出生入死，不惧危险，即得道多助，失道寡助。道就是让上级和下级有共同的意愿和追求，可以同生死共患难。道在企业管理中，其实就是使命、愿景、价值观。道胜思想是《孙子兵法》的核心，用现在的话来说，就是赢得人民的支持是战争取胜的关键，道胜观念落实在企业文化建设中就是抓两个核心：使命与价值观。企业向哪个方向发展，为什么而存在，这是企业使命；价值观就是企业为了发展、壮大而必须把握的根本原则。相比之下，使命显得更重要，一个组织要有凝聚力和战斗力，首先要确立使命，明确宗旨，宗旨的背后就是利益，要搞清楚组织成员为什么而奋斗。

伟大的愿景还要落地，就是回答为谁而战，为何而战？这就是"道"要解决的核心的问题。具体对应在企业战略管理，就是组织建设和文化建设。文化建设本质就是思想教育的问题，提高员工的思想觉悟，出精神力。组织建设就是把群众调动、组织起来，形成凝聚力。

从《孙子兵法·始计篇》角度看，华为人在市场竞争中具有令对手心寒的强大竞争力，根源都是"道胜"。华为教育员工，调动他们的主观能动性，并通过一定的形式把他们组织起来，一个出精神力，一个出组织力，合在一块就是华为的生产力以及在市场竞争中的战斗力。

《华为基本法》是企业大纲中公认做得比较好的一部，其作用是阐明管理核心就是要抓组织建设和文化建设。文化建设就是《孙子兵法·始计篇》所讲的"道"；组织建设就是《孙子兵法·始计篇》所讲的"法"。华为董事长任正非讲过："只有企业的员工真正认为自己是企业的主人，分权才有了基础，没有这样的基础，权利分下去就会乱。"华为的思想建设在《华为基本

法》里得到了充分体现：爱祖国、爱人民、爱事业和爱生活是我们凝聚力的源泉；我们决不让雷锋与焦裕禄们吃亏；奉献者定当得到合理回报；责任意识、创新精神、敬业精神与团结合作精神是我们企业文化的精髓，实事求是是我们行为的准则。

君子取之以道，小人趋之以利。以物质利益为基准，是建立不起一个强大的队伍的，也是不能长久的。这些华为价值观就是华为之"道"：上下齐心，主人公精神。艰苦奋斗是华为公司的核心价值观，创始人任正非和公司其他高管身先士卒，长年奋斗在市场第一线，任正非每年乘坐飞机的次数在 100 次左右，华为的高管孙亚芳等也都在 150 次以上。而华为的董事们、高管团队成员们大约三分之二以上患有各种与精神压力相关的疾病：焦虑症是普遍的。任正非说："不奋斗，公司就只能崩溃；就这样干，也难免会萎缩呢。华为不怕萎缩，大环境不好，别人会死掉，我们只要活下来就行……公司每天在飞机上的员工有成百上千人，大家都一样啊！这是华为的命里造化，谁让你做企业呢？企业不奋斗就只有死路一条，要奋斗必然会有牺牲，但不奋斗就什么都没有……除了在飞机上，20 多年来公司的所有高管们必须 24 小时手机开机，而且不管是在国内还是国外，总是有电话必接。在全球 100 多个国家曾经的几万到现在的 10 多万员工，每天不知要发生多少事情！好消息我不想听，知会我一下也行；坏消息我一定要知道，尤其是员工生命安全的大事，这可都是奋斗者啊！"说到这里，他经常眼眶充满了泪水。以客户为中心，以奋斗者为本，长期坚持艰苦奋斗，这是华为文化的真实。华为早年创业时的条件极其艰苦，但那时的华为人充满了理想主义激情和忘我的进取精神，从未有过员工自寻短见的事件发生。图 13－2 充分反映了华为人的艰苦奋斗精神。

2008 年，华为供应链物流经理与供应商到印尼加里曼丹岛考察新项目，当地路况较差，考察途中车子陷入泥泞，这些华为人躺在车子底下修车，身上裹满了泥浆……这是华为人以客户为中心、艰苦奋斗的缩影。

图 13 - 2   华为经理人的艰苦奋斗：在烂泥塘中修车

华为公司干部队伍储备是很充足的，公司的中高级主管和专家基本不辞职，除了自己休息或者创业外。竞争对手要想挖华为一位中高级主管很难，因为竞争者是开不起华为的待遇的。2020 年开始，美国对华为的制裁升级，全面限制华为在美国的发展。美国针对华为修改"直接产品规则"，打击华为在5G 上对美国的领先优势。随后华为官方微博发图称"除了胜利，我们无路可走""没有伤痕累累，哪来皮糙肉厚，英雄自古多磨难"（见图 13 - 3）。

图 13 - 3   华为精神：永不屈服的决心

这是现在华为最真实的写照。尽管华为在 2020 年遭遇新冠肺炎疫情和美国等西方国家全面封杀的双重挑战，企业全球化营销和供应链体系承受了巨大的外部压力，但华为最终实现了经营预期，2020 年实现全球销售收入 8 914 亿元，同比增长 3.8%，净利润 646 亿元，同比增长 3.2%。在被以美国为首的西方国家的围追截堵下，华为依然屹立于不败之地，这是华为之"道"上下齐心发挥力量的结果。

第三节　中国战略智慧：战略哲学与战略艺术

东方战略强调以智克力，主张通过智慧的较量，更灵活、更巧妙地运用力量，以达到自己的战略目的。西方战略强调以力克力，强调力量的硬性对比和对撞。二元对立是西方战略思维核心：一与二；强与弱；进攻与防御等都是彼此分立，非此即彼的关系，其看到的都是事物相互对立的一面。系统整体观、相互转化是中国战略思维核心：迂直、敌我、内外、进攻与防守等要素随时转化、随时结合，这些战略概念是从事物辩证关系中找到最核心的本质——太极阴阳互动转化，运用自如。两面都放在一起，一可能是一，也可能不是一；一和二可能是二，可能是一，它在中间那个地方既是一又是二。攻守、强弱转化，就是战争中的阴阳转化。《孙子兵法》更强调进攻方，提倡速胜。

从战略哲学层面看，进攻为阳，防御为阴。强者主动进攻，弱者被动防守，这是彼此分立的机械思维。积极防御战略把进攻和防御有机结合起来，在防御当中有进攻的行动，以迂为直、避实击虚，这是中国战略辩证思想的集中体现，也是《易经》太极阴阳转化哲学思想在军事战略领域的具体应用。从战略艺术层面看，这是一种超凡脱俗、出神入化的战略发挥。

《孙子兵法·谋攻篇》云：是故用兵之法，十则围之，五则攻之，倍则战之，敌则能战之，少则能逃之，不若则能避之。故小敌之坚，大敌之擒也。这段话是说，用兵之法是，我十倍于敌，就实施围歼，五倍于敌，就实施进攻，两倍于敌，就要努力战胜敌军，势均力敌，则设法分散各个击破之，兵力少于敌人，就要退却，实力不如敌人，就避免作战。所以，弱小的一方若死拼固守，就会成为强大敌人的俘虏。

《孙子兵法·虚实篇》云：故形人而我无形，则我专而敌分，能以众击寡者。这段话是讲如何集中优势兵力。孙子讲，敌人有形而我无形，那么我方可以集中兵力而敌方必定分散兵力。也就是说，让对方看不清楚我的意图，不知道我的布置，为此他就得处处设防，兵力分散，于是我就能集中优势兵力，而攻击他的弱点，创造局部的力量优势。歼灭敌人有生力量，必须贯彻集中优势兵力、各个歼灭敌人的原则。力避打得不偿失或得失相当的消耗战。实现歼灭战，必须审慎地选择打击方向和攻坚目标，先打分散孤立之敌，后打集中强大之敌。每战集中优势兵力，四面包围敌人，力求全歼，不使漏网。

集中优势资源，打歼灭战。这个《孙子兵法》的重要战略思想在华为公司被表述为："集中优势兵力，只对准一个城墙冲锋"，任正非说：我知道我们没有那么多力量，就把力量缩窄，缩到窄窄的一点点，往里面进攻，一点点进攻就开始有成功、有积累，我们觉得这种针尖式的压强原则是有效的，所以我们聚焦在这个口上。这三十年来，我们从几百人、几千人、几万人到十八万人，只对准同一个"城墙口"冲锋，对信息传送领域进行冲锋，而且对这个"城墙口"每一年的投资量在150到200亿美元的力度。在科研投资上，我们是全世界前五名，聚焦在这个投入上，我们就获得了成功。华为布局十年开发海思麒麟芯片，就是这个"集中优势兵力"战略思想的典型成功案例。

任正非曾说："不在非战略机会点上消耗力量。"战略必须取舍，战略意

味着选择，而选择一定意味着放弃。因为只有放弃，才能在关键领域集中起优势的资源，不能把资源像撒胡椒面一样撒在整个市场上。华为战略的成功，是中国兵家战略智慧在当代营销应用的典范。

【资料来源：给你2万人，每年4亿美金，给我支棱起来！任正非逼出来华为晶片女皇［Z/OL］.（2020－06－21）. https：//haokan. baidu. com/v？ vid = 11970614081084677547&pd = bjh&fr = bjhauthor&type = video】

第四节　势与局：雕牌如何以弱胜强战胜宝洁

近年来，网络频现"借势"这个词，其是指企业及时地抓住广受关注的社会新闻、事件以及人物的明星效应等，结合企业或产品在传播上欲达到之目的而展开的一系列相关活动，如借势营销、借势宣传等。因势制敌，首先要共同造势。势，是《孙子兵法》的一个重要概念，如《孙子兵法·兵势篇》指出："凡战者，以正合，以奇胜……战势不过奇正，奇正之变，不可胜穷也……激水之疾，至于漂石者，势也；鸷鸟之疾，至于毁折者，节也。故善战者，其势险，其节短。势如彍弩，节如发机。"

势的原意是态势、气势、形势。兵法中的势，是指挥员在充分运用已有的客观条件的基础上，最大程度地发挥主观能动性，巧出奇正，巧用虚实，出敌不意，最终造成一种对敌要害部位具有致命威慑力量的险峻作战态势。有利于我、不利于敌的良好态势往往不会自动出现，要靠全体指挥员主动争取才能形成。形成优势，整个作战体系必然要按照指挥员的意图积极调动敌人才能实现，而且这种造势活动必须所有参战力量共同协作才能完成。向敌谋势，才可能乘势而为。良好的态势并非轻而易举就能获得，要靠运筹帷幄的指挥、灵活机动的反应、趋利避害的行动才能形成，这不仅要求己方作战力量能够相互协

作配合，还要通过积极行动对敌方施加压力，使有利的天平偏向己方。因此，利用己方有利条件只是表象，积极剥夺敌方优势才是根本，向敌谋势远胜过乘己之势。正如《孙子兵法·兵势篇》所言："善动敌者，形之，敌必从之；予之，敌必取之。以利动之，以卒待之……如转圆石于千仞之山者，势也。"

顺势而战，切不可一味借势。顺势而战，即在势形成的最佳时刻发起攻击，也称任势。任势之机，孙子称为"节"。节为任势之关键，有势无节，势必白费。正如《孙子兵法》所言："故善战者，其势险，其节短。势如彍弩，节如发机。"良好的态势一旦形成，必须竭尽全力抓住良好战机，共同努力一举破敌。

如转圆石于千仞之山，一块石头可以砸人，如把这块石头旋转起来，又是在千仞之高的山上转动起来，那么重力加速度形成的势能非常巨大。形势、态势、气势，就力量运用来说，指力量在特定的时间、空间所借助各部条件而形成的一种有力的蓄发状态。

《易经》太极图阳鱼里有一个黑点，代表阳中有阴。阴鱼里有一个白点，代表阴中有阳。这个太极图思想运用在竞争战略领域，就是《孙子兵法》中《兵势篇》与《军争篇》阐释的发挥主观能动性，借用、塑造对自己有利的战略形势。打仗要把最精锐的能量积蓄起来，再选择恰当的时机，找准敌人最薄弱的地方进攻。敌我的强和弱不是绝对的，而是在动态变化的。战争对抗中力量强大的一方会有相对薄弱的环节，弱方如果能够把最精锐的力量集中起来，会在特定时空形成一个相对强势。因此在战争对抗之中，强弱力量对比会在动态时空变化，通过无形的战略布局与主动的借势、造势调动对手，让其相对强大力量分化瓦解变弱，我方再集中力量去攻对方的弱处，以弱胜强，获得战略主动权。统帅如何获得战争的主动权？看一个典型案例：

电视剧《亮剑》第一集。

李云龙在整个战局中突然发现了对手的一个弱点——指挥部，于是就开始战略布局：要正面突围，让张大彪带领最精锐的部队往前冲锋500米守住它。

张大彪带领部下往前冲，与日军白刃战，但这只是虚招，其目的是让日方误判，而为炮兵赢得时间。我方炮兵打掉日方指挥部是实招，把敌人最灵魂的部门——指挥部打掉后，日方的强就会变为弱，然后我方再乘胜突围。整个战略布局虚实结合，由弱势被动变成强势主动。

俗话说，商场如战场，营销是没有硝烟的战场。怎样集中力量去进攻对手的薄弱环节？下面这个实战案例，阐释了如何把《孙子兵法·兵势篇》的智慧应用于营销战略而获得成功。

改革开放后的 20 世纪 80 年代初，由于宝洁、联合利华等西方跨国公司的进攻，中国本土很多日化品牌落败。纳爱斯雕牌在 20 世纪 80 年代中期是一个濒临倒闭的集体企业，后来在庄启传带领下，避开北京、上海、广州等外资日化品牌占领的一线市场，集中公司全部力量去占领跨国公司忽视的透明皂市场。依据"农村包围城市"战略：先进攻广大农村市场——跨国公司忽视的、薄弱的市场，在透明皂市场赢得了全国大部分农村和三四线城市市场份额之后，在 20 世纪 90 年代初开始布局进入洗衣粉市场。这个时候洗衣粉市场已是品牌林立，外资城市品牌在一线、二线城市占了主导地位。雕牌用自己手中仅有的资金来做广告，首先瞄准一线市场对手不太重视的老百姓阶层市场。借助1993—1994 年中国国有企业改制造成大批下岗工人失业这个形势，用非常有限的资源做了两个广告片（纳爱斯雕牌洗衣粉《奋斗篇》和《懂事篇》广告），一举成名。

《奋斗篇》广告片里的台词"越是艰难，越要坚强"，充分再现了"天行健，君子以自强不息"这一中国传统文化精神，说到了下岗工人群体的心坎上——经历过才会明白，自己手中握着未来，努力努力就有机会，雕牌洗衣粉！这是一个典型的文化营销广告，让中国传统文化自强不息的精神跟目标受众内心产生了关联，形成了强烈心灵共鸣。

雕牌洗衣粉结合下岗工人再就业这一社会热点事件形势，通过《懂事篇》广告把亲情融入品牌的宣传和培育中，从而引起了消费者的广泛认同以及他们

的情感共鸣。该品牌的广告充分地把"母女情深，父慈子孝"的中国传统文化价值观融入品牌中，把人们内心深处最浓厚的亲情充分地调动起来，感动了无数的消费者，使消费者充分地感受到使用雕牌洗衣粉与他们对亲情这种价值观信仰的追求是紧密结合在一起的，从而使他们更加依恋这个品牌。这个广告以文化营销为主导，同时糅合了产品营销、品牌营销的"三位一体"广告，可谓是一箭三雕。广告里小女孩讲了一句话："只要一点点就可以洗好多好多衣服，可省钱了！"把雕牌性价比高的产品定位说了出来，这样充满温情的故事情节带出它的产品特点，形成非常强烈的情感关联和心灵共鸣。在广告结束时还有一个杀手铜的广告语——只买对的，不选贵的！老百姓是要省钱过日子的，雕牌就是老百姓生活首选。

当年的雕牌就是凭借非常有限的资金打造了这两个广告，就像《亮剑》第一集里炮兵柱子打出去的两发炮弹，直接打中了宝洁与联合利华这些外资品牌的致命弱点。这两个广告再加上雕牌发动的白刃战——价格战，一下子在一线城市市场上撕开了一个口——抢占了老百姓消费市场，这是一个份额很大的市场，直接导致宝洁的市场占有率迅速下滑。于是宝洁公司发动了一场"射雕行动"——改变以往高价的市场定位策略，挥动低价之剑，进攻中低端市场。纳爱斯也相应推出"保雕"战略调整。

这一场中外日化品牌营销大战，再次印证了《孙子兵法》中《兵势篇》与《军争篇》等战略思想的实战价值。它告诉营销者如何在敌强我弱的不利条件下充分发挥战略指挥员的智慧，如何在动态的市场竞争中避实就虚、创造机会、把握机会，掌握战略主动权。

案例分析　OPPO 和 VIVO 的人民战争

2016 年第二季度的全球智能手机排行榜上，黑马杀出！OPPO 和 VIVO 一年时间内从默默无闻到迅速崛起，OV 阵营总体全球销量累积超过华为的9.2%，仅次于三星（24.5%）与苹果（15.1%）；中国国内排行榜则累计超

过华为 20.8% 的国内第一市场占有率。OV 阵营的强势崛起不是仅仅价格战那么简单，而是营销、品牌、技术、性价比的全面超越。而这背后，带给我们对中国市场多层次特性的深刻思考，我们通过一级到四级到农村市场的立体分析全面解析 OV 的突围逻辑。

我们将中国市场分为 5 个层次，分别是一到四线城市外加农村。从人口的角度看，广大农村是消费的主战场，有 7.5 亿广大人群，但是实战中我们发现，这个群体渗透效率非常低，是一个"持久战战场"，反而是 3.5 亿人口的四线城市是消费品的决定性战场。小城市向下对农村消费具有极强的吸附、引领和引爆作用，对上也有明显的支撑作用，而且容易集中营销和传播。也就是说，中国 14 亿人市场最好的消费品打法是四级市场向上、下引爆，而只有潮流类的产品能从一级市场波浪式地逐级推进到农村市场，但这种打法注定会浪费一些时间。OV 主要采用前者打法，占领四线并迅速放大业绩。从媒体的角度看，一线二线城市都是媒体驱动的传播和销售，但是到了三四线城市，驱动力主要来自商家代理商和意见领袖，这也就解释了为什么很多大品牌到三四线城市就打不透了，越做越吃力。因为在这两个市场单纯的媒体曝光和品牌拉升，并不能替代经销商的推动和意见领袖传播，需要拥有地推经验的强执行力团队快速建立稳定的代理商渠道矩阵，这个能力需要积累。从智能手机认知的角度看，一线城市更多地把手机看成快速消费品，具备时尚性，更换频率相对较高，而二三线城市倾向于消费品的定位，但是对于四线城市和广大农村，人们买手机是从耐用品的角度评价和衡量的，一旦在这个市场有质量问题发酵，传播速度很快，可能彻底失去成片用户。可见某些品牌在低端机追求性价比的战略是完全错误的，低端机反而应该强调高质量。从属性和意见领袖两个角度看，手机对于中国人的消费心理已经成为一种"站队"思维，但对于四线城市和农村，他们的诉求反而是身份感和精神生活满足感。这和我们的普遍认知正好相反，人们普遍觉得大城市更看中精神需求。出现这个不同的原因在于，农村消费者获取娱乐等信息渠道较少，所以他们更愿意付出以获得优质体验。

传说中的卖肾买手机就是这个逻辑催生的，所以不能低估四线和农村消费群体的立体需求，农村更不意味着就是低端市场，这个需求是非常辩证的。从消费心理角度看，一线城市的普遍思维更接近"站队"逻辑，买什么具备很强的价值观视角；二线城市对此的判断是一种"选择"，表达个性；三线城市倾向于"感知"，被商家营销触碰到是很重要的购买理由；四线城市的认知是一种"定义"，一种对潮流的定义；农村则是一种"确认"，对消费合理性和风险的一种确认。农村消费者在做出购买决策之前，会充分咨询村里的亲戚、朋友和邻居进行"确认"，直到把财务风险降至最低。这两点都决定了农村市场的特殊性，所以，能渗透到农村市场的厂家往往是高低结合，高是利用权威性最高的央视媒体广告打信誉度，低是利用四线城市的代理渠道建立口碑网络。

OV 直指消费者的朴素中国本土市场战略已经融入骨髓，OV 神话的背后，其实是"认知人民""认知规律"的必然结果。我们将这个中国特色的务实打法概括为"人民战争竞争思想"，包括：需求从人民群众中来；营销到人民群众中去；销售和人民群众合作；口碑靠人民群众定义；成功是人民群众胜利。这些都是非常直白和容易理解的，但深入探究起来，中国市场的本土化战略和营销一定要基于对人的动员而非自负的苦行僧一般的修炼。

OV "人民战争"和解放军战略思想都只有一个聚焦点——一切为打赢，也就是一切为了卖手机。OV 结合 20 年的本土化实用主义，终于在智能手机时代集大成、成大器。战略聚焦很好地弥补了自身弱点，包括：需要自身应用技术研发防止华为这些厂商自主研发能力逆转；需要更开放的心态做全球化采购，汲取世界营养；防止摊子铺开过大导致可能出现的舆论管理"黑天鹅"事件。最核心的挑战也包括"人民战争"的动员力能否合理地转移到持久战的竞争力。

由于 OV 对中国本土化战略的坚持，战略聚焦用销量说话，现在二级市场最高大上的电子研究分析师，都开始按照研究苹果产业链挖掘歌尔声学、信维通信的思路寻找 OV 产业链的投资机会。反观定位国际化战略的华为，从批判

的角度看，国际化的打法并没有打动三四线城市和广大农村，反而显得不接地气；战略思想背上了国际化的包袱，习惯性追求宏大而失去犀利特色，并且本土化合作精神下降。严格地说，华为在手机的营销中放弃了早年华为通信产品成功的采用本土化思维的贴身肉搏战，显得过于痴迷技术和品牌范式，失去了以往竞争中的战略引领地位。

【资料来源：周掌柜. OPPO 和 VIVO 的人民战争 ［EB/OL］. (2017 - 02 - 14) . https：//www. sohu. com/a/126198694_313170】

🔷 思考题

OPPO 和 VIVO 在市场竞争中运用中国兵家文化什么样的战略思想？

第十四章 中国园林建筑文化营销

开篇案例 **苏州园林走出国门的跨文化营销**

1980 年 5 月，以苏州网师园殿春簃为蓝本设计的"明轩"在美国纽约大都会艺术博物馆建成，苏州园林第一次走出国门。此后的 30 多年中，中国在世界各地修建的具备一定规模的中式园林达 68 个，见证了我国与世界各国人民的友谊。1997 年秋，拙政园与加拿大温哥华市中山公园"逸园"正式结为"姐妹园"；2004 年 3 月，又与美国亨廷顿植物园的中国园结成"姐妹园"。2000 年，兰苏园在苏州的友好城市——美国波特兰市建成，它是当时我国出口美国面积最大、造园要素最全的苏州园林。兰苏园建成以后，迅速在当地掀起了研究苏州园林的热潮，甚至专门成立了苏州园林研究会。怡黎园位于法国巴黎郊区圣雷米－奥诺雷，占地 6 000 平方米，由 20 世纪 80 年代留法的中国园艺师康群威、建筑师石巧芳与苏州园林局合作设计建造。静园是中国为马耳他无偿援建的中国园林，坐落在桑塔露琪亚市，占地 800 平方米。园内建有方

亭、六角亭、轩、水榭、曲廊、喷泉、水池等，是一座幽雅的苏州式中国园林，保持了中国园林传统风格，深受马耳他人民喜爱。

【资料来源：快看！苏州园林走出国门，美哭了世界！［EB/OL］．（2017－05－15）．https：//www.sohu.com/a/140775685_349673；苏州园林"走出去"在世界各地造园［EB/OL］．（2017－04－29）．http：//www.ahjdjt.com.cn/display.asp？id＝2523】

思考题

（1）为何苏州园林能在世界各地征服消费者？
（2）苏州园林跨文化营销核心内容是什么？

第一节　中国园林建筑文化价值取向与艺术审美

商业专栏作家许知远擅长讲故事。2006年春天，许知远带着一本美国人杰里·邓尔麟写的《钱穆与七房桥世界》去了钱穆的故乡无锡，他想象中的江南应该和这本书上的照片一致，"水乡气息与中国古建筑的上翘房檐，亲切不已"。但实际上，这座盛产文人风雅的城市也有着满大街的房地产广告，"剑桥风格""北美别墅"成为地产商的首推热词，园林风格已经被推倒，市中心毫无例外地被太平洋百货这样的购物中心占据着，走在无锡的街道上像走在上海的淮海路上。中国的市镇，无论东西南北都不约而同地呈现惊人的相似。许知远感慨："中国传统看起来就像是博物馆中的展品，人们不知道如何

赋予它现实的生命力，尽管人人都觉得这很迫切。"①

到了 2020 年，即使国潮盛行，这种现象依然存在。如何把中国园林建筑文化融合到房地产营销中，在传承中华文化审美的同时，塑造企业独特竞争优势，这是中国园林建筑文化营销的一个核心命题。要在房地产营销中融入中国园林建筑文化，首先需要了解、认识中国园林建筑文化的价值取向、审美标准与艺术意境。

中国建筑有 5 000 多年的历史，一度被称为"世界三大建筑之一"。但在过去 20 多年里，中国房地产市场被西方建筑形态所占据，欧式、法式甚至西班牙、地中海风格在中国大地上到处开花，反而是传统的中式建筑寥寥无几。要找回中式建筑文化该有的自信和底气，首先需要品鉴中国园林建筑文化的灵魂之美。中式意境之美，以其缓缓流淌的文化气质，时而缥缈，时而真实。中国画道之中，水墨为最上，简单的笔墨，勾勒出万象云烟。于是乎在中式建筑里，意境山水、设计灵感全部来自大自然，每处山水、铺陈、雕刻，都是中国意境的传达。中国园林经历了 3 000 多年的发展，融合中国儒家、道家、佛家等文化，形成了"本于自然又高于自然，人与自然和谐共生"的造园哲学。

苏州，古今皆为富庶之地，气候适宜，也因此产生了无数文人雅士、仕宦巨贾。正是在这种富足安宁之地，孕育了中国古典园林艺术的极致作品，如拙政园、网师园、寄畅园等经典苏州园林。以苏州园林为代表的中国江南古典园林，集哲学、美学、文学、绘画、建筑、工艺等众多学术领域于一体，代表了东方审美的最高境界。千百年来，中国的人文精英们把自己的心境理想与生活情趣都寄托于山水园林，成就了中国文化独有的审美情趣。

中国园林建筑文化体现了中国人对自然山水的情感和依恋，体现在"缩千里江山于方寸之间"，在小空间中创造出"虽由人作，宛自天开"的唯美山水意境。这种强调人与自然和谐共生，强调建筑艺术与美学的追求，是不分地

---

① 许知远. 消逝的七房桥世界 [J/OL]. 书摘，2014（11）. https：//epaper. gmw. cn/sz/html/2014 - 11/01/nw. D110000sz_20141101_3 - 09. htm.

域的。比如在中国，古代皇家也留恋江南园林之美，因此也将苏州园林搬进北方颐和园之中。同样，在美国纽约大都会博物馆，以苏州园林为样本的"明轩"展厅，如同东方瑰宝，惊艳了全球游客。

第二节　房地产营销是物化营销和文化营销的结合

随着我国房地产市场竞争的加剧，以往卖方市场单纯地靠广告、促销等手段推销楼盘的日子正逐渐远去，品牌、信誉、客户关系等日益成为决定项目成败与否的关键因素。当房地产产品竞争、价格竞争达到一定程度之后，引入文化营销理念开发销售房地产项目的文化地产攻略越发得到房地产商的重视。房地产界流传着一句话：昨天的客户买房子，今天的客户买绿化，明天的客户买的将是文化。目前，文化产业已被上升到国家战略性产业高度。后调控时代住宅受限，开发商蜂拥朝商业地产和旅游地产靠拢，引发了关于同质化和过剩的担忧，文化作为一种体现差异化的软实力受到了空前的关注。文化地产已经成了楼市调控背景下，房地产高端产品发展的主流方向，成为很多开发商的首选，文化地产成了房地产行业一片新的蓝海。

如果从营销的核心内容和市场环境条件去区分，营销可以分为三个层面：产品营销、品牌营销和文化营销。产品营销理念的基本假设是，消费者与企业发生购买关系是因为企业产品能解决消费者某方面的消费问题，能满足消费者某方面的物质功能需要。产品营销的重心在于向消费者销售产品，通过一系列营销活动让消费者接触到企业产品信息并做出购买决策。品牌营销的基本假设是消费者在消费企业产品或服务的时候，不仅仅是需要解决某项基本消费问题，而是希望在满足某方面物质功能需要的同时，获得某种心理情感的满足。因此，品牌营销的重点是在保证产品服务基本功能前提下，给目标消费群提供

一定的心理情感利益，从而在消费者心目中树立一个独具特色的良好形象。文化营销则是要把企业的理念传播给消费者，并树立起良好的联想，使得消费者在消费产品和品牌的时候，可以获得心灵的共鸣和价值的认同，它是更高境界的营销。文化营销强调的是企业和消费者、主体与客体的心灵共鸣，其所达到的是一种"润物细无声"的效果，因此它是真正超越竞争而进入艺术境界的营销理念。营销过程在实物上表现的是产品传递以满足需要的过程，而在内在方面，则是一种文化价值的传递和达到满意的过程。在一定意义上，现代市场营销是物化营销和文化营销的结合，营销离不开文化，品牌营销则更需要文化价值的发掘与传递。

第三节　文化营销是房地产市场发展的必然趋势

中国房地产市场经过 30 多年的发展，如今已经进入了成熟期，房地产已经从一般的建筑领域上升到精神关怀，这种关怀实际上就是文化层面的关怀，无论是建筑本身，还是相应的配套服务等，都是精神和文化在房地产行业发展过程中所必然要经过的路程。因而，从物化到文化是房地产市场发展的必然趋势，也是房地产行业必走的一步。与消费者日益成熟的消费者需求相比，文化地产建设目前还处于初级阶段。市场的逐步完善已经使越来越多的消费者看好文化地产，人民群众从居者有其屋，到追求功能完善，到要求景观优美，再到生活要有舒适度，消费者对于精神层面的需求表现得愈加强烈。比如过去购房，人们更多关注的是小区环境、配套、教育等因素，而现在不少人开始把人文环境作为购房的首要考虑因素。

随着消费者观念的提高，房子对于消费者而言已经不仅是一个能遮风避雨的场所，还代表着一种生活方式。买房子也不仅是买建筑，还包含了环境和服

务以及文化。市场消费变化无疑对房地产商提出了新的考验，于是各路开发商在不断完善住宅品质的同时，开始对住宅文化品位给予更大热情。不少开发商通过各种形式的活动在带给买房人文化享受的同时，也为自己的项目注入了文化内涵。"文化地产"在这种趋势中应运而生。文化地产发展到现在已经不是少数人的诉求，而是大多数人的需求。不少开发商在提升商品房性价比的同时，已着力通过各种手段给钢筋水泥注入了"文化"，赋予了居家生活新的内涵，多角度地满足消费者日益增长变化的居住需求。

文化营销是以文化为手段促进房地产业发展的模式。不过，开发商如果只是在营销中简单地加入文化的元素，赋予楼盘一定的内涵，其实是很难成功的。文化营销必须以其市场定位为前提，在明确其定位的基础上，推出相应的营销策略。文化营销由点缀到成为主体，因而文化在一个楼盘中占据的地位越来越重要，体现了消费者对精神层面的要求越来越高。文化艺术丰富多变，要想得到受众的认同，就得投其所好、对症下药。

虽然同是文化营销，但文化主题可千姿百态，谁能敲中消费者的心灵，谁能出奇制胜，谁就是房地产文化营销时代的大赢家。文化营销中的文化，不再是单纯的精神享受；文化营销中的营销，也不再是单纯的谋利，两者彼此结合而相互制约。营销中融入文化内涵，楼盘因而有了自己的思维与灵魂，可以吸引与之产生共鸣的受众群体。房地产业中文化竞争的介入，必将加大开发商对楼盘开发的责任感。当楼盘植入文化理念，开发商便不再处于"卖完便撒手"的地位，它必须依靠文化理念建立品牌形象，考虑长远的发展，增强其企业的整体竞争力。

第四节　基于中国园林建筑文化营销的房地产与家居营销

　　从某种意义上讲，文化底蕴决定房地产项目的价值。文化地产是个泛概念，它的本质特征是让没有生命的钢筋水泥具有文化的永恒价值，这种文化内涵体现在房地产开发的每一个环节，建筑物的每一个细部，包括阳台的设置、立面的颜色。因此，文化地产不仅仅是文化标签，更非噱头。文化地产着意于文化的创新与进步，地产被赋予文化的灵魂，文化与地产之间的互动关系才能被充分发掘。因此，文化地产需要文化底蕴来支撑，才能体现地产的文化价值。地产需要文化，关键在于通过什么样的方式来实现地产与文化的对接，这就是房地产文化营销的核心问题。基于中国园林建筑文化营销的房地产营销，很好地解决了这个问题。

　　广州的楼盘"云山诗意人家"，作为一个成功的文化营销案例，为我们提供了很好的启示。该楼盘追求"天人合一"的意境，即"人与自然和谐共生"，倡导人们尊重自然，亲近自然，养护自然。"云山诗意人家"的命名含义温馨，云山指白云山，诗意则指在云淡风轻的仙境般的环境中营造诗情画意的东方文化生活。"云山诗意人家"创造的是具有东方特质的居所，欲以源远流长的东方文化陶冶人们的情操。它汇集了儒家之和、道家之妙、佛禅之圆。这种文化氛围不仅体现在建筑的表现力上，而且体现在社区营造的方方面面。中国特有的"琴、棋、书、画"以及"礼、乐、射、御、书、数"六艺都在楼盘中得到充分的体现。

　　"云山诗意人家"以中国传统文化为基础，深度挖掘东方文化中的经典素材和视觉元素，将东方文化融入建筑细节，追求建筑与自然环境和谐共生、人文氛围的沉稳浓郁（见图14-1）。在细节打造上，"云山诗意人家"整个建筑

色彩粉墙黛瓦，承袭了马头墙、照壁、石雕、木雕、砖雕技艺等传统民居建筑形式，充分彰显东方人在居住建筑上的智慧。该楼盘采用的徽派民居设计在广州比较少见，将民族传统建筑艺术和现代高层建筑完美结合。

图 14 - 1　云山诗意人家楼盘平面广告

东方传统文化讲究礼节，"云山诗意人家"倡导东方文明，贯彻与遵循中国儒家思想、孔孟之道，以亲善、友好、尊敬、互爱作为主导思想。"云山诗意人家"每栋建筑均有前庭后院，楼宇首层的前庭和过院，看似独立却又连通，与中心大花园形成相对封闭而又开放的空间。将建筑外立面高低不一退缩形成的天台设计成公用共享的空中亲邻花园，为业主提供休憩和邻里沟通的场所。首层架空，将相连两栋楼宇之间的架空层设计成园林中的"内庭院"，营造充满归家亲切感的院落生活文化。

"云山诗意人家"还特别设有"母子亲情居"，其户型特点是，两套房屋通过中间一个花园连接，两套房屋相对独立，通过花园又形成一个大家庭，相当于过去民居中的东厢和西厢。因为年轻人和老年人的饮食和起居不同，所以

存在生活上的差异，解决这个问题，才能够达到共同生活、体现关爱的文化氛围，让中华民族传统文化再次得到好的传承。

在消费多元化的社会，不同的人对"家"的概念有不同的理解，因为不同的人有不同的理想生活方式，体现在家居的布置上、装修的格局上、房子楼盘的风格上、小区的文化上，把这些元素融合起来，才能比较好地定义"家居"的概念。家居行业与房地产商联合起来去做战略联盟和品牌跨界，会产生巨大的营销效益。比如从中国文化角度，"云山诗意人家"楼盘的定位是恢复传统儒家家庭文化的概念，那么这个小区楼盘的消费群对应的家具消费特征、家居装修风格应当与儒家文化高度关联。"云山诗意人家"整一套的营销策划理念是有一个更深的文化底蕴做支撑的。其对消费者的洞察——人们并不只是为买房子而买房子，而是要寻找并实现一个理想中的"家"的梦，这个"家"就是从儒家文化立场对"家"的理解。这个小区站在传统儒家家庭的角度，它应该是"三世同堂""天伦之乐""人与人之间充满关心与和谐""琴、棋、书、画""小桥流水"，还有"其乐融融"等。这些东西进一步落脚到整个小区的园林设计、整体规划，再到一幢幢楼的差异化。做家具的品牌企业要如何基于这样一个大背景去切入呢？这是外表宏观，如果说内部用的家具都是意大利真皮沙发等，就跟这个小区的风格不一样。既然这样很有东方家庭文化色彩的楼盘代表着新的消费浪潮，那么作为家具企业，应该非常敏感地知道怎么去搭配它。室内装修的设计，应该配合房地产公司，这一切都是基于中国园林建筑文化和家居文化营销展开的。

随着中国经济发展水平不断提升，老百姓住宅品质也在不断改善。从有房住到买好房，再到豪宅，经历了一个相当长的发展历程。在这个过程中，豪宅的定义也在不断发生改变。最早的豪宅，可能是城市里的一个小区，它有物业管理、封闭式的花园、一些风情化的建筑立面。到后来，又出现了许多欧美豪宅。在那个时候我们对自己的文化和生活方式不够自信，认为欧美住宅代表了更先进的生活方式，觉得舶来品一定高级。随着这些年中国综合国力不断提升，我们对自己的传统文化和生活方式越来越有信心，不再盲目去追求西方那

套生活方式。相反，那些深植于中国人内心的山水情结开始被激活。在中国人的内心世界里，从古代士大夫阶层到现代知识分子，"寄情于山水""天人合一"、追求"人与自然、人与人、人与内心的和谐"……始终是中国人摆脱不了的一种精神信念。因此，当我们发现西式高端住宅彰显的生活方式不一定适合自己时，又重新回归到了中式园林文化的传统。这样的背景下，承载中国人精神寄托，满足现代生活方式的中式高端住宅越来越受到市场追捧。近年来，国内房地产市场涌现不少中式标杆产品，其中重庆桃花源就是其中一个杰出代表。

案例分析　重庆桃花源：中国隐士文化家居营销

中国传统文化语境中，桃花源是世外乐土和理想居住之处，是一个象征终极归宿的文化符号。桃花源是中式产品谱系的超级 IP，重庆桃花源项目是一种"山水中国画"的人居写意，把对自然的敬意、对生活的理解，通过园林营造方式体现出来，最终展现一种恬淡安静、超凡脱俗的生活境界与情趣。

【资料来源：潘永堂. 重庆融创桃花源：或将成为一座收藏级"孤品"［EB/OL］.（2020－11－13）. https：//www. jiemian. com/article/5266455. html；重庆融创桃花源，美尚奖项目展示［EB/OL］.［2022－10－08］. https：//www. xun-meizhiku. com/index. php/index/award/projectdetails/id/2475. html】

思考题

（1）重庆桃花源项目的文化定位是什么？

（2）重庆桃花源项目如何通过营销中国园林建筑文化确立产品差异化优势？

（3）房地产公司是如何塑造桃花源这个品牌 IP 的？

第十五章 中医药文化营销

疫情期间为何中医缺乏话语权

2020 年初正逢疫情肆虐之时，中医药积极参与疫情防控，并在新冠肺炎的治疗中取得了显著的疗效。然而，中医有如此好的疗效却得不到应有的宣传，也得不到患者群众的重视。情急之下广州中医药大学庞震苗教授发布了《我想说段心里话》这段视频，该视频在社交网络中广为传播。为什么作为中华民族文化瑰宝的中医，得不到人们的重视，在医学界缺乏话语权呢？

【资料来源：中医庞教授肺腑之言谈疫情 ［Z／OL］．（2020－02－16）．https：／／v. youku. com／v＿show／id＿XNDU0Nzg2NDY2OA＝＝】

欧洲彭策尔学院：将中医针灸传向世界

欧洲彭策尔学院第二任院长科尔斯摸索出一套符合西方学员习惯的教学方式，打开了中医在当地的知名度。如今，欧洲彭策尔学院遍布德国、奥地利、

瑞士等 25 个国家，培养了超过 6.5 万名学员，让更多人对中医产生了兴趣。

【资料来源：欧洲彭策尔学院：将中医针灸传向世界 ［EB/OL］. （2019 -
03 - 04）. http：//zhongyi. gmw. cn/2019 - 03/04/content_ 32596893. htm】

🌀 思考题

疫情期间疗效显著的中医为何在医学界缺乏话语权？

第一节　中医药的文化内涵

根据《中华人民共和国宪法》总纲的第二十一条，"国家发展医疗卫生事业，发展现代医药和我国传统医药"。传统医药通常指中医药，显然，中医药文化营销已不仅是医学和商业领域的问题，还是通过国家最高法律形式规定的相关行动领域。与此相关的政府部门、企业组织、医疗卫生机构以及个人，包括中医、中药发明者等都可能成为中医药文化营销的主体。

中医药自诞生以来，就打上传统文化的烙印，传统文化是其发展的摇篮。自古就有"医易相通"之说，表现为思维模式的同源，阴阳五行学说构筑了《易经》和中医两座大厦。《易经》中有关阴阳的概念，有关气的概念，有关物质运动变化的观点，在中医中都有深刻的体现。如《易经》中的损益思想，贯穿于中医的理法方药中；《易经》的整体观、平衡观深刻地影响和指导着中医。儒家、道家的哲学思想，也同样润泽了中医。儒家的"中庸思想"，与中医的"阴阳平衡"理论相互呼应；儒家的"仁义观"孕育了中医道德的"大医精诚"思想。道家的"道可道，非常道""万物负阴而抱阳"，直接指导了中医有关物质世界认识的运动观和结构观，道家也是中医养生思想及气功理论的先驱。

中医主张防重于治，强调养生，主张心理治疗，小病早治，强调人与社会、人与自然的协调。中医提倡养生，并形成一套完整的养生理论，还创造了各类中医气功，形成了中国独特的民族健身方式，这些主张和方法与现代预防医学、未来医学、现代精神心理学所提倡的不谋而合。中医不是单纯的疾病医学，而是具有丰富人文文化内涵，包括哲学、艺术、宗教等在内的一种综合性的人文生命学，一种被古人称为"生生之具"的一门关于生命智慧和生命艺术的学问。中医作为中国传统文化的一部分，是中国传统文化和人文精神的体现者，具体的实践者。通过中医实践可以直观感性体验中国传统文化中的许多抽象的理念，更好理解中国传统文化的精神。

第二节　中医药文化营销的必要性

中医蕴含着祖先圣贤的智慧，中医在未来的希望，在很大程度上代表了中国传统文化在未来发扬光大的希望，甚至也象征了中国人、中国文化本身在未来世界的希望。

我们在为中医在世界上的影响力逐步扩大感到高兴的同时，更为中医传承的断层忧心忡忡。2020 年国内竟有人在网上发起征集"取消中医"签名的活动，暴露出试图"否定中医"的声音日益增强。与此相反，国外对中医药的兴趣不断增加，外国人来华学中医的留学生 10 年增长 3 倍。英国有 3 000 多家中医门诊。由于化学药物毒副作用日益明显，世界医药市场消费趋势日益转向自然疗法和天然药物，全球中医药市场迅速扩大。

国际中成药销售市场每年销售总量高达百亿美元，而且每年仍在以 10% 的速度递增，但是我国的中药仅占其中的 3% ~5% ，而且大部分是药材原料，我国每年为进口"洋中药"花费超过 1 亿美元。更令国人警醒的是，跨国医

药公司巨鳄近年来利用其资金优势加快了并购中医药生产供应链的步伐，一系列中医药研究机构、中医药企业以及中药材生产基地被跨国医药公司收购：1996 年 7 月，法国的博福—益普生制药就同时在中国银杏生产基地江苏和山东两地分别投资成立了邳州中大银杏叶公司和郯城绿源银杏有限公司两家合资企业，借助中国的银杏资源生产达纳康等相关银杏制品销往世界各地。葛兰素史克目前已经投入巨资在中医药领域与中国科研部门展开合作。近年投入的 1 800 万美元的研发费用，大部分投入中药领域。2002 年博福—益普生制药在华投资已经达到 2 亿元，借助中国丰富的天然药物资源，建成亚洲天然药物生产基地。

中医药在国内市场日益衰落，实际上是中医药文化在消费者和厂商心中日渐式微。尽管中医药作为中国人治病的主要途径已有两千多年的历史，但是面对西医西药文化近百年的营销传播，中医药的市场地位不断下滑，在中国目前的医药市场上，西方医药已完全占据了主导地位。尤其在当今市场竞争环境下，中医药企业的生存发展遇到的一个重大难题源于消费者对中医药的不信任。大众对中国传统文化知识的贫乏甚至断层，直接导致中医药文化理念在民众中的陌生感。改革开放以来，西方文化的大量涌入导致大众消费者在价值判断上基本否定中医药的实效性，在不少消费者看来，中医药只能调理滋补身体而不能显效治病。跨国医药巨头在中国铺天盖地的广告更造就了消费者对西医西药品牌的盲目信赖，中医药品牌在市场上的生存发展空间十分狭小，一些中药品牌为了生存也采用了凸显西药疗效概念的营销手段，例如，广州某公司的中成药"抗病毒口服液"和"板蓝根冲剂"，在其广告中就反复强调"抗病毒"这一典型的西医药概念。这种营销策略显然难以改变消费者心目中对中医药的错误认知，也无法构建真正体现中医药文化内涵的强势品牌。

西方医药文化体系则孕育了欧美的辉瑞、科尔、诺华、强生等西药名牌。由于近现代中国人已经逐渐被西医、西药概念深度渗透灌输，随之而来的是中药品牌市场份额让位于西药品牌，而中西医药整个行业从原材料、生产到销售

和服务整个产业链都是完全不同的。目前世界开始流行天然药物，对中草药日益重视，科尔、诺华等大厂商纷纷到中国收购中药药材生产基地、中医研究所、中药配方、中医院，其目的非常明显——试图从文化营销高度再次把握新一轮竞争战略制高点——以天然中草药为主导的医药市场发展潮流。因此，中国医药企业与世界医药巨头企业竞争的失败，与其说是中药品牌的衰老，不如说是中医药文化营销的衰败、西医药文化营销的兴盛。

中医药的再度兴起需要营销人真正从博大精深的中医药文化中汲取精华，从中医药文化营销战略高度去重新塑造中医药品牌。作为炎黄子孙，我们不能丢失自己本民族的文化，营销中医药文化，我们责无旁贷。

第三节　中医药文化营销的环境分析

你是否发觉我们离中医越来越远了呢？你是否为不能支付昂贵的治疗费、医药费而着急呢？你是否经常为治标不治本而抱怨不已呢？你是否为动不动就做手术而无奈呢？你是否为一系列后遗症而烦恼呢？在这里，一切烦恼都将烟消云散，君可曾见中医医道的微妙、《黄帝内经》的博大精深、"非典"中中医创造的神话？中医药是中华民族优秀文化，是我国医学科学的特色和优势。如何改变国内消费者对中医药的认知误区？如何提高我国中医药品牌在国际市场的竞争力，这些都是我国中医药产业亟待解决的营销问题。

一、　国人对中医药认知误区源于对中国传统文化盲目否定

"否定中医"论者常用的依据是：中医药是一种靠不住的经验，不是科学，而讲究证据支持的西医则是经得起推敲的"科学"。实际上，中医药是整体观的科学，与西医还原论的科学方法有着本质区别。还原论和整体观是两种

不同而互补的科学方法。"还原论"把系统分解成更简单的组成部分，研究其性质，据此再用形式逻辑推知其整体状态。整体观把系统作为一个整体，研究其整体状态及其随时间和各种情况变化而发生的变化。使用还原论方法只能认识自然界各种简单系统的规律。当科学转向研究真实世界的复杂系统时，会发现许多复杂系统无法用统计的方法简单处理，还原论方法面临局限，科学开始重视整体观。西医研究人体用的是还原论方法，找出并消除病源，使人体恢复正常，属对抗疗法。中医则是整体观方法，认为人的各种功能必须协调和平衡，治病在于调整机体的平衡。西医注重实体，中医注重关系。中医的阴阳五行学说是用来描述人体复杂系统的基本形态以及相互之间如何转化的，其研究实际就是整体观科学。中医的科学性是复杂体系的范畴，不能用简单的西医方法去界定。目前西医对生命科学的研究局限在局部细节上，尚没有从整个生命系统角度去研究，未来应当上升到一个整体的、系统的高度，因为生命是一个整体。

近代名人否定中医源于"西化"思潮下批判中国传统文化的历史背景。五四新文化运动时期，在弘扬"民主"和"科学"的同时，掀起了批判中国传统文化的大潮。中医是医学，更是文化，它植根于传统文化的土壤，具有明显的民族性、地域性、传承性等特征。因此，中医不可避免地成为新文化运动的重要批判对象，背后则是东西方文化的碰撞和冲突使然。从民国时期的余云岫"废止中医案"到中华人民共和国成立初期中医药走过"弯路"，再到目前的"取消中医"签名，可以看出，那时形成的将西方"文化和科学"作为唯一准绳衡量一切的思维模式，不时在中医药的发展中投下它的阴影。"否定中医"论屡屡发生的根源是中国传统文化的失落。

二、西方跨国集团围剿中医的文化营销战略

过去一百多年里，西医利益集团打着科学旗号，通过抢占文化话语权，实施了一系列文化营销战略以全面封杀中医，并对中国民众进行了长期的西医文

化"洗脑",给中国消费者灌输了一个固化的价值观念——中医不科学、中医不能治病,要治病还得找西医,最终达到彻底剿灭中医文化的目的。在不少人眼中,西方科学理念与科学程序已经宗教化了:"除了我以外,你不可有别的神。"这类纯粹的宗教教义在现代学术体系表现为——定义、定理、公理,根据定义、定理、公理去进行论证、解释。如果没有定义、定理与公理,那就创造一个。符合我定义的,就是科学,否则就不是科学。因为中医不符合西方医药集团的利益,不符合它们认定的科学范畴,所以中医不是科学。这样的一套话语权霸权体现在很多方面:用西医方法管理中医;用西医西药标准裁决中医中药;培植西医利益集团代言人,从制度上扼杀中医。

中医的最高境界是导引、吐纳、治未病,医生的最高境界是让人不得病、少得病,健康的最高境界是自我调节、没有病!在别有用心的西药资本利益集团舆论惶惑下,人们大多认为中医只能治慢病而不能救急,只会用药不会手术。其实,在维护人类生命健康上,中医具有超强能力!无论是2003年的"非典",还是2020年以来的新冠肺炎疫情,都是因为有中医药全面介入,才迅速控制了疫情,打赢了疫情阻击战。西医使用大剂量激素治疗,虽然救治了一些病人,却又造成了大批不死的癌症——股骨头坏死!对比之下,中医药无论是治疗效果还是治疗费用都有着西医望尘莫及的优势。天津中医药大学张伯礼院士(2021)介绍,在武汉方舱医院采用中医药综合治疗,如喝汤药、喝配方颗粒、针灸、按摩,练太极拳、练八段锦锻炼身体。同时也组织了患者支部、医生支部,两个支部对接,在墙上贴满了互相鼓励的语言——"心灵鸡汤煲满墙",治疗效果也非常好,医院一共收治了564个患者,没有一例转为重症,没有一例出去以后复阳。①

王健等人的研究表明(2020),采用中医治疗新冠肺炎,每人治疗总费用在700到1 260元之间,平均住院天数为7天,人均总费用为980元;采用西

---

① 张维为《这就是中国》第99集:中医药造福人民 [EB/OL]. (2021 – 05 – 23). https://www.guancha.cn/ZhangWeiWei/2021_05_23_591674_2. shtml。

医治疗，湖北省平均住院天数为 20 天，每人日均治疗费用则为 4 978 元，人均总费用为 99 560 元。与西医治疗相比，中医可节省的人均医疗总费用最多为 9.89 万元，最少为 9.83 万元，平均为 9.86 万元。①

甘肃医政部门在中医出身的刘维忠厅长领导下，创造了中医主导的医改新模式：用最简单的办法，解决最基础的问题，用尽量少的费用，维护居民健康，走中医特色的医改之路。既然中医药在治疗效果和费用上比西医西药有明显优势，为何得不到广泛推广呢？最大的阻力来自西医利益集团。

第四节　振兴中医药文化政策环境与未来市场发展机会

党的十八大以来，习近平总书记对中医药传承、创新、发展做出一系列重要指示批示。2021 年 5 月 21 日，习近平总书记在河南省南阳市考察中医药发展和艾草制品产业发展情况时说：“过去，中华民族几千年都是靠中医药治病救人。特别是经过抗击新冠肺炎疫情、非典等重大传染病之后，我们对中医药的作用有了更深的认识。”

2021 年 6 月 17 日，国务院办公厅发布《深化医药卫生体制改革 2021 年重点工作任务》，推动中医药振兴发展再次得到国家顶层政策支持。② 该通知指出，推动中医药振兴发展：实施中医药振兴发展重大工程；支持打造一批国家中医药传承创新中心、中西医协同“旗舰”医院、中医特色重点医院、国家

---

① 王健，黄勉，冷安丽，等. 武汉市中、西医治疗新型冠状病毒肺炎的成本收益比较分析［J/OL］. 中西医结合研究，2020，12（3）. http：//ritcwm. com/ch/reader/create_pdf. aspx? file_no = 2020033001&flag = 1&journal_id = zxyjhyj&year_id = 2020。

② 推动中医药振兴发展再次获国家顶层政策支持［EB/OL］.（2021 - 06 - 18）. http：//www. ocn. com. cn/touzi/chanye/202106/eslll18113105. shtml。

中医疫病防治基地，实施名医堂工程，提升县级中医医院传染病防治能力；推进中医医院牵头组建医疗联合体；完善符合中医药特点的医保支付政策，发布中医优势病种；推进国家中医药综合改革示范区建设。2021年9月底前，制定实施促进中医治未病健康工程升级的意见。

2021年3月，国务院新闻办公室就深入贯彻"十四五"规划，推进中医药振兴发展的有关情况召开新闻发布会。中医药管理局医政司相关负责人在发布会上明确表示，"十四五"期间，将启动国家中医医学中心和区域中医医疗中心建设，还将依托高水平中医医院，建设国家中医疫病防治基地和紧急医学救援基地。

2021年5月，商务部、国家中医药管理局等7部门联合印发《关于支持国家中医药服务出口基地高质量发展若干措施的通知》，通知指出，将充分利用对外经贸发展专项资金、服务贸易创新发展引导基金等现有渠道，加大支持中医药服务贸易发展力度，支持基地拓展国际营销渠道，实现高质量发展，提升中医药国际影响力等。

2021年6月，国家中医药管理局办公室发布了《国家中医应急医疗队伍建设与管理指南（试行）》，明确表示将充分发挥中医药在新发突发传染病防治和公共卫生事件应急处置中的作用，加强国家中医应急医疗队伍建设与管理，多方位提升国家中医应急队伍的应急救治能力和水平。

随着中医药行业利好政策频出，业内人士预计，中医药产业发展将迎来良好的发展机遇。新思界产业研究中心发布的《2021—2025年中医药行业市场深度调研及投资前景预测分析报告》显示，2016—2020年，我国中医药制造市场规模已从640亿元增长至735亿元，年均复合增长率达到3.6%以上。而在利好政策的驱动下，到2023年，中医药市场规模预计有望达到22 367.7亿元。

值得注意的是，在众多国家利好政策的助推，以及各地将中医药工作摆在更突出位置的背景下，业内分析认为，中医药传承创新发展显然已进入了新阶段，踏上了新征程。如目前从国家层面到地方层面关于利好中医药发展的规划

综合来看，中医药企业创新研发以及产业升级速度正在不断加快，已经开始迈入发展黄金期。业内认为，在此背景下，中医药企业需乘势而上、担当作为，传承精华、守正创新，推动中医药振兴发展，为增进人民群众健康福祉、建设健康中国做出更多贡献。

不过，需要注意的是，虽然当前中医药产业发展十分景气，传承创新发展也已进入新阶段。但从整体来说，我国中医药产业还面临着众多发展瓶颈：中医药整体服务能力比较薄弱，中医药科研能力和水平有待提高，中医药评价体系急需建立，中药材质量及资源可持续发展水平有待提升，中医药骨干人才相对欠缺，等等。因此，中医药传承创新发展任重而道远，还需要不断向规范化、品牌化、标准化以及国际化等方向升级。①

《中医药文化传播行动实施方案（2021—2025 年）》② 明确指出，实施中医药文化传播行动，把中医药文化贯穿国民教育始终，中小学进一步丰富中医药文化教育，使中医药成为群众促进健康的文化自觉。此次印发的方案提出，深入挖掘中医药文化精髓，深刻阐明中医药学的哲学体系、思维模式、价值观念与中华优秀传统文化一脉相承；廓清中医药文化资源现状；对中医药文化内涵理念进行时代化、大众化、创新性的阐释，正本清源，净化中医药文化市场。

在推动中医药融入生产生活方面，方案提出，以中医药文化宣传教育基地为基础，遴选建设一批融健康养生知识、养生保健体验、休闲娱乐于一体的中医药文化体验场馆；广泛开展群众性中医药文化活动；建设一批中医药健康文化知识角；充分利用新技术、新应用，支持推出一批针对不同受众的中医药文化产品。

在推动中医药文化贯穿国民教育始终方面，方案提出，在"国培计划"示

---

① 制药网，政策利好下，中医药传承创新发展进入新阶段［EB/OL］．（2021 - 06 - 16）．https：//www.zyzhan.com/news/detail/81314.html。

② 新华社．五部门印发中医药文化传播行动实施方案［EB/OL］．（2021 - 07 - 07）．http：//www.gov.cn/xinwen/2021 - 07/07/content_5623102.htm。

范项目中设置中小学体育与健康等学科骨干教师培训项目，鼓励各地将中医药文化相关内容有机融入培训课程中，提高教师相关知识水平；积极建设校园中医药文化角和中医药文化学生社团，激发学生对中华传统文化的自豪感与自信心。

第五节　中医文化基本观念与中医药文化营销内涵

如果从营销的核心内容和市场环境条件去区分，营销可以分为三个层次：产品营销、品牌营销和文化营销。营销中医药文化，也分三个层次：第一层次是营销中医药产品服务；第二层次是营销中医药品牌；第三层次是营销中医药文化。具体操作可以围绕中医医生个人 IP、中医药文化 IP 塑造展开。①

中国古代传统两千多年的中医药文化浓缩在北京同仁堂、云南白药等各细分市场知名品牌中，而由同仁堂这个品牌所覆盖的一系列中药产品畅销中国几百年。西方医药文化体系则孕育了欧美的辉瑞、科尔、诺华、强生等西药名牌。

在当今商品严重供过于求的买方市场上，营销已经不是简单地向消费者兜售产品的产品推销过程，也并非只是强化消费者与厂商之间情感沟通的品牌塑造过程，而是一种引导消费者放弃旧的价值观，接纳新的消费时尚的文化渗透和传播过程。因此，我国中医药要改变目前日渐式微的不利地位，获得新的发展机会，必须引入文化营销战略——在中医药的营销全过程中传播传统中医药文化。

中医理论深受秦汉哲学、魏晋玄学、隋唐佛学和宋明理学的影响，要理解中国传统文化的精神，只有通过医学实践的层面，把中国传统文化中许多抽象的理念体现出来。因此学中国传统文化如果不懂一点中医的话，只能够停留在

---

① 中医短视频播放量过千万，真没你想象中那么难［EB/OL］．（2021 - 04 - 15）．http：//www.360doc.com/content/21/0415/18/73231810_972492585.shtml。

一个抽象的理论层面，不可能有感性的认识。中医的国际化需要把中医放在中国传统文化尤其是中国哲学这一背景下去进行文化介绍和传播才能更有效。

要营销中医文化，首先要了解中国医学的基本观念。中医源于道家，道家的《易经》八卦思想完全融入了中医的理论和实践中，因此，中医与《易经》、道家文化从来就是一脉相承的。①

《易经》、中医的核心思想是"气化论"，就是一切从宇宙本源、气的角度看问题，并把世界上千差万别、五彩缤纷的事物分成五类，这就是五行之气。从方位来看，东方属木气，西方属金气，南方属火气，北方属水气，中央属土气。这样一来，就把东西南北中的方位与木金火水土的五行之气挂起钩来。再从人的五脏来看，肝属木、肺属金、心属火、肾属水、脾属土，于是，又把五脏和五行之气对号入座了。天—地—人是一个完整的生命系统，人是宇宙天地大系统孕育出来的小系统。人的生命运行离不开宇宙天地的运行，都遵循宇宙万物共通的规律——"道"。古人云："天有三宝：日月星；地有三宝：水火风。人有三宝：精气神。"《道德经》云："人法地、地法天、天法道、道法自然。"水（清水）、火（日光）、风（空气），生命的维持靠此三要素。三要素变化异常，人体精气神出问题了，各种疾病也就产生了。在天为日、月、星，在地为水、火、风，在人为精、气、神，此天、地、人三者是互通、互变的。

人自出生起，即受日、月、星之气和水、火、风之作用，故人体因水火风而生长、发育，亦因水火风而衰老、死亡。人体的生命自出生至死亡离不开气的活动，三分钟没有呼吸即断气了，气为生命活动的主宰，没有气即没有生命，故生命体的活动作用即气的作用。人的一生即精、气、神的活动，神为气的表现，气为精所化。男性泄了精，即觉没有力气，乃泄精后暂时无精可化气，故顿觉体力消失。年轻人精气恢复迅速，老年人恢复缓慢。

人体的出生、生长、发育、强壮、衰弱、死亡中，精气神对人体的调整变

① 央视纪录片《问道楼观＊养生之道》，以及《黄帝内经》医史篇第11、12集有详细介绍。

化分为阴、阳二气的作用：阳推万物而起，是为生长、发育、强壮之气，早上的六个时辰为阳，阳分为少阳、阳明、太阳三个阶段。阴尽万物而止，是为趋向虚弱、衰老或生长发育终止之气，下午的六个时辰为阴，阴分为少阴、太阴、厥阴三个阶段。

精、气、神的生长、上升为阳，衰弱、下降为阴，阳中有阴、阴中有阳、阳中有阳、阴中有阴。人的脏为阴，腑为阳，上半身为阳，下半身为阴。上半身的阳经经络称手少阳、手阳明、手太阳，下半身的阳经经络称足少阳、足阳明、足太阳；上半身的阴经经络称手少阴、手太阴、手厥阴，下半身的阴经经络称足少阴、足太阴、足厥阴。阴、阳二气在人身体随时辰之不同而在不同的经络起变化作用，现代人称为生理时钟，乃阴、阳二气在人体经络随时辰之移动升降运行所产生之变化也。许多病情较重的患者，病情会时好、时坏，即经络循环与天地电波——天干、地支相生、相克的表现（见图 15 - 1），尤其在节气之交时更为凸显。精、气、神在人体的阴阳作用，自出生的每个时辰、每日、每节气、每月、四季、每年、十年、六十年而做周期循环，周而复始的变化称为周易，暨十二经络的循环变化称为易经。

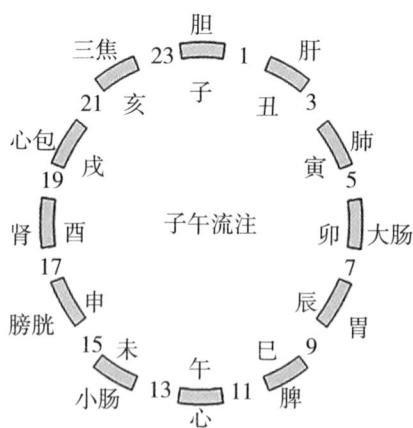

图 15 - 1　经络与十二时辰对应图

天地有五运六气，人有五脏六腑，"天人合一"是《易经》、道家与中医文化的思维基础，它把人和自然看成一个有机的整体，六气流行、气候变化运行规律的自然世界，势必会对人体产生影响，疾病由气的紊乱而生，《素问》《灵枢》有大量论述。顺应天时地利与自然变化的养生、防病治病，是中医动态辩证思维的具体化应用。四季养生、冬病夏治，就是中医文化背景下典型的大众消费体验。例如：广东气候水土湿润燥热，广东人会根据季节变化和自身身体情况，用蔬果瓜类或者药材搭配肉类或者干货等进行煲汤炖汤，以达到食疗效果，这是中医"四季养生"与"药食同源"文化的具体应用。再如：一年一度的岭南传统天灸疗法在广东消费者群体中十分受欢迎。"岭南传统天灸疗法"作为国家中医药管理局中医药适宜技术一直被推广，分别于 2011 年、2012 年入选广州市和广东省非物质文化遗产名录，而广东省中医院则已被评为"广东省省级非物质文化遗产传承基地"。据报道，来接受天灸疗法的男女老幼将现场围得水泄不通，以往治疗人数最多时超 20 万。[①]

第六节　中医药产品（服务）、
品牌与文化三位一体的文化营销策划

中医是"天人合一"的生命哲学，是一种顺应四时、和乐平常的生活方式，因此，中医药文化营销，应该是产品、品牌与文化"三位一体"的系统整体营销。这种三位一体的系统整体性具体表现在以下几个方面：

一是中医是仁心仁术，中医药营销的目标是人体整体的健康，强调调理与治本，不让病人长期服药、终身服药，以较长但有限的疗程根治疾病。所谓医

---

① 　https：//baijiahao. baidu. com/s？ id = 1672372890257120503&wfr = spider&for = pc。

者父母心，中医的最高境界是治未病，医生的最高境界是让人少得病、不得病，健康的最高境界是自我调节、没有病。中医和西医完全是两码事。中医注重日常调理养生，恢复身体气息运行的不平衡状态，用药起效慢，药性温和，对身体的损伤小，治疗后的效果好，不易复发，起到标本兼治的效果。西医注重快速起效，用药药性猛、起效快，能快速缓解不适的症状，但"头痛医头，脚痛医脚"，治标不治本，往往用药和治疗效果反复，久治不愈。中医对人体整体的健康有独到的见解。

二是中医药文化是道家智慧在生命养护和治疗的具体应用，中医药文化营销是营销"天人合一"生命观和生活方式。《黄帝内经》云，上医治未病。真正的中医文化是防病于未然，顺应天地自然四时变化，调整饮食起居，养成良好生活方式，修身养性，这些都是中医养生文化核心内容。给消费者营销传播"治未病"养生价值观，倡导一种顺应天时、和乐恒常的生活方式，是中医药文化营销核心。

三是中医药站在"天人合一、身心合一、人我合一"的世界观、生命观去认识人体生命健康，中医养生和中医治疗强调阴平阳秘、中正和谐，人体生命是一个系统整体，人体健康与疾病不仅与天时节气变化有关，还与地理环境、家居建筑风水、社会人际关系、个人心理修养、饮食起居等各方面密切相关。因此，中医药文化营销应该与其他中国传统文化精华的营销传播融会贯通——从艾灸到药膳，从打太极拳到站桩打坐，从弹琴书画到吟诗作赋……无一不是中医养生治疗的有效方法。在中医学理论中，五脏可以影响五音，五音可以调节五脏。宫商角徵羽，五音调和搭配犹如一个辩证鲜明的治疗方案，就成了一种特殊的养生保健和治疗方法。在古代，琴棋书画是作为养身之术的，其中琴排第一位，说明在修身养性方面，音乐最有魅力和效果。百病生于气，止于音也。据说在古代，真正的中医大师不用针灸和中药，而是用音乐，"一曲终了，病退人安"。因此，中医药文化营销应该与中国音乐文化营销、中国书画艺术文化营销、中华武术文化营销、中国诗词文化营销、中国膳食养生文化营销、中国服饰礼仪文化营销、中国建筑文化营销、中国家居文化营销等领

域进行有机结合，从多视角、多领域与消费者进行全方位的接触和传播，形成中国人健康生活方式文化能量场。

四是中医文化对于人体生命世界的认识和理解与西医不同，两者是两个完全不同的层次。所以从中医文化营销视角去进行中医药产品服务、品牌与文化策划，应该避免掉入西医西药的评价体系标准之中。目前中医药品牌策划出现以下几个常见问题：

（1）套用西医西药概念卖中医药，导致消费者对中医药认知混乱、理解错误；

（2）对中医药文化认识匮乏，导致品牌策划缺乏对中医药文化内涵的系统深度演绎和传播；品牌营销没有中医药文化价值内涵。

（3）中医药产品（服务）策划与中医药品牌策划以及中医药文化策划割裂脱节，导致三者无法有机整合形成一个强大的文化营销能量场，不利于中医药长远健康的发展。

这些问题可以从以下两个营销实战案例的对比中得到印证：

案例1　某中医"药食同源"品牌的宣传资料

"××源"作为养生健康品牌，秉承传统中医药养生文化，以中医理论为指导，采用现代药学制备技术研发了一系列中药养生健康产品，产品充分考究传统经典中药验方，结合现代人养生习惯，研选道地药食两用中药材配伍而成，截至目前，已经形成涉及增强免疫力；抗氧化、延缓衰老；改善睡眠、安神补脑；降三高；保肝护肝；补钙；缓解体乏抗疲劳；美容养颜；降脂减肥；养胃、补肺、补气血等多个领域，涵盖中药养生功能食品、八宝茶养生茶饮、中药养生膳食配方、中药养生浴包/足浴包4个系列几十个产品，拥有多项自主知识产权。"××源"传承中医药养生文化，倡导遵循传统养生文化，精研中药验方，采集自然精华，辅助生命回归健康……

很显然，抗氧化、降三高、补钙、降脂这些都是西医西药的概念，其思维价值体系和方法论与中医药文化大相径庭，根本就不能相提并论，这种缺乏中

医文化常识的品牌策划，不但会加深消费者对中医药的认知混乱，而且引导消费者用西医西药的价值标准去评价中医药效果，严重带偏中医药文化营销方向。这种"西医化"的中医药品牌营销即使短期有效果，但从长期看是不利于其中医药品牌形象塑造的。

案例2　云南白药气血康公关活动策划

"工作越来越好，睡眠越来越少，业绩越来越好，头发越来越少""你那么拼，不分白天黑夜"……画面是那么的类似，加班拼到半夜也要赶早高峰的自己，拖着行李箱奔过街道的自己，下雨也要奔波的自己，怕妈妈担心而报喜不报忧的自己。

这是2017年9月云南白药官方的一则微博内容，很多职场人士通过这则微博看到了自己为生活拼搏的影子。这其实是云南白药发起气血康气血节公益关爱行动——针对一二线城市的现代职场精英，联合滴滴出行发布了《2017年全国加班报告》；围绕白露、教师节、秋分这三个重点时节，聚焦高频加班人群进行持续触达，送上打车补贴；在微博上发起了#致敬，拼搏的职场人#话题，发布《24小时篇》《化妆篇》《教师篇》① 三支短视频。该活动最终获得4.78亿总曝光量，2.95亿微博阅读量以及10万+微博粉丝增长。亚健康状态在职场精英中普遍存在，由于气血不足导致的各种亚健康问题并没有被大家广泛认知。云南白药通过这场公关活动，充分唤起职场人对气血问题的重视，让大众了解生活方式对身体健康的重要性，传播了中医药文化健康养生理念，其效果十分明显——不但有力提升了消费者对云南白药气血康这个产品的关注量，还强化了大众对该产品"益气养血，扶正固本，适用于气血两虚证"功能的认知，有力拉动了产品销量，同时也增加了云南白药与目标消费者的情感纽带，深化品牌的亲民度和好感度，扩大了品牌影响力。这是典型的三位一体中医药文化营销成功案例。

---

① 各视频可见于以下网页：http：//www.le.com/ptv/vplay/30867195.html；http：//www.le.com/ptv/vplay/30867377.html？locale=zh_cn；https：//www.xinpianchang.com/a10584542？from=ArticleList。

参考文献

1. 王长征，周玲．面向"联系价值"的后现代部落营销［J］．外国经济与管理，2005（2）：51 - 58.

2. 罗纪宁．消费心理藏象论初探［M］．济南：山东人民出版社，2004.

3. 章国锋．"文化工业"与"消费主义"［J］．黑龙江社会科学，2006（1）：12.

4. 朱陶．关于"文化营销"构念的界定综述［J］．四川文理学院学报，2009，19（4）：121 - 124.

5. 陈曙光，李娟仙．西方国家如何通过文化殖民掌控他国［J］．红旗文稿，2017（17）：23 - 25.

6. 周凯．西方国家如何通过文化产业传播核心价值观［J］．红旗文稿，2016（1）：48 - 49.

7. 顾骏．中国话语权及其文化和实践支撑［N］．解放日报，2013 - 07 - 27.

8. 新华社．中共中央关于制定国民经济和社会发展第十四个五年规划和二〇三五年远景目标的建议［EB/OL］．（2020 - 11 - 03）．http：//www. gov. cn/zhengce/2020 - 11/03/content_5556991. htm.

9. 殷冬水．论国家认同的四个维度［J］．南京社会科学，2016（5）：53 - 61.

10. 林哲．国家文化营销的理论基础和研究思路［J］．上海经济研究，2004（10）：6－10.

11. 李士珍，曹渊清，杨丽君．警惕西方对我国的文化渗透［J］．红旗文稿，2018（5）：34－36.

12. 韩源，等．国家文化安全论：全球化背景下的中国战略［M］．北京：社会科学文献出版社，2013.

13. 匡长福．如何看待近代资本：帝国主义对中国的文化渗透［J］．思想理论教育导刊，2009（6）：44－47.

14. 丁国旗．敌对势力是怎样利用"文艺创作"进行渗透的？［EB/OL］．（2021－04－15）．http：//www. szhgh. com/Article/opinion/zatan/2021－04－13/265464. html.

15. 曾华锋，石海明．制脑权：全球媒体时代的战争法则与国家安全战略［M］．北京：解放军出版社，2014.

16. 罗纪宁．文化营销与我国中医药产业发展［J］．商场现代化，2007（3）：35－36.

17. 王方华，伏宝会，肖志兵．文化营销［M］．太原：山西经济出版社，1998.

18. 柯恩．宝洁为什么会衰败并且永远不能复苏？［J］．中国连锁，2016（7）：90－92.

19. 克里斯坦森．创新者的窘境［M］．胡建桥，译．北京：中信出版社，2010.

20. 广东省现代文化产业发展中心．2018 中国文化 IP 产业发展报告［EB/OL］．（2019－05－31）．https：//www. sohu. com/a/317798056_100020266.

21. 陈彦．CCIP 展｜首次！"文化 IP"被定义［EB/OL］．（2018－09－28）．https：//business. sohu. com/20180928/n550844784. shtml.

22. 韩德强．整体管理［M］．北京：中国社会科学出版社，2008.

23. 波德里亚. 消费社会［M］. 刘成富，全志钢，译. 南京：南京大学出版社，2000.

24. 王绍光，王洪川，魏星. 大豆的故事：资本如何危及人类安全［J］. 开放时代，2013（3）：87－108.

25. 边芹. 谁在暗中抹杀中华文明［N］. 人民日报（海外版），2011－09－14.

26. 边芹. 谁在导演世界［M］. 北京：中央编译出版社，2013.

27. 边芹. 被颠覆的文明：我们怎么会落到这一步［M］. 北京：东方出版社，2013.

28. 周懿瑾，陈嘉卉. 社会化媒体时代的内容营销：概念初探与研究展望［J］. 外国经济与管理，2013（6）：61－72.

29. 郑秉秀，李玮琳. 国际贸易中的跨文化营销策略［J］. 宁夏大学学报（社会科学版），2000（3）：39－43.

30. 彭璐珞，赵娜. 文化混搭的动理：混搭的反应方式、影响因素、心理后果及动态过程［J］. 中国社会心理学评论，2015（1）：19－62.

31. 杨宜音，赵志裕，吴莹. 中国社会心理学评论：第九辑［M］. 北京：社会科学文献出版社，2015.

32. 熊莎莎，汪涛，赵鹏. 跨国品牌本土化适应中的文化混搭现象：研究回顾与展望［J］. 外国经济与管理，2018，40（7）：113－128.

33. 罗纪宁. 营销的层次和境界：中国文化营销初论［J］. 品牌研究，2017（4）：74－80.

34. 罗纪宁，侯青. 城市文化系统结构与城市文化品牌定位［J］. 城市观察，2015，40（6）：20－28.

35. 罗纪宁，简思敏. 基于文化营销视角的城市古镇文化旅游品牌塑造研究：以广州沙湾古镇为例［J］. 城市观察，2016（6）：149－160.

36. 罗纪宁，许增楠. 国产动漫火爆，动漫 IP 如何打动消费者？［J］. 国际品牌观察，2020（11）：66－68.

37. 曹亚楠. 忠于才华 [J]. 销售与市场（营销版）, 2020 (10): 22 – 25.

38. 科特勒, 凯勒, 卢泰宏. 营销管理 [M]. 13 版. 卢泰宏, 高辉, 译. 北京: 中国人民大学出版社, 2009.

39. 黎志成, 刘枚莲. 电子商务环境下的消费者行为研究 [J]. 中国管理科学, 2002, 10 (6): 88 – 91.

40. 刘伟, 徐鹏涛. O2O 电商平台在线点评有用性影响因素的识别研究: 以餐饮行业 O2O 模式为例 [J]. 中国管理科学, 2016, 24 (5): 168 – 176.

41. 崔德乾. 这次的营销变革不是修修补补 [J]. 销售与市场（管理版）, 2019 (1): 56 – 59.

42. 景进安. 从 4P、4C 营销理论到 4R 营销理论 [J]. 北方经贸, 2003 (11): 53 – 55.

43. 张家骥. 中国造园论 [M]. 太原: 山西人民出版社, 1991.

44. 王世保. 中医是什么 [M]. 济南: 山东科学技术出版社, 2018.

45. 徐文兵. 字里藏医 [M]. 合肥: 安徽教育出版社, 2007.

46. 刘力红. 思考中医: 对自然与生命的时间解读 伤寒论导论 [M]. 2 版. 桂林: 广西师范大学出版社, 2003.

47. 唐云. 走进中医: 对生命和疾病的全新探索 [M]. 桂林: 广西师范大学出版社, 2004.

48. 王世保. 中医是科学吗 [M]. 济南: 山东科学技术出版社, 2018.

49. HOFSTEDE G. Cultural constraints in management theories [J]. The academy of management perspectives, 1993, 7 (1): 81.

50. LEVITT T. The globalization of markets [J]. Harvard business review, 1983, 63 (3): 92.

51. LEVITT T. The pluralization of consumption [J]. Harvard business review, 1988, 66 (3): 7.

52. TSE D K, LEE K H, VERTINSKY I, et al. Does culture matter? across-

cultural study of executives choice decisiveness, and risk adjustment in international marketing [J]. Journal of marketing, 1988, 52 (4): 81 −95.

53. USUNIER J C, LEE J A. Marketing a cross-cultures [M/OL]. 6th ed. Person, 2012. https: //api. pageplace. de/preview/DT0400. 9780273757764 _ A24 657961/preview −9780273757764_ A24657961. pdf.

54. COVA B. Community and consumption: towards a definition of the "linking value" of product or services [J]. European journal of marketing, 1997, 31 (3 −4): 297 −316.

55. COVA B, COVA V. Tribal marketing: the tribalisation of society and its impact on the conduct of marketing [J]. European journal of marketing, 2002, 36 (5 −6): 595 −620.

56. HOLT D B. Why do brands cause trouble: a dialectical theory of consumer culture and branding [J]. Journal of consumer research, 2002, 29 (1): 70 −90.

57. KAYNAK E, HERBIG P. Handbook of cross-cultural marketing [M]. Oxfordshire: Taylor & Francis Group, 1997.

58. ENGELEN A, BRETTEL M. Assessing cross-cultural marketing theory and research [J]. Journal of business research, 2011, 64 (5): 516 −523.

59. HAO J, LI D M, PENG L L, et al. Advancing our understanding of culture mixing [J]. Journal of cross-cultural psychology, 2016, 47 (10): 1257 −1267.

60. LI D M. Cultural politeness in international marketing [D]. Singapore: Nanyang Technological University, 2013.

61. WALLE A H. Archetypes, athletes, and advertising: a Jungian approach to promotion [J]. Journal of consumer marketing, 1986, 3 (4): 21.

62. CUI N, XU L, WANG T, et al. How does framing strategy affect evaluation of culturally mixed products? the self-other asymmetry effect [J]. Journal of cross-cultural psychology, 2016, 47 (10): 1307 −1320.

63. CUI G, YANG X Y, WANG H Z, et al. Culturally in congruent messages in international advertising [J]. International journal of advertising, 2012, 31 (2): 355 – 376.

64. CHEN X, LEUNG A K Y, YANG D Y J, et al. Cultural threats in culturally mixed encounters hamper creative performance for individuals with lower openness to experience [J]. Journal of cross-cultural psychology, 2016, 47 (10): 1321 – 1334.

俗话说：十年磨一剑。在中国文化营销这个领域，我却是二十年磨一剑，其中艰辛不言而喻。当我最终完成书稿一刻，时间正好是自己 52 岁生日，我把人生最美好的年华都花在营销传播中国传统文化这件事上，此时总算有一个文字交代：给一届届听课的学生们一个交代，给长期支持我研究的老师、同事们一个交代，更是给自己工作事业一个交代……

古人云：文以载道。当我执笔总结过去二十年在中国文化营销领域的各种思考与实践时，我总是扪心自问——这是否在总结营销之道呢？为何这书一直熬了这么多年才最终完稿？我想更多的是对"大道"的敬畏吧！一次次书稿的修订与推翻，其实是对自己思考的一次次锤炼与升华。当我再次读老子的智慧感言——大成若缺、大音希声、大象无形……心里也就释然了——从宇宙到人生，万事万物都在不圆满之中成就、体现"道"之圆满，此书即使还有很

多不满意之处，也该可以先面世与读者见面，算是暂时性的尘埃落定了……

回首过去二十年艰辛的耕耘，我无限感慨，也无怨无悔。从理论体系构建到营销实践检验，从课堂教学到网站和公众号（天清地宁网）建设，从线下一场场中国文化营销传播活动到线上交流互动……都留下了我和众多学生、网友们的辛勤汗水，我们一直在绝望中坚守着希望——中国文化营销是一块净土，我们努力用营销这个时代最俗的东西去传播最雅、人生最需要、最宝贵的东西——心灵的安详和宁静，回归生命的本源。我们不希望把中国文化谈得多么高深玄妙，我们希望以最平实的语言、最朴素的故事、最简单明了的文字抚慰一颗颗焦虑不安、躁动不已的心灵……借网站和公众号的文章和音频视频，帮助人们回归生命真性的乐趣，也给现在市场经济背景下种种激情跌宕带去一种独特的冷静和反思。这是我们努力耕耘的社会价值，而这个过程恰恰是在营销传播中国文化——中国文化的最大价值和真正意义就是让人理解生命的智慧，让人找回自己生命的源头，回归纯净安详的心灵家园，所谓"穷理尽性以至于命"。因此，我们应该与时俱进，把祖先圣贤抽象玄妙的经典文字融入时代洪流——在滚滚红尘中开辟一方净土，让更多烦恼众生能从中获得一份智慧清凉。

回首著述此书的日日夜夜，心里总是带着一份期待和热忱——希望中国优秀传统文化的智慧能够通过营销传播到千家万户，通过中国文化营销来激活我们的生命智慧，让越来越多的人走上回归心灵之家的道路，让生命的空间拓展更宽，让生命的色彩绽放更绚烂！这是我著述此书的心愿，虽然艰辛，但心情愉悦、倍感充实。

此书能顺利出版，离不开众多师友、同事、学生与网友们多年来热心的鼓励和支持，更离不开暨南大学出版社阳翼副社长、曾鑫华编辑和彭琳惠编辑的大力支持与帮助，在此致以衷心感谢！

罗纪宁

2022 年 11 月于星湖湖畔